GENERATION
MODE

[THE FASHION GENERATION]

Schriftenreihe STADTMUSEUM

Other titles of the Weitere Titel der Schriftenreihe STADTMUSEUM

Planspiele
Stadtleben und Stadtentwicklung im 18. Jahrhundert
Ed. Hrsg. Anke Hufschmidt
152 pages Seiten, 120 color illustrations farbige Abbildungen
Soft cover Broschur, ISBN-10: 3-7757-1752-8, ISBN-13: 978-3-7757-1752-6
German Deutsch

Play!
Spielraum Stadt für Kinder und Erwachsene
Ed. Hrsg. Susanne Anna and und Annette Baumeister
Ca. 192 pages Seiten, ca. 100 color illustrations farbige Abbildungen
Soft cover Broschur, ISBN-10: 3-7757-1615-7, ISBN-13: 978-3-7757-1615-4
German Deutsch

Edited by Herausgegeben von Susanne Anna and
und Eva Gronbach

Including contributions by Mit Beiträgen von
Uta Brandes, Michael Erlhoff, Eva Gronbach, Miriam
Matuszkiewicz, Suzy Menkes, Juliette Peers, Elaine Salo,
and und Gloria Wong

[THE FASHION GENERATION]

EXPEDITION ZU DEN MODESCHULEN DER WELT
EXPEDITION TO THE FASHION SCHOOLS OF THE WORLD

HATJE
CANTZ

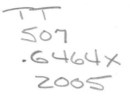
Contents
Inhalt

Die »Generation Mode« in einer Modestadt

Susanne Anna

Mode konstituiert Stadt. So sammelt das Stadt-museum seit den 1920er Jahren Objekte der Mode – Kleider, Accessoires und Schuhe. Die Kostüm- und Modesammlung des Stadtmuseums umfasst neben 150 historischen Kostümen und Kostümteilen aus der Zeit vom Rokoko bis 1920 auch 200 Kleidungsstücke aus der zweiten Hälfte des 20. Jahrhunderts, die aus Düsseldorf stammen beziehungsweise dort gefertigt oder getragen wurden. Zahlreiche Modekupfer, die unter anderen fürstlichen Personen sogar die Düsseldorfer Kurfürstin Anna Maria Luisa de' Medici und die Schwester Jan Wellems, Königin Maria Anna von Spanien, zeigen, überliefern zudem die Kreationen der großen Stilepoche des Hochbarock.

Um dem Stellenwert, den Mode in Düsseldorf schon im Mittelalter gespielt hat, nachzuspüren, müssen Schriftquellen herangezogen werden, denn bildliche Darstellungen haben sich nicht erhalten. Als Adolf von Kleve 1415 seine zweite Frau – Maria, Tochter des Herzogs Johann ohne Furcht von Burgund – nach Kleve brachte, wurde das Paar von einer vornehmen Gesellschaft und dem Brautschatz begleitet. Sicherlich war die junge Frau nach der neues-ten burgundischen Mode, die in Farbe, Schnitt und Verzierung tonangebend war, gekleidet. Über die Kostbarkeit der juwelengeschmückten und pelzgefütterten Gewänder informiert das erhaltene Inventar des Brautschatzes. Modefragen wurden unter den adeligen Damen in Briefwechseln und bei Besuchen ausgiebig erörtert, und so wird sich auch die Frau des Herzogs Adolf von Berg, Jolanthe von Bar, für die Kleidung ihrer alten und neuen Verwandten interessiert haben. Aufgrund der vielfältigen verwandtschaftlichen Verflechtungen war Maria von Burgund durch ihre Vermählung unter anderem die Schwiegertochter einer Tante des Herzogs von Berg geworden. Zudem stammen Maria von Burgund und Jolanthe von Bar beide von französischen Königen ab. Ihr Auftreten und ihre Kleidung dürften diesem Rang entsprochen haben. Während des Mittelalters bekamen die Düsseldorfer ihre Landesfürstinnen nur selten zu Gesicht. Dennoch werden die Düsseldorferinnen die von ihren Landesherrinnen bevorzugte Modelinie gekannt haben. Einen nachhaltigen direkten Eindruck von der herrschenden Mode konnten die Düsseldorferinnen und Düsseldorfer erst gewinnen, nachdem sich die Stadt zur ständi-

The "Fashion Generation" in a Fashion City

Susanne Anna

Fashion constitutes a city. In view of this, the Stadtmuseum has been collecting fashion objects, including dresses, accessories, and shoes, since the nineteen-twenties. The Stadtmuseum costume and fashion collection includes, alongside the 150 historic costumes and costume pieces from the age of the rococo until 1920, two hundred articles of clothing from the latter half of the twentieth century that are from Düsseldorf or were made or worn there. In addition, numerous copperplate engravings—showing among other princely persons the Düsseldorf Electoress Anna Maria Luisa de' Medici and Queen Maria Anna of Spain, sister of Jan Wellem—transmit the creations of the great stylistic epoch of the High Baroque.

To trace the importance of fashion in Düsseldorf as early as the Middle Ages, one must turn to written sources, since visual representations have not survived. When, in 1415, Adolf of Cleves brought his second wife—Mary, daughter of John the Fearless, Duke of Burgundy—to Cleves, the couple were joined by elegant company and the dowry. The young woman was surely garbed in the latest Burgun-dian fashion, which set the tone of the time in color, cut, and ornamentation. The inventory of the dowry, which has been preserved, relates the preciousness of the bejeweled and fur-lined gowns. Noblewomen discussed questions of fashion extensively in correspondence and when visiting, and thus the wife of Adolf, Duke of Berg, Jolanthe of Bar, was surely interested in the clothing of both her old and new relatives. Because of manifold family connections, Mary of Burgundy became, on her marriage, among other things the daughter-in-law of an aunt of the Duke of Berg. Mary of Burgundy and Jolanthe of Bar also both descended from French kings. Their appearance and their clothing would have represented this rank. During the Middle Ages, the residents of Düsseldorf only seldom had the opportunity to see the wives of their noblemen. The female populace nonetheless knew the fashions preferred by the wives of their sovereigns. The inhabitants of the city, male and female alike, were only able to win a lasting and direct impression of the fashion of their rulers once the city developed into the latters' continuous residence, when words and images began to report on all the important issues. Information on the

gen Residenz des Herrschers entwickelt hatte und über alle wichtigen Fragen in Wort und Bild berichtet wurde. Zahlreiche gemalte und gestochene Porträts gaben über Aussehen und Kleidung des Herrscherpaars Auskunft. So sind wir über das Erscheinungsbild Johann Wilhelms II. von Pfalz-Neuburg und seiner Frau Anna Maria Luisa de' Medici bestens informiert. Schriftliche Quellen wie Briefe und Haushaltsbücher erweitern unsere Kenntnis über die Bildquellen hinaus. So wissen wir, dass die Kurfürstin Stoffe aller Art kaufte und von ihrem Schneider nach ihren Vorstellungen von Schnitt und Farbe verarbeiten ließ. Mit dem Aufkommen der frühneuzeitlichen Massenmedien (Zeitung und Druckgrafik) verkürzte sich die Distanz zwischen dem modischen Vorbild und der Nachahmung. Man sollte aber nicht das Vergnügen unterschätzen, das den Frauen längst vergangener Zeiten aus den endlosen, aber gleichzeitig kreativen Erörterungen modischer Trends erwuchs.

So schließt nun die Ausstellung *Generation Mode – Expedition zu den Modeschulen der Welt*

Presentations and discussion with Vorträge und Diskussion mit **Uta Brandes, Susanne Anna, Juliette Peers (from left to right)** (von links nach rechts) **on July 25, 2005 in the** am 25. Juli 2005 in der **Kö Galerie**

an diese europäische Tradition des Diskurses über Mode in der Stadt an. Als Plattform für die Gestaltung urbaner Prozesse diskutiert das Stadtmuseum lokale und globale Tendenzen im internationalen Modedesign der Generation der heute Mitte Zwanzigjährigen. Ein Team aus Modedesignern und Wissenschaftlern hat die aktuelle Situation im internationalen Modedesign recherchiert, analysiert und Möglichkeiten der Präsentation entwickelt. Die Exponate wurden auf Reisen direkt vor Ort in Großstädten der fünf Kontinente ausgewählt und nach Düsseldorf gebracht. Der Maßstab der Vernetzung hat sich vom Museum auf die Stadt, von der Stadt weiter auf die Region, auf das Land, auf Europa und den Globus erweitert. Fachautoren namhafter Universitäten in Afrika, Amerika, Asien, Australien und Europa haben mit konkretem Bezug zur Ausstellung bei zwei internationalen Symposien in der Innenstadt Düsseldorfs im Dialog ihre Erkenntnisse über Differenzen und Eigenheiten des Modedesigns auf ihrem jeweiligen Kontinent vertieft (Abb.) und sie hier erstmals publiziert. Zahlreiche Designer, die ihre Arbeiten als Leihgaben für die Ausstellung zur Verfügung gestellt haben, haben sich in Werkberichten auf einem internationalen Modeforum im Stadtmuseum vorgestellt. Ihnen gilt der besondere Dank. Nur mit der partnerschaftlichen großzügigen Unterstützung der Messe Düsseldorf GmbH mit der GDS – The Premier Shoe Event und der IGEDO Company mit der cpd düsseldorf konnte diese Ausstellung zustande kommen. Der ausdrückliche Dank von ganzem Herzen geht an sie. Der KARSTADT Warenhaus AG und der LTU Lufttransport-Unternehmen GmbH sei für ihre Unterstützung ebenso herzlich gedankt wie dem Ministerium für Wirtschaft und Arbeit des Landes Nordrhein-Westfalen für Förderung und Schirm-

appearance and dress of the ruling couple was provided by numerous painted and engraved portraits. Because of this, we are extremely well informed as to the appearance of Johann Wilhelm II, Elector Palatine, and his wife Anna Maria Luisa de' Medici. Written sources such as letters and housekeeping books expand our knowledge beyond the visual sources. We know, for example, that the wife of the Elector purchased fabrics of all kinds, which her tailor assembled according to her notions of cut and color. With the rise of the early modern mass media (newspapers and graphic reproduction), the distance decreased between the model for fashion and the imitation. One should nonetheless not underestimate the pleasure that the women of long ago derived from the endless, though always creative, discussion of fashion trends.

The exhibition *Generation Mode—Expedition zu den Modeschulen der Welt* (The Fashion Generation—Expedition to the Fashionschools of the World) thus takes up this European tradition of discourse on fashion in the city. As a platform for the shaping of urban processes, the Stadtmuseum is discussing local and global tendencies in international fashion design by the generation of people in their mid-twenties today. A team of fashion designers and academics has researched and analyzed the current situation in international fashion design and developed possibilities of presentation. The objects on display were selected on location in major cities of the five continents and brought to Düsseldorf. The extent of the networking expanded from museum to city, from city to region, to country, to Europe, and to the globe. Specialists from prominent universities in Africa, America, Asia, Australia, and Europe, specifically addressing the exhibition at two international symposia in the center of Düssel-

Presentations and discussion with Vorträge und Diskussion mit Michael Erlhoff, Susanne Anna, interpreter Dolmetscherin Brigitte Prettin, Anne Lambert (from left to right) (von links nach rechts) on July 26, 2005 in am 26. Juli 2005 im Sevens

dorf (fig.), have deepened their knowledge of and expanded the dialogue on differences and characteristics of fashion design on their respective continents, and their contributions are published here for the first time. Numerous designers who have loaned their works for the exhibition have presented these pieces in work reports at an international fashion forum at the Stadtmuseum. We extend to them our sincere thanks. This exhibition has been made possible through the generous support of Messe Düsseldorf GmbH together with GDS–The Premier Shoe Event and IGEDO Company together with cpd düsseldorf. We thank them expressly and most emphatically. Our thanks likewise go to KARSTADT Warenhaus AG and LTU Lufttransport-Unternehmen GmbH for their support, and to the North Rhine-Westphalia Ministry of Economics and Labor, which funded and has been a patron of the project. Making crucial commitments, along with the team from the Stadtmuseum, to the realization of this major fashion project were Moch Figu-

herrschaft. Die Moch Figuren GmbH, Köln, und die Partner der Ausstellung, die Interessengemeinschaft der Königsallee e. V., Kö Galerie und Sevens, der Bund Deutscher Architekten BDA, der Kulturpartner WDR 3, der Medienpartner RP Rheinische Post und der Mediensponsor SIGMA Düsseldorf haben mit dem Team des Stadtmuseums maßgeblich dazu beigetragen, dieses große Modeprojekt im Museum zu verwirklichen. Vielen herzlichen Dank für die konstruktive Zusammenarbeit.

ren GmbH, Cologne, and the exhibition's partners, the Interessengemeinschaft der Königsallee e. V., Kö Galerie and Sevens, the Bund Deutscher Architekten BDA, our cultural partner WDR 3, our media partner RP Rheinische Post, and our media sponsor SIGMA Düsseldorf. Our sincere thanks for the constructive cooperation.

Trend

Miriam Matuszkiewicz
Der vorliegende Band dokumentiert die Auseinandersetzung der Generation der heute Mitte Zwanzigjährigen mit Mode und ihrer jeweiligen Umwelt. Etablierte Akademien und Modeschulen – die Royal Academy of Fine Arts in Antwerpen, das Institut Français de la Mode in Paris, das Central Saint Martins College of Art and Design in London und das Fashion Institute of Technology in New York – präsentieren sich ebenso wie noch unbekannte, aber zukünftig für den internationalen Markt bedeutende Ausbildungsstätten: die Helwan University in Kairo, das Evelyn College of Design in Nairobi, die Universidade Anhembi Morumbi in São Paulo, die Musashino Art University in Tokio, die Donghua University in Schanghai, das Kamoliddin Bekhzod National Institute of Fine Arts and Design in Taschkent, das Whitecliffe College of Arts and Design in Auckland, die Iceland Academy of the Arts in Reykjavík und viele andere mehr. In ihrem Reisebericht »Global lokal« (S. 20–32) kommentiert Eva Gronbach ihre Besuche dieser und anderer Akademien und Modeschulen auf allen fünf Kontinenten und erläutert Idee und Grundgedanken zu diesem Projekt.

Ausgehend von der Fragestellung, ob das heutige internationale Modedesign lokale Eigenheiten aufweist oder ob auch diese Disziplin von globalen Tendenzen beeinflusst ist, bildet ein Diskurs von Fachautoren aus wissenschaftlichen Institutionen der fünf Kontinente sowie einer weltbekannten Modekritikerin eine übergeordnete Einheit. Neben Einzelbeiträgen zu den Arbeiten der jungen Designerinnen und Designer aus Afrika (S. 34), Amerika (S. 74, 78), Asien (S. 94) und Australien (S. 132) wird Europa (S. 164) – ein zentraler Raum des internationalen Modegeschehens – mit zwei Beiträgen auch als Ausgangspunkt der Betrachtung dargestellt. Jedem Kontinent sind die bereisten Großstädte in alphabetischer Reihenfolge zugeordnet. Profile der besuchten Schulen informieren über Eckdaten der internationalen Ausbildungsstätten. (Die Auflistung der Lehrenden an den Instituten und deren Werdegänge zeigen auszugsweise auf, dass bereits ein globales Netzwerk im Fachbereich Modedesign existiert.) Die Studierenden und Absolventen der vorgestellten Schulen haben per E-Mail einen Fragebogen ausgefüllt und erläutern ihre Motivation und Sicht auf den Beruf des akademischen Modedesigners sowie ihren kulturel-

Trends

Miriam Matuszkiewicz

The present volume documents the generational exchange between the mid-twentysomethings of today and their surroundings. Well-established academies and fashion schools—including the Royal Academy of Fine Arts in Antwerp, the Institut Français de la Mode in Paris, the Central Saint Martins College of Art and Design in London, and the Fashion Institute of Technology in New York—are presented alongside training sites that are relatively unknown today, but important for the international market of the future: Helwan University in Cairo, the Evelyn College of Design in Nairobi, the Universidade Anhembi Morumbi in São Paulo, the Musashino Art University in Tokyo, the Donghua University in Shanghai, the Kamoliddin Bekhzod National Institute of Fine Arts and Design in Tashkent, the Whitecliffe College of Arts and Design in Auckland, the Iceland Academy of the Arts in Reykjavík, and many others. In her travel reportage "Global Local" (pp. 21–33), Eva Gronbach comments on her visits to these and other academies and fashion schools on all five continents, at the same time explaining the concept and basic ideas of this project.

Working from the core question of whether contemporary international fashion design displays local characteristics or whether this discipline, like so many others, is influenced by global tendencies, specialist authors from academic institutions on five continents as well as a world-renowned fashion critic create a discourse with an overarching unity. Alongside individual articles on work by young designers from Africa (p. 35), America (p. 75, 79), Asia (p. 95) and Australia (p. 133), Europe (p. 165) —a central space of international fashion activity—is presented, with two articles, as the point of departure for observation. The major cities are listed according to continent and in alphabetical order. Profiles of the schools visited provide basic information on these international training sites. (The listing of instructors at these institutes, and of these instructors' professional development, demonstrates in microcosm that a global network in the field of fashion design already exists.) The students and graduates of the schools presented have filled out an e-mail survey in which they explain their motivation to join, and their views on, the profession of the academic fashion designer. They also explain their cultural

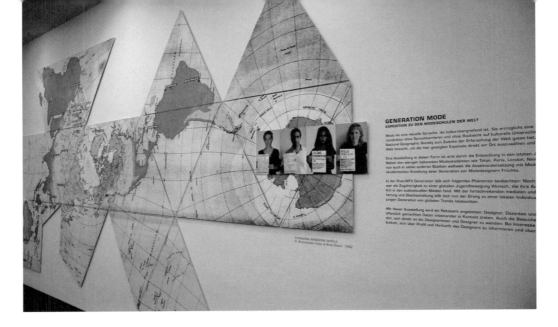

len Background. Individuell argumentieren sie für den Erfolg ihrer persönlichen Ideen oft gleichgerichtet mit Theorien und mitunter ebenso für eine Stellung ihres Landes in der internationalen Modeindustrie. Aus den Erklärungen wird einmal mehr deutlich, dass der Fachbereich Modedesign interdisziplinär wirkt. Einige der Interviewten haben die Zwanziger mit ihrem Alter überschritten, agieren aber genau in diesem Umfeld und prägen dessen Lifestyle mit. In der Objektliste im Anhang sind die Arbeiten aller Leihgeberinnen und Leihgeber notiert, und die Literaturhinweise bereiten auf eine weitere, ausführliche Beschäftigung mit dem Thema Modedesign und Mode im Allgemeinen vor.

Dieser Band in der Schriftenreihe STADT-MUSEUM möchte anhand der wissenschaftlichen Auseinandersetzung mit dem internationalen Modedesign sowie der detaillierten Darstellung der Generation der heute Mitte Zwanzigjährigen und der umfangreichen Dokumentation ihrer Ausbildungsstätten Mode- und Modedesign-Interessierten als Handbuch dienen.

The exhibition Ausstellung *Generation Mode* at the im Stadtmuseum_Buckminster Fuller, *Dymaxion Worldmap*, and the expedition team around und das Expeditionsteam um Eva Gronbach, Levon Melikian, Aline Rosenmeier, Amelie Strecker

Die Entstehung und Rezeption der Mode ist wissenschaftlich viel diskutiert. Friedrich Theodor Vischer, Charles Baudelaire, Thorstein Veblen, im Weiteren Georg Simmel, Walter Benjamin, Roland Barthes und andere setzten sich seit dem 19. Jahrhundert mit System und Semantik der Mode auseinander und erklärten die Psychologie der Unterscheidung, die Soziologie der Gruppenbildung und die Theologie der Verehrung zu Phänomenen der Mode, die Verpflichtung auf Gegenwart, Wechselhaftigkeit und Vergänglichkeit zu ihren Prinzipien.

Der museale Raum ist im Themengebiet der Mode originär der künstlerischen Auseinandersetzung mit der Semantik der Mode, historischen Kostümen und den Entwürfen etablierter Designer, die bereits ihren Erfolg bewiesen haben, vorbehalten. Auch weil die *Generation Mode* Modelle zeigt, die noch nicht in Serie produziert worden sind, erhalten sie

background. As individuals, they often argue in unison both for the success of their personal ideas and of broader theories, and in so doing they argue for a place for their country in the international fashion industry. These statements make all the more clear that fashion design functions in an interdisciplinary way. Some of those interviewed have left their twenties chronologically, but still inhabit this milieu and help to define the twentysomething lifestyle. The list of objects included as an appendix in this volume records the work of all of the persons lending objects to the exhibition; and the references for further reading provide preparation for a further and more detailed investigation of fashion design and fashion in general.

This volume in the publication series Schriftenreihe STADTMUSEUM should, on the basis of its academic examination of international fashion design, its detailed presentation of the generation of today's mid-twentysomethings, and its extensive documentation of their training sites, serve as a handbook for persons interested in fashion design.

The emergence and reception of fashion has been the subject of extensive academic discussion. Since the nineteenth century, Friedrich Theodor Vischer, Charles Baudelaire, Thorstein Veblen, Georg Simmel, Walter Benjamin, Roland Barthes and others have examined the system and semantics of fashion. They have explained the psychology of differentiation, the sociology of group formation and the theology of reverence as phenomena of fashion; they have made their principles the commitment to the present, to change, and to ephemerality.

In the thematic realm of fashion, museum space was once reserved for the artistic examination of the semantics of fashion, historical dress, and designs by established designers who had already proven their success. *Generation Mode* shows design models that have not yet been produced in series, and this, among other things, gives these models the privilege of immediate currency. These design models awaken claims to embodying something revolutionary, fantastical, different, rebellious, and young. Yet fashion is an industry veritably laid out according to mass production and consumption: The Fédération de la Couture du Prêt-á-porter des Couturiers et Créateurs de Mode has regimented the craft of fashion since 1868 (when the Fédération was still the Chambre Syndicale de la Couture Française). The task of the Fédération is to coordinate the activities of couture, protect original creations, organize fashion shows, do publicity work, and accredit journalists and purchasers. Today, there nonetheless exists the justified impression that fashion editors and stylists set the trends. The preparations for the *Generation*

The exhibition Ausstellung *Generation Mode* _Tokyo Tokio

fokussieren alternative, neuartige Modelle in einer Ära der Mode, die immer wiederkehrende Stile als neue Trends propagiert. Die einflussreiche Modekritikerin Suzy Menkes zum Beispiel erwartet bei den Pariser Schauen »das Besondere und Neue« vom alternativen Eventkalender und erinnert sich an die 1960er Jahre, in denen Yves Saint Laurent und Chloé die etablierten Designer wie Chanel und Balenciaga herausforderten.[1] In der *International Herald Tribune* hat Menkes seit Juni 2005 in der Rubrik »Style« die Kolumne »Student Shows«: »Designstudierende sind die Zukunft der Mode; ihr Geist pulsiert in ihren Adern.«[2]

»Mode ist individuelle Reaktion auf Vorschläge und kulturelle Veränderungen.«[3] Abweichend betrachtet von der Kernfrage, ob das internationale junge Modedesign lokale Eigenheiten mit einbezieht oder globalen Trends folgt, wird angesichts der hier vorgestellten Entwürfe und Prototypen sichtbar, dass normative Richtlinien auch im weltweiten Modedesign gelten und traditionell weitergelehrt werden. Dieses Regelwerk konstituiert sich mittels Mode- und Kostümgeschichte. Der Rekurs auf Vergangenes in der Mode kann sowohl eine stilistische Reanimierung, ein Revival vormaliger Moden, als auch die Suche nach zeitbeständigen Werten in Produktionen vorheriger Stilepochen darstellen.

Ein evidentes Beispiel hierfür gibt Illya Ivanova aus Moskau. Sie präsentiert einen Mantel, der sein Vorbild in jenem der Künstlerin Sonia Delaunay von 1924 – heute zu sehen im Musée de la Mode in Paris – findet (Abb. S. 212). Die Kreation des Londoner Lesley Mobo lehnt in ihrem Volumen an die Modelle aus den späten 1990er Jahren der Comme-des-Garçons-Designerin Rei Kawakubo an; Jasper Garvidas maskeradegleicher Fischkopf – möglicherweise

das Privileg der Aktualität. Sie erwecken den Anspruch, Revolutionäres, Umwerfendes, Anderes, Rebellisches und Junges zu verkörpern. Doch ist die Mode eine veritable Industrie, die auf Massenfertigung und -konsum ausgelegt ist: Die Fédération de la Couture du Prêt-á-porter des Couturiers et Créateurs de Mode reglementiert seit 1868 (damals noch die Chambre Syndicale de la Couture Française) das Modehandwerk. Sie hat zur Aufgabe, die Aktivitäten der Couture zu koordinieren, Erstkreationen zu schützen, Modenschauen zu organisieren, Öffentlichkeitsarbeit zu leisten und Journalisten und Einkäufer zu akkreditieren. Gegenwärtig begründet sich jedoch der Eindruck, Moderedakteurinnen und Stylistinnen bestimmten den Trend. Während der Vorbereitungen zur Ausstellung *Generation Mode* ist aufgefallen, dass der Blick der Modeexperten zunehmend interessiert auf die Ausbildungsstätten für Modedesign gerichtet ist. Wettbewerbe sowie Zeitungskolumnen bieten den »jungen Kreativen« eine Plattform und

Mode exhibition revealed the fact that the gaze of fashion experts is increasingly oriented towards an interest in the training sites of fashion design. Competitions and newspaper columns alike offer a platform to "young creative people," and focus on alternative, innovative design models in an era of fashion that propagates as new trends styles that return over and over again. The influential fashion critic Suzy Menkes, for example, expects "the excep-

The exhibition Ausstellung *Generation Mode*_Tashkent Taschkent

The exhibition Ausstellung *Generation Mode*_Hong Kong Hongkong, Düsseldorf

tional and new" from the alternative events calendar at the Paris shows, and fondly remembers the sixties, when Yves Saint Laurent and Chloé challenged established designers like Chanel and Balenciaga.[1] Menkes has written the "Student Shows" column for the "Style" section of the *International Herald Tribune* since June 2005, and remarked in her column: "Design students are the future of fashion; its lifeblood courses through their veins."[2]

"Fashion is an individual reaction to suggestions and cultural changes."[3] The central question of whether international young fashion

design incorporates local characteristics or simply follows global trends notwithstanding, the designs and prototypes on display here make clear the fact that normative guidelines apply in worldwide fashion design and are taught traditionally to new generations of students. This set of rules constitutes itself by means of the history of fashion and dress. Recourse to the past in fashion can present a stylistic reanimation, a revival of former fashions, and the search for time-tested values in productions of previous epochs of style.

A glowing example of this is provided by Illya Ivanova of Moscow. She presents a coat that takes as its inspiration the 1924 coat of the artist Sonia Delaunay, today on display in the Musée de la Mode in Paris (fig. p. 212). In its volume, Londoner Lesley Mobo's creation draws on the late nineteen-nineties design models of Comme des Garçons designer Rei Kawakubo; Jasper Garvida's masquerade-like fishhead—possibly inspired by a Cindy Sher-

inspiriert von einem Selbstportrait Cindy Shermans mit Fischen – erinnert an Gaultier (Abb. S. 15). Andrea Blain zitiert in einem Mix altenglischer Stoffe die Krinolinenmode des 19. Jahrhunderts (Abb. S. 205), und der Berliner Jens Bohr war unverkennbar Schüler Vivienne Westwoods (Abb. S. 207). Die Düsseldorferin Sophie Boutel greift in ihrem Entwurf mit der Schnitttechnik des Wickelkleides und motivlich mit dem Mundschutz die Formensprache und die alltäglichen urbanen Gegebenheiten der Japaner richtungsweisend auf (Abb. S. 179). Yuya Kawasaki aus Tokio schneidert einen Anzug mit Attributen und Material eines Referenzbereichs der Mode, nämlich der Sportswear, seine Mitschülerin Hitomi Mochinaga flicht skulptural virtuos ein Kleid aus einem Stück Stoff (Abb. S. 118 und 121). Die Hongkong-Chinesen folgen ihrer »lange untersagten« Tradition (Abb. S. 120, 127 und 128).[4] Die Modelle der Modeschüler aus der Mongolei könnten neben ihrer für Dschingis Khan sprechenden Bewunderung auch Zitate der Ballets Russes 1909 sein, welche schon von Couturiergrößen wie Paul Poiret und Yves Saint Laurent adaptiert ihren Eingang in die Mode fanden (Abb. S. 25, 26, 114, 115 und 116). Die ebenfalls aus der ehemaligen Sowjetunion stammenden Designer aus Taschkent lassen die von Malerfreunden Malewitschs in Usbekistan etablierte Muster- und Farbgebung aus der russischen Avantgarde im traditionellen Seidenikat erscheinen (Abb. S. 117, 125 und 130). Der Südafrikaner Jacobus Le Roux schmückt ein prachtvolles Hochzeitskleid im Stil Diors oder Courrèges mit Straußenfedern, die von der Farm seiner Eltern stammen. Die Inderin Richa Risbaud experimentiert in ihrer Kollektion Concentric Secrets mit fluoreszierender Farbe (Abb. S. 122). Sandra Backlund aus Stockholm präsentiert ein haariges, massiges Strickkleid, das getragen zum aufreizenden

Blickfang wird (Abb. S. 201). Die in Reykjavík lebende Französin Hélène Magnusson bereitet beinahe vergessene isländische Strickmuster wieder auf (Abb. S. 215).

»Die drei Hauptquellen, von denen Trends profitieren, sind die Hochkultur, die Popkultur und die Subkultur.«[5] Die Generation Mode handelt im Bewusstsein ihrer Residenz und Herkunft. Die jungen Modedesigner orientieren sich an »stofflicher« sowie handwerklicher Überlieferung, transformieren deren ursprüngliche Wirkung und Konnotation und beziehen gleichzeitig technologische Neuheiten mit ein. Auch Modezar Karl Lagerfeld ist noch heute auf eine gealterte Madame angewiesen, die in einzigartiger Technik die Kordeln für die populären Tweedkostüme flicht.

So wie die Ausstellung Generation Mode anhand der »Dymaxion Worldmap«, 1943 von Richard Buckminster Fuller entwickelt, eine nicht hierarchische Sicht auf die Welt empfiehlt, so präsent ist hier sein Leitsatz »Think global, act local«. Die Frage, wie lokal global ist, allerdings bleibt bestehen.

Anmerkungen

1 Vgl. »Am Millenium der Mode – jenseits der Mode. Interview mit Suzy Menkes«, in: Susanne Becker und Stefanie Schütte (Hrsg.), Magisch angezogen. Mode, Medien, Markenwelten, München 1999, S. 95.

2 Suzy Menkes, »Brit Spirit Goes West«, in: International Herald Tribune, 7. Juni 2005.

3 Martin Margiela im Zeit-Interview »Der Unsichtbare«, in: Die Zeit, 13, 1998.

4 Vgl. dieses Buch, S. 100.

5 Sue Jenkyn Jones, Modedesign. Ein Handbuch und Karriereguide, München 2002, S. 34.

man self-portrait with fish—is reminiscent of Gaultier (fig. p. 15). With a mix of old English fabrics, Andrea Blain quotes the crinoline fashions of the nineteenth century (fig. p. 205), and that the Berliner Jens Bohr was a student of Vivienne Westwood's (fig. p. 207) is unmistakable. In the design of the cut of the wrapover skirt and in the motif of the face mask, Düsseldorf designer Sophie Boutel points a new way in taking up the formal language and everyday urban conditions of the Japanese (fig. p. 179). Yuya Kawasaki of Tokyo tailors a suit with the attributes and materials of that cornerstone of fashion, sportswear; with sculptural virtuosity, his fellow student Hitomi Mochinaga weaves a dress from a single piece of fabric (figs. pp. 118 and 121). The Hong Kong Chinese follow their "long forbidden" tradition (figs. pp. 120, 127, and 128).[4] The design models by Mongolian fashion students could very well be, the admiration they bespeak for Genghis Khan notwithstanding, quotations from the Ballets Russes of 1909, which found their own way into fashion through the adaptations of such great couturiers as Paul Poiret and Yves Saint Laurent (figs. pp. 25, 26, 114, 115, and 116). The designers from Tashkent, likewise from the former Soviet Union, weave into traditional silk ikat Russian avant-garde patterns and coloring established in Uzbekistan by followers of Malevich (figs. pp. 117, 125, and 130). Jacobus Le Roux, from South Africa, decorates a magnificent wedding dress in the style of Dior or Courrèges with ostrich feathers from his parents' farm. In her collection *Concentric Secrets,* the Indian Richa Risbaud experiments with fluorescent colors (fig. p. 122). Stockholm's Sandra Backlund presents a hairy, bulky knitted dress, which becomes provocative and eye-catching when worn (fig. p. 201). The Reykjavík-based Frenchwoman Hélène

Magnusson revives all but forgotten Icelandic knitted patterns (fig. p. 215).

"The three major sources from which trends emerge are high culture, pop culture, and subculture."[5] *Generation Mode*—the fashion generation—acts with a consciousness of its location and heritage. Young fashion designers are oriented towards "material" and technical tradition, transforming the original effects and connotations while also incorporating technological innovation. Even today, fashion czar Karl Lagerfeld still depends on an elderly woman who commands a unique technique to weave the cords for his popular tweed suits.

The exhibition *Generation Mode* has been inspired by the "Dymaxion Worldmap," developed by Richard Buckminster Fuller in 1943, to present a non-hierarchical view of the world, and Fuller's guiding principle warrants mention here: "Think global, act local." Needless to say, there remains the question of just how local global is.

Notes

1   See "Am Millenium der Mode—jenseits der Mode. Interview mit Suzy Menkes," Susanne Becker and Stefanie Schütte, eds., *Magisch angezogen. Mode, Medien, Markenwelten* (Munich, 1999), p. 95.

2   Suzy Menkes, "Brit Spirit Goes West," *International Herald Tribune* (June 7, 2005).

3   Martin Margiela interview, "Der Unsichtbare," *Die Zeit,* 13 (1998).

4   See this book, p. 101.

5   Sue Jenkyn Jones, *Modedesign. Ein Handbuch und Karriereguide* (Munich, 2002), p. 34.

Global lokal

Bewegungen und Gegenbewegungen der »Generation Mode«

Eva Gronbach

Es ist nichts Neues: Inspirierte und clevere Modemacher, insbesondere die der Industrie in den Modezentren dieser Welt, beeinflussen mit ihren Kreationen und Botschaften den global allgegenwärtigen Trend. Aber auch ein anderes interessantes Phänomen ist auszumachen: Mode wird nicht mehr nur in den Epizentren der Modeindustrie erdacht sowie weltweit produziert und getragen. In den letzten Jahren sind international neue Modeakademien an zahlreichen Orten gegründet worden, zum Beispiel in Kairo, Taschkent, Ulan Bator, Dakar und Auckland. Mode entsteht also nicht mehr nur in den etablierten urbanen Zentren wie Paris, New York, London oder Antwerpen, sondern wird zunehmend weltweit und kulturübergreifend entworfen und gelehrt. Lokale Gegenbewegungen zu globalen Trends in Sachen Mode erscheinen demnach durchaus möglich.

Mich hat diese Frage sehr beschäftigt, denn ich konnte durch mein Studium die Denk- und Vorgehensweisen in den etablierten Modezentren wie Antwerpen, Brüssel, London und Paris intensiv kennen lernen. Es ist mir allerdings nicht verborgen geblieben, dass auf dem gesamten Globus neue Modeschulen ins Leben gerufen werden und sich demnach auch andernorts in Sachen Mode einiges bewegt. Deshalb wollte ich wissen, wie dort Mode entsteht und was junge Modedesigner motiviert – sowohl in den angestammten Modezentren Tokio, Paris, London oder Antwerpen als auch in den erwähnten »neuen Modestädten« wie Taschkent, Ulan Bator, Dakar oder Auckland – und ob und wie junge Modemacher die globale virtuelle Vernetzung mit kulturellen, politischen, persönlichen und klimatischen Gegebenheiten verknüpfen. Aus dieser Fragestellung ist schließlich die Idee der »Expedition zu den Modeschulen der Welt« entstanden.

Expedition »global lokal«

Meine Reise führte mich innerhalb eines Dreivierteljahres zu 40 Akademien in 31 Städten und 27 Ländern. Ich wollte mich so vorbehaltlos wie möglich darüber informieren, inwieweit sich die jungen Modedesigner von globalen Trends leiten oder inspirieren lassen oder ob sie eher versuchen, sich abzugrenzen und bewusst Mode zu schöpfen, in der ihre eigene Identität zum Ausdruck kommt.

Global Local

Movements and Counter-Movements in the "Fashion Generation"

Eva Gronbach

It's nothing new: Inspired, ingenious fashion designers, in particular those working in the industry in the fashion centers of the world, are using their creations and messages to influence trends that are ubiquitous all over the globe. But another interesting phenomenon can also be detected: Fashion is no longer thought up just in the epicenters of the fashion industry, then produced and worn worldwide. In recent years, many new fashion academies have been founded across the globe, for example in Cairo, Tashkent, Ulan Bator, Dakar, and Auckland. So fashion is no longer made solely in the established urban centers like Paris, New York, London, and Antwerp. Instead, fashion is increasingly designed and taught worldwide and across cultures. Local counter-movements against global trends in fashion seem altogether possible.

I have spent a great deal of time with this question, since in the course of my studies I was able to become closely acquainted with established fashion centers like Antwerp, Brussels, London, and Paris. I was certainly aware, however, that new fashion schools have been springing up across the world, and that things are underway in fashion in other places. I wanted to know how fashion comes about in other places, and what motivates young fashion designers—both in the usual fashion centers of Tokyo, Paris, London, and Antwerp and in the aforementioned "new fashion cities" like Tashkent, Ulan Bator, Dakar, and Auckland—and whether and how young fashion designers are connecting global virtual networking with cultural, political, personal, and climatic conditions. From these questions ultimately emerged the idea for the "expedition to the fashion schools of the world."

The "Global Local" Expedition

Over the course of nine months, my travels took me to forty academies in thirty-one cities and twenty-seven countries. I wanted to get informed, with as few preconceptions as possible, on the extent to which young fashion designers follow, or take their inspiration from, international trends, and the extent to which they seek instead to establish boundaries and create fashion as a conscious expression of their own identity.

I chose the fashion academies as the first site for my visits to the various cities, since it is

Expedition participant Expeditionsteilnehmerin Amelie Strecker with mit Ana Laura Carrión in the studio im Atelier
_Brivil Instituto de Diseño, Caracas

Als erste Anlaufstellen in den verschiedenen Städten habe ich mich für die jeweiligen
Akademien entschieden, da sich ein Modedesigner dort zuerst intensiv mit seinen eigenen
Ausdrucksmöglichkeiten beschäftigen kann,
bevor er sich aus wirtschaftlichen Gründen
dem Markt anpasst.

Dakar:
Edle Stoffe versus »la récupération«
Wenn man auf Modedesigner in Afrika blickt,
stellt man fest, dass für sie an erster Stelle die
senegalesische Persönlichkeit Oumou Sy steht.
Von der Großmutter erzogen, verbrachte
Oumou Sy ihre Kindheit in dem Dorf Bonger
im Süden Senegals. Dort entschloss sie sich
schon als junges Mädchen, Künstlerin zu werden. Mit ihrer Arbeit musste sie sich gegen den
Willen ihres Vaters durchsetzen, einen angesehenen Marabou aus dem Nomadenstamm der
Fulbe. Er hat sich immer wieder gegen ihren
Werdegang gestellt und ihr verboten, die Schule

zu besuchen. Doch Oumou Sy hat sich durchgesetzt. Für sie war der Wunsch, ihren eigenen
Weg im Bereich der Kunst und Mode zu gehen,
stärker als alle dadurch entstandenen familiären
Schwierigkeiten. Heute ist Oumou Sy 52 Jahre
alt und hat es aus eigener Kraft heraus geschafft,
als Designerin mit ihrer Vision internationales
Profil und globale Anerkennung zu erlangen.

Dank Oumou Sys Engagement ist in Dakar
unter dem Namen Atelier Leydi die erste
Modedesignschule im Senegal entstanden.
Oumou Sy hat in ihrem Haus in der Medina,
dem »Arme-Leute-Viertel« von Dakar, ihr Atelier und gleichzeitig eine Schule eingerichtet,
um ihr Wissen an Jüngere weiterzugeben. In
diesem Haus pulsiert es. Denn in der Schule
wird nicht nur gelehrt und gearbeitet, hier wird
auch mit allen Sinnen gelebt. Überall sind in
den Räumlichkeiten Stoffe, Kleider, Nähma-
schinen und kreative Inspirationen in Form
von Designs verteilt. Kinder rennen durch das
Atelier, Freunde kommen vorbei, während die
senegalesische »Generation Mode« an ihren
Entwürfen arbeitet. Den sozialen Mittelpunkt
der Schule bildet der hauseigene Friseursalon,
in dem sich alle treffen (Abb. S. 55).

in the academy that fashion designers can pay attention to the expressive possibilities at their disposal before, under economic pressure, they conform to the market.

Dakar:
Noble Fabrics Versus "La Récupération"

The Senegalese personality Oumou Sy is at the forefront of fashion designers in Africa. Raised by her grandmother, Oumou Sy spent her childhood in the village of Bonger in the south of Senegal. While still a young girl, she decided to become an artist. Her work put her up against the wishes of her father, a respected marabout from the nomadic Fulbe tribe. Her father opposed her chosen path again and

Diarra Diouf_Leydi – Ateliers de Stylisme, Dakar

Chimère Tall_Leydi – Ateliers de Stylisme, Dakar

again, and he forbade her to go to school. But Oumou Sy triumphed. For her, the desire to go her own way in art and fashion was stronger than all the family difficulties it prompted. Today, at fifty-two, Oumou Sy, from her own strength, has achieved an international profile and global recognition for her vision as a designer.

Thanks to Oumou Sy's commitment, Senegal's first fashion design school, Atelier Leydi, opened in Dakar. In her house in the medina, the "poor people's quarter" of Dakar, Oumou Sy has established both her studio and a school to pass on her knowledge to her disciples. The house pulsates. It pulsates because the school is not only a place of teaching, but also a place where life is lived with all the senses. The spaces are all filled with fabrics, dresses, sewing machines, and creative inspirations in the form of designs. Children run through the studio, friends come to visit, and the Senegalese "fashion generation" works on their designs. The social center of the school is the in-house hairdressing salon where everyone meets (fig. p. 55).

For me, Oumou Sy selected her two most talented graduates, Chimère Tall and Diarra Diouf. The two young designers have dramatically different backgrounds, personalities, and creations. Chimère Tall is from a prosperous Senegalese family that supports her in her work as a designer, though at the same time has great expectations of her. The reserved young woman is under double pressure, both from her parents and from her teacher. She is, in the eyes of Oumou Sy, Sy's greatest talent. The two designers show their works in the courtyard of

Für mich hat Oumou Sy zwei ihrer begabtesten Absolventinnen, Chimère Tall und Diarra Diouf, ausgewählt. Die zwei jungen Designerinnen unterscheiden sich in ihrer Herkunft, ihrer Persönlichkeit und ihrem Design deutlich voneinander. Chimère Tall stammt aus einer wohlhabenden senegalesischen Familie, die sie in ihrer Arbeit als Designerin unterstützt, gleichzeitig aber große Erwartungen an sie hat. Die zurückhaltende junge Frau steht unter einem doppeltem Druck, ausgehend vom Elternhaus und ihrer Dozentin. Denn in den Augen von Oumou Sy gilt sie als ihr größtes Talent. Im Hof des Hauses präsentieren die beiden Designerinnen ihre Arbeiten, während zwei Meter weiter eine Ziege für das Dinner der gesamten Gesellschaft geschlachtet wird. Es ist der 24. Dezember 2004 und senegalesischer Alltag.

Voller Selbstzweifel zeigt Chimère Tall ihren modernen Entwurf: Aus edlen Baumwollstoffen und teurem Leder, mit filigraner Detailarbeit aus Perlen und Federn geschmückt, entsteht eine moderne, sexy Kollektion, die der traditionellen afrikanischen Folklore deutlich entwachsen ist (Abb. S. 23). Ihre Mitabsolventin Diarra Diouf präsentiert ihre Entwürfe hingegen voller Selbstbewusstsein. Ihr Design ist in der Wiederverarbeitung verschiedener Gegenstände vom senegalesischen Alltagsleben inspiriert. Ihr Lieblingswort während der Präsentation ihrer Kollektion ist »la récupération« (Recycling). Diarra lässt neue Kleider voller Hingabe aus dem, was sie um sich herum entdeckt, entstehen. So finden Brotkörbe als Hut oder Bustiers in Kombination mit einem langen Leinenrock neue Verwendung, daneben zeigt sie ein Kleid, an dem die Arme und der Hut aus alten Ventilatoren geschaffen sind (Abb. S. 23). In ihren Arbeiten ist viel Humor und Freude zu verspüren. So kreiert sie spiele-

Eva Gronbach in conversation at im Gespräch im Leydi – Ateliers de Stylisme, Dakar

risch aus den Möglichkeiten, die sie vor Ort antrifft, eine neue Modewelt auf dem Grat zwischen Folklore und Design.

In Diarras Arbeiten sind Einflüsse des Karnevals von Dakar zu erkennen, der jährlich im Februar auf den Straßen gefeiert wird. Dieser Karneval – »Khürdé« – geht ebenfalls auf eine Initiative von Oumou Sy zurück und bietet der senegalesischen »Generation Mode« die Möglichkeit, ihre Arbeiten mit Spaß vor Publikum zu zeigen, denn Freude und Humor gehören im Senegal ebenso selbstverständlich zum Alltag wie die Kinder in der Modeschule.

Kairo:
Inspirierende Schleierhaftigkeit

Aufgrund einer Initiative der Hamburger Modedesignerin Susanne Kümper ist 1999 in Kairo an der Helwan University der Studiengang Modedesign eingerichtet worden. 2005 wurde die Ausbildung der jungen ägyptischen Modedesignerinnen und -designer an Wedian Madian übertragen, eine junge selbstbewusste Designerin aus der ersten Generation dieses Studiengangs. Die berufliche Realität der »Generation Mode« ist in Ägypten eng mit der

the building. Two meters away, a goat is slaughtered to be dinner for everyone present. It is December 24, 2004, just another day in Senegal.

Chimère Tall, full of self-doubt, shows a modern design: Out of fine cottons and expensive leather, ornamented with detail work in pearl and feather filigree, results a modern, sexy collection with clear roots in traditional African folklore (fig. p. 23). Fellow graduate Diarra Diouf, by contrast, presents designs bursting with self-confidence. Her design is inspired by the reuse of various objects from Senegalese daily life. Her favorite word during the presentation of her collection is *la récupération* (recycling). Diarra devotedly makes new dresses out of what she finds in her surroundings. In this way, bread baskets find new lives as

Fashion show at the Modenschau am Fine Art Institute, Ulan Bator_Ovdogmid Delgerdalai

a hat or a bustier in combination with a long linen skirt. This she shows alongside a dress with arms and hat made from old fans (fig. p. 23). One feels great humor and joy in her works. Choosing playfully from among the possibilities she finds on site, she creates a new fashion world at the intersection of folklore and design.

Diarra's works show influences from the carnival of Dakar, celebrated in the streets each February. This carnival—"Khürdé"—is likewise the result of an initiative by Oumou Sy and gives the Senegalese "fashion generation" a chance to show their works to the public and to have fun, because, in everyday Senegal, joy and good humor are as much a matter of course as children in the fashion school.

Cairo:
Inspiring Veiledness

Following an initiative by the Hamburg fashion designer Susanne Kümper, a course of study in fashion design was created in 1999 at Helwan University in Cairo. In 2005, the training of young Egyptian fashion designers was handed over to Wedian Madian, a self-confident young designer from the new fashion program's first generation. The professional reality of the "fashion generation" in Egypt is closely tied to the industry. There is great demand for fashion designers in the clothing sector, though each one of the young designers would prefer to design a collection under his or her own name. Most of the fashion students say that they first want to gain experience in the industry, and then later use this knowledge and the contacts made for their leap into independence, where they can develop and realize their own visions of fashion worlds.

A wish often heard is that of becoming a "veil designer." Many fashion students in Cairo see in the veil, that covering piece of clothing, an inviting opportunity to connect deep religious roots with their creative energies. That fashion design is work on the human body is, of course, something new for young Muslims, but they are curious. Through their studies, the young female designers and students in veils conquer a bit of freedom, to which they give

Industrie verbunden. Die Nachfrage nach Modedesignern in der Bekleidungswirtschaft ist groß, dennoch würde jeder der jungen Designer am liebsten unter eigenem Namen eine Kollektion entwerfen. Die meisten der Modestudierenden sagen, sie wollten zunächst in der Industrie Erfahrungen sammeln, um dann mit dem erworbenen Wissen und den Kontakten den Sprung in die Selbstständigkeit zu wagen und eigene Visionen von Modewelten zu entwickeln und verwirklichen.

Ein oft formulierter Wunsch ist derjenige, »Schleierdesignerin« zu werden. Der Schleier, dieses verhüllende Kleidungsstück, gilt bei vielen Modestudentinnen in Kairo als attraktive Möglichkeit, ihre tiefen religiösen Wurzeln mit ihrem kreativen Schaffen zu verknüpfen. Denn dass Modedesign Arbeit am menschlichen Körper ist, ist für junge Muslime neu, aber sie sind neugierig. Durch das Studium erobern sich die verschleierten jungen Designerinnen und Studentinnen ein Stück Freiheit, was sie auch deutlich in Zeichnungen und Entwürfen ausdrücken. Ihre Familien reagieren positiv und sind meist stolz auf ihre Kinder. In der Absolventenklasse in Kairo sind wie in fast allen Klassen, die ich treffe, junge Frauen in der Überzahl (Abb. S. 54). Jedoch lerne ich hier auch zwei männliche Ägypter kennen, die sich für ihre Arbeit von modernen Frauen wie zum Beispiel dem Charakter O-Ren Ishii aus dem Film *Kill Bill* inspirieren lassen.

Kapstadt:
Identität in der Diversität

Die Unterschiede zwischen den Menschen und die Extreme der Natur in Südafrika sind vergleichbar. Hier wird einem schnell klar, dass es ein Land der Gegensätze ist. Das Bewusstsein in den Köpfen vieler junger Südafrikaner gründet im Erkennen der Chance, die Unterschiede von

Chimed-Ochir Ganchimeg_Mongoljingoo College, Ulan Bator

Herkunft, Aussehen und Religion als Stärke der gemeinsamen Gesellschaft zu sehen. Sie erkennen in der Verschiedenheit und Individualität des Einzelnen und der Tatsache der sie verbindenden Staatsbürgerschaft weitaus mehr Möglichkeiten als Gefahren. In der Szene der jungen südafrikanischen Modedesignerinnen und -designer erkenne ich sofort durchgängig eine hohe Motivation und eine starke Solidarität. Ich frage mich, ob dieser eindrucksvolle Gemeinschaftssinn vielleicht durch das starke »Anderssein« eines jeden Designers erst ermöglicht wird.

Am Fuße des Tafelbergs stellen in einem Atelier verschiedene Designerinnen und Designer ihre Arbeiten vor. Ein starker indischer Einfluss in Südafrika wird durch die Arbeit zweier junger Südafrikaner mit indischen Wurzeln deutlich (Abb. S. 39 und 51). Das Designerduo Brown & September verweist auf seine afrikanischen Wurzeln und zeigt, dass sich Afrika mit

clear expression in sketches and designs. Their families react positively, and are by and large proud of their children. In the graduating class in Cairo, and in almost every other class I met, young women are in the majority (fig. p. 54). Yet I also got to know two Egyptian men who take inspiration in their work from modern women, one example being the character O-Ren Ishii from the film *Kill Bill*.

Cape Town:
Identity in Diversity

In South Africa, vast contrasts exist between people and between extremes of nature. It quickly becomes clear that this is a country of opposites. Many young South Africans are conscious of their chance to make differences in background, appearance, and religion a strength of their shared society. In the variety and individuality of their people, as well as in the fact of their shared citizenship, they see far more possibilities than dangers. Everywhere I went in the young South African fashion design scene, I was met at once with high motivation and strong solidarity. I wonder whether this impressive sense of community might be made possible through the powerful "differentness" of every South African designer.

Various designers present their works in a studio at the foot of Table Mountain. South Africa's strong Indian influence is made clear by the work of two young South Africans with Indian roots (figs. pp. 39 and 51). The designer duo Brown & September refers back to its African roots and shows that Africa must become committed and also work on its own identity (fig. p. 37).

Visiting Stellenbosch, roughly an hour away from Table Mountain, I encountered South Africa's "white society." The young white South Africans at the Elizabeth Galloway Acad-emy of Fashion Design take as their theme the dresses of the homelands, the poor quarters of the cities. Blankets are turned into dresses, blankets that otherwise protect the poorest of the poor. A handbag is crafted out of recycled vegetable cans (fig. p. 69). Alongside the bag stands another student's outfit, this one once more making clear the contradictory nature of South Africa with motifs examining two major local themes: wine growing and AIDS. The design replaces buttons with corks, and the buttonhole is an AIDS ribbon (figs. pp. 45 and 60). All of the designs reflect traditional Black Africa. Here, the modern use of earth colors, natural fabrics, and elements and forms originating from African folklore combine to create an impressive new brilliance.

A decade after the legal abolition of apartheid, South African fashion shows a young generation seeking an identity of its own. It isn't just that Nelson Mandela plays a role in almost every discussion: Young South Africans are also changing their human ideals to distinguish them from those of their parents, and are happy to be able to express themselves, in their ideas and outfits, free of fear of contact.

Ulan Bator:
New Old Heroes

In the Soviet period, it would have been unthinkable for the younger generation in Mongolia to distinguish itself from parents and grandparents through its fashion. Since the political shift in early nineteen-nineties, however, the country has undergone intensive, radical change. In the land of nomads and yurts, the idea of the fashion designer has emerged as well, and an ambitious and innovative fashion scene has been able to grow. Today there are eight different fashion schools in the capital of Ulan Bator, and fashion designer is one of the

sich selbst beschäftigen und an der eigenen Identität arbeiten muss (Abb. S. 37).

Bei meinem Besuch in Stellenbosch, etwa eine Stunde vom Tafelberg entfernt, treffe ich auf die »weiße Gesellschaft« Südafrikas. Die jungen weißen Südafrikaner an der Elizabeth Galloway Academy of Fashion Design machen die Kleider der Homelands, der Armenviertel der Städte, zu ihrem Thema. Es werden Decken als Kleider verwendet, die sonst die Ärmsten der Armen schützen. Die Handtasche wird aus recycelten Gemüsedosen geformt (Abb. S. 69). Daneben steht ein weiteres Outfit einer Studentin, das wiederum die südafrikanische Gegensätzlichkeit deutlich macht, indem es sich motivisch mit zwei großen lokalen Themen auseinander setzt: Weinanbau und Aids. In diesem Entwurf sind die Knöpfe durch Weinkorken ersetzt, und das Knopfloch besteht aus einer Aidsschleife (Abb. S. 45 und 60). Sämtliche Entwürfe spiegeln das traditionelle Schwarzafrika wider. Die moderne Verwendung von Erdfarben, natürlichen Stoffen, Elementen und Formen aus der ursprünglichen afrikanischen Folklore erzeugt hier einen eindrucksvollen neuen Glanz.

Die südafrikanische Mode zeigt eine junge Generation, die sich zehn Jahre nach der gesetzlichen Abschaffung der Apartheid in Südafrika nach einer eigenen Identität sehnt. Nicht nur, dass Nelson Mandela in fast allen Gesprächen eine Rolle spielt: Junge Südafrikaner verändern auch ihre menschlichen Ideale in Abgrenzung von ihren Eltern und sind glücklich darüber, sich mit ihren Ideen und Outfits ohne Berührungsängste ausdrücken zu können.

Ulan Bator:
Neue alte Helden

Noch zu Sowjetzeiten war es undenkbar, dass sich die junge Generation in der Mongolei durch ihre Mode von den Eltern und Großeltern absetzt. Seit der politischen Wende Anfang der 1990er Jahre befindet sich das Land jedoch in einem intensiven Umbruch. So hat sich im Land der Nomaden und Jurten auch das Bild des Modedesigners rasch entwickelt, sodass hier eine aufstrebende und innovative Modeszene heranwachsen konnte. Heute gibt es in der Hauptstadt Ulan Bator acht verschiedene Modeschulen, und Modedesigner ist einer der begehrtesten Berufe. Beim Besuch der Modeakademien wird vor allem eine starke Identifikation mit der mongolischen Geschichte und dem Volkshelden Dschingis Khan sichtbar, der im Stil der Entwürfe geradezu eine Renaissance erlebt. Zudem bilden traditionelle mongolische Gewänder für die Jungdesigner auch eine Basis, um sich persönlich mit modischen Stilmitteln auszudrücken (Abb. S. 25).

Buyan Bayartsetseg ist eine der mongolischen Nachwuchsdesignerinnen, die ihre Arbeiten präsentiert. In ihrem Entwurf finden sich viele traditionelle Elemente, wie die erhöhte, nach oben spitz zulaufende Schulterpartie, die schon seit Jahrhunderten bei mongolischen Reitern anzutreffen ist. Ein weiteres Element bei Bayartsetseg ist der überlange Ärmel, der bei Alltagsmänteln gearbeitet wird, um den Träger vor Wind und Kälte zu schützen. Ihr Entwurf in Strick in der Farbe Pink mit roten, blauen und grünen Streifen zeigt überlieferte Elemente in der modernen Interpretation einer jungen Modedesignerin (Abb. S. 115). Bei Enkh-Och Byambaa ist durch die Wahl des Jeansstoffs eine klare Abgrenzung der Mode von der Tradition gelungen. Dennoch findet man hier besonders in der Form des Kopfschmucks einen starken Bezug zur mongolischen Folklore (Abb. S. 116).

Eines der Materialien, mit dem die mongolische »Generation Mode« ebenfalls arbeitet, ist

Makhuba Bahromova_Kamoliddin Bekhzod National Institute of Fine Arts and Design, Tashkent Taschkent

By choosing denim, Enkh-Och Byambaa achieves a clear differentiation from the fashion of tradition. Yet here, too, a strong link to Mongolian folklore is to be found, in particular in the form of the headdress (fig. p. 116).

One of the materials which the Mongolian "fashion generation" works with is wool felt, one of the oldest regional materials, and one which makes the Mongolian winter, at minus thirty-five degrees, easier to bear. Wool felt is used in boots and in the construction of yurts. The designer Chimed-Ochir Ganchimeg links back to the traditional clothing of her country in the choice of wool felt for her garment, and in the design of the shoulders and the long sleeves, though she executes this in a modern way, with an asymmetrical miniskirt. The interpretation of the hat in this design also makes reference to reflections on the designer's culture (fig. p. 26).

Tashkent:
Self-discovery on the Silk Road

In the Uzbek capital of Tashkent, a new course of study for fashion design has existed since 2001, thanks to the initiative of Vera Chursina, at the Kamoliddin Bekhzod National Institute of Fine Arts and Design. Previously, one could receive training in Uzbekistan for industrial textiles or for handicrafts. The generation of self-confident young female Uzbeks is working with devotion and diligence on their own ideas of, and visions for, worlds of fashion. In patterns and cuts, they quote the Russian avant-garde, among others. An important component in all the collections is the silk ikat. Tashkent is more than an important crossroads on the Silk Road between east and west, north and south. Silk ikat is a traditional Uzbek fabric now being used for reinterpretations of shoes and handbags.

most sought-after professions. Visiting the fashion academies makes manifest, first and foremost, a strong identification with Mongolian history and the popular hero Genghis Khan, now enjoying all but a renaissance in the style of the designs. Traditional Mongolian robes are another basis that young designers use to express themselves personally through the stylistic means of fashion (fig. p. 25).

Buyan Bayartsetseg is one of the new generation of Mongolian designers presenting her works. Many traditional elements find a place in her design, including raised shoulders that taper to a point; these have been worn by Mongolian horsemen for centuries. Another element Bayartsetseg uses are unusually long sleeves on the coats, which protect the wearer from wind and cold. Her knitted design, in pink with red, blue, and green stripes, shows handed-down elements in a modern interpretation by a young fashion designer (fig. p. 115).

Wollfilz, einer der ältesten regionalen Stoffe, mit dem auch die mongolischen Winter bei minus 35 Grad erträglicher werden. Wollfilz wird in Stiefeln und zum Bau von Jurten verwendet. Die Designerin Chimed-Ochir Ganchimeg hat in der Wahl von Wollfilz für ihr Modell, in der Schulterpartie und den langen Ärmeln ebenfalls Bezug auf die traditionelle Kleidung ihres Landes genommen, setzt dies jedoch mit dem asymmetrischen Minikleid modern um. Auch die Interpretation des Hutes verweist bei diesem Entwurf auf die Reflexion der eigenen Kultur (Abb. S. 26).

Taschkent:
Selbstentfaltung an der Seidenstraße

In der usbekischen Hauptstadt Taschkent ist am Kamoliddin Bekhzod National Institute of Fine Arts and Design durch die Initiative von Vera Chursina seit 2001 ein neuer Studiengang für Modedesign entstanden. Bisher gab es in Usbekistan die Möglichkeit, eine Ausbildung für die Industrie zu erhalten oder sich im Handwerk weiterzubilden. Die Generation selbstbewusster junger Usbekinnen arbeitet hingebungsvoll und fleißig an eigenen Ideen und Visionen von Modewelten. In Mustern und Schnitten zitiert sie unter anderem die russische Avantgarde. Ein wichtiger Bestandteil in allen Kollektionen ist der Seidenikat. Taschkent gilt nicht nur als wichtiger Knotenpunkt der Seidenstraße zwischen Ost und West sowie Nord und Süd, der Seidenikat ist ein traditioneller usbekischer Stoff, mit dem auch Schuhe und Handtaschen neu interpretiert werden.

Weitere Stationen

In Auckland bin ich einer neuen Generation von Neuseeländern begegnet. Die energiereiche Mischung aus der Sehnsucht nach dem fernen alten Europa und der originalen Maorikultur vor Ort sowie die geografische Nähe zu Asien gibt der Diskussion um die Einzigartigkeit Neuseelands neues Gewicht. Die Musik- und Modeszene der jungen Neuseeländerinnen und Neuseeländer liefert das entsprechend neue Gesicht dazu. In Sydney habe ich feststellen können, dass staatliche Förderung eine echte Hilfestellung für die individuelle Visionsgestaltung der jungen Designer sein kann. In Nairobi geht die Suche nach der kenianischen Identität so weit, dass von offizieller Seite der Auftrag eines Entwurfs für das »Kenyan national dress« an junge Modedesigner vergeben wurde (Abb.). Zudem wächst durch Identifizierung über die Kleidung und das Design die Abgrenzung zum allgegenwärtigen Secondhandmarkt. In Reykjavík befindet sich die »Generation Mode« nicht nur aufgrund der geografischen und klimatischen Extreme in Auseinandersetzung mit der eigenen Tradition und zeigt sich dabei sehr selbstbewusst (Abb. S. 215).

Individuelle Gleichheit:
Das Zusammenspiel der Gegensätze

Lokale Einflüsse gewinnen an Bedeutung. Das Bewusstsein für die Umwelt, in der die jungen Modeschöpfer leben, spiegelt sich in ihren Kreationen wider. Weltweit betrachten Nachwuchsdesigner ihre Mode keineswegs nur als Produkt des täglichen Lebens. Sie möchten ihre Mode inszenieren, sie zum Leben erwecken. Der überwiegende Teil der Modedesignerinnen und -designer möchte dabei seine eigene Persönlichkeit als künstlerische neben den Kreationen erleben. Viele greifen die Probleme ihrer Region auf, so zum Beispiel Aids und die Lage der Bevölkerung in den südafrikanischen Homelands. In der Mongolei ist das enorme Bestreben zu beobachten, sich mit Bildern traditioneller einheimischer Bekleidung ausein-

Further Stations

In Auckland, I met a new generation of New Zealanders. The energetic mix of longing for old Europe far away and the aboriginal Maori culture at home, as well as the geographic proximity to Asia, all lend new weight to the discussion about the uniqueness of New Zealand. The music and fashion scene among young New Zealanders furnishes the country's new face. In Sydney, I was able to note that government funding can offer real support for the shaping of individual visions by young designers. In Nairobi, the quest for Kenyan identity has gone so far that young designers were officially commissioned to design a "Kenyan national dress" (fig.). In addition, differentiation from the omnipresent second-hand market has grown along with identification through clothing and design. In Reykjavík, it is not only geographic and climatic extremes that have brought the "fashion generation" self-confidently into discussion with the country's traditions (fig. p. 215).

Individual Equality:
The Interplay of Contradictions

Local influences are gaining new significance. Young fashion creators' consciousness of the environment in which they live is reflected in their creations. Young designers worldwide certainly do not see their fashion as merely a product of daily life. They wish to stage their fashion, to bring it to life. In the process, the majority of fashion designers wish to experience their own personalities artistically alongside their creations. Many of the fashion designers address problems in their regions, like AIDS and the situation of the population in the South African homelands. Noteworthy in Mongolia is the immense striving to explore images of traditional indigenous clothing, and to reinterpret these through the designers' own ideas.

One may see a common ground in all of these academies across the globe in the desire for fame and honor. All young fashion designers take their own path towards the same goal; with their work, they would like to find fame and recognition. They have all seen in the media what it means to be a fashion designer. Their role models are Lagerfeld, Versace, Westwood, Galliano, and Gaultier. The pure craft is taught from generation to generation—without forcing out those who have mastered it already. But the new "fashion generation" is dif-

Design submitted by Evelyne Odongo for the competition for a Kenyan national costume Entwurf für den Wettbewerb um ein kenianisches Nationalkostüm von Evelyne Odongo_Evelyn College of Design, Nairobi

ander zu setzen und diese mit eigenen Ideen neu zu interpretieren.

Eine Gemeinsamkeit ist in allen Akademien auf diesem Globus festzustellen: der Wunsch nach Ruhm und Ehre. Alle jungen Modedesigner gehen auf ihrem individuellen Weg demselben Ziel entgegen, sie möchten mit ihrer Arbeit berühmt werden und Anerkennung finden. Sie alle haben über die Medien beobachtet, was es heißt, Modedesigner zu sein. Ihre Vorbilder heißen Lagerfeld, Versace, Westwood, Galliano und Gaultier. Das reine Handwerk wird von Generation zu Generation weitergelehrt – ohne Abgrenzung von denen, die es schon beherrscht haben. Doch die neue »Generation Mode« ist anders, sie will sich selbst entfalten und durch ihren eigenen persönlichen Stil Akzente setzen. Sich als Modedesigner zu behaupten, ist *die* große Herausforderung, der sie alle sich stellen wollen, und dabei spielt es keine Rolle, in welchem Teil dieser Welt sie leben. Ihre Gedanken, ihre Ideen, ihre Mode sind für sie überall Zeichen der Reflexion und Erneuerung. Noch in den 1980er und 1990er Jahren war die Zugehörigkeit zu einer globalen Jugendbewegung ein Wunsch, der seinen Ausdruck besonders deutlich auf MTV fand. Mit der unaufhaltsam fortschreitenden medialen und ökonomischen Annäherung und Gleichschaltung lässt sich bei dieser Post-MTV-Generation nun umso mehr der Drang zu einer lokalen Individualisierung und zur Abgrenzung von globalen Trends beobachten. Die »Generation Mode« ist kritischer geworden, was Entwicklungen, auch in der Mode, anbelangt. Die jungen Designer sind sich heute ihrer Individualität bewusster und haben dennoch den Wunsch nach Integration in die globalisierte Welt.

Für die redaktionelle Betreuung und Koordination der Expedition möchte ich der Fernsehredakteurin und Modestudentin Amelie Strecker danken. Sie initiierte ein aktives Netzwerk zwischen den Modeinstitutionen und besuchte mit mir unter anderen die Schulen in Taschkent, Ulan Bator, São Paulo und Sydney.

Aline Rosenmeier, die Bekleidungstechnik studiert hat und als Model und Stylistin arbeitet, danke ich für die Kontaktierung der an diesem Projekt teilnehmenden Modeschulen und Designer. Neben den von uns gemeinsam bereisten Ländern Ägypten, Senegal und Südafrika, besuchte sie weitere Modeschulen in Nairobi, London und Kopenhagen.

Zahra Yaagoubi and her mother work on a caftan at home
Zahra Yaagoubi und ihre Mutter arbeiten zu Hause an einem Kaftan_Casablanca

ferent. It wants to develop, to set new directions through its own personal style. Asserting oneself as a fashion designer is *the* great challenge that everyone wants to set for themselves, and in which part of the world they live does not play a role. Their thoughts, their ideas, their fashion are everywhere signs for them of reflection and renewal. In the nineteen-eighties and nineties, belonging to a global youth movement was a desire that found expression with particular clarity on MTV. As medial and economic proximity and forced uniformity ceaselessly advance, one now sees, in this post-MTV generation, even more of an urge for local individualization and for differentiation from global trends. The "fashion generation" has grown more critical in regard to current developments, including those in fashion itself. Young designers today are more conscious of their individuality, but still wish for integration into the globalized world.

I would like to thank TV editor and fashion student Amelie Strecker for her assistance with the editing and the coordination of the expedition. She initiated an active network between the fashion institutions and together with me visited among others the academies in Tashkent, Ulan Bator, São Paulo, and Sydney.

To Aline Rosenmeier, who has studied clothing technology and works as a model and stylist, I owe thanks for providing the contacts with the fashion academies and designers participating in this project. In addition to the countries where we traveled together—Egypt, Senegal, and South Africa—she visited further fashion academies in Nairobi, London, and Copenhagen.

Die Bedeutung junger Modedesigner für die afrikanische Kultur und Wirtschaft

Chancen und Herausforderungen der Globalisierung

Elaine Salo

Die Ausstellung *Generation Mode* im Stadtmuseum präsentiert Arbeiten junger Designerinnen und Designer aller fünf Kontinente und demonstriert damit zugleich auf eindrucksvolle Weise, wie sich die gegenwärtigen Globalisierungsprozesse nahezu unmerklich auch in Ereignissen wie diesem manifestieren. Lassen Sie uns am Beispiel dieser Ausstellung kurz einige der möglichen Ergebnisse dieser Entwicklung resümieren, die sich bereits jetzt überall auf der Welt abzeichnen: Junge Designer und Kuratoren können über die sprachlichen, kulturellen, geopolitischen und sozioökonomischen Grenzen der fünf Kontinente – in unserem Fall Europas und Afrikas – hinweg kommunizieren und kooperieren. Nicht allein das Ausstellungskonzept, auch der Austausch, der im Vorfeld mit den Designerinnen und Designern stattgefunden hat, um diese großartige Schau kreativer Entwürfe überhaupt realisieren zu können, vermitteln den Eindruck, als gebe es zwischen den Teilnehmerstaaten dieser beiden Kontinente keinerlei Unterschiede. Der Einfluss weltweiter Technologien sowie globalisierender Entwicklungen prägen das Design in einem Maße, dass man beinahe

vergisst, dass Deutschland, der Gastgeber dieses Events, nicht nur wirtschaftlich eines der reichsten Länder der Welt ist, während viele der hier vorgestellten Designerinnen und Designer aus relativ armen, unterentwickelten afrikanischen Staaten kommen. Ähnlich wie das Geschlecht – ein Thema, auf das ich ebenfalls eingehen werde – ist die Globalisierung für uns fast etwas Selbstverständliches, Naturgegebenes. Die Auswirkungen der Globalisierung als kultureller und politischer Prozess und ihr Einfluss auf geschlechtsspezifische Verhaltenskodizes, das sind die beiden übergreifenden Themen, die den Schwerpunkt dieses Begleittextes zu den in vorliegender Publikation vorgestellten Modellen bilden sollen.

In einer Welt, die mehr und mehr zusammenwächst, sind Veranstaltungen wie diese Ausstellung, in der wir erleben, wie junge Menschen ihrer Kreativität in der Mode Ausdruck verleihen, beinahe zur Normalität geworden. Ich bin überzeugt, dass einige dieser jungen Designerinnen und Designer – mögen sie ihre Wurzeln geografisch auch an einem festen Ort haben – was ihre Einstellung und ihr Selbstverständnis anbelangt wie ihre Designs zugleich an den

The Gains and the Challenges of Globalization for Young Dress Designers

An African Gender Perspective

Elaine Salo

Generation Mode, an exhibition displaying the work of young designers from the five continents being held at the Stadtmuseum, speaks eloquently of the also most seamless work of contemporary globalizing processes on this event. Consider for a moment some of the issues that now appear almost mundane as this event unfolds—young designers and curators could communicate and collaborate across linguistic, cultural, geopolitical, and socio-economic boundaries of the five continents and in the following Europe and Africa. Organization of the event as well as the communication with designers to bring about the rich parade of creative designs makes the participating countries from these two continents appear equal. The power of global technology and of the globalizing influences on design creativity is such that we almost forget that Germany, the host country for the event, is one of the richest and most resourced parts of the world, whilst many of the designers originate from African countries that are relatively under-resourced and under-developed.

Globalization, like the other theme I will also address, namely gender, is almost taken for granted, naturalized. The power of globalization as a cultural and political process and its interaction with gender are the two overarching themes that I want to focus on as a framing commentary to the designs contained in this catalogue.

We have come to expect an event such as this exhibition of youthful creativity embodied in these dress styles as a normal activity in an ever globalizing world. For some of these new designers I am certain that whilst they may be rooted in one particular geographic location, their subjectivities, and their sense of self, like their designs are rooted in multiple locations. I am quite certain that either through personal history, ancestry, imagination, or possibly individual travel they can route their sense of self as well as the sources of their creative imagination through many geographic locations, and the many multicultural practices of being with which they may have acquainted themselves.

However, we humans are unable to bodily occupy multiple physical spaces at the same time. So the local context in which these young designers live, the cultural meanings that dress acquires in that context, and the messages it

verschiedensten Orten verwurzelt sind. Ich bin mir ziemlich sicher, dass die Quellen, aus denen sie aufgrund ihrer Biografie oder ihrer Familiengeschichte, dank ihrer Fantasie oder aber durch Eindrücke, die sie auf Reisen gewonnen haben, ihr Selbstverständnis und ihre Kreativität beziehen, an den verschiedensten Orten der Welt und in den vielen unterschiedlichen Lebensformen, die sie möglicherweise kennen gelernt haben, zu finden sind.

Nun ist es dem Menschen aber nicht gegeben, physisch gleichzeitig an verschiedenen Orten zu sein. Deshalb kommt es nicht allein darauf an, in welchem lokalen Umfeld die jungen Designerinnen und Designer leben, sondern ebenso darauf, welche Vorstellungen man in der jeweiligen Kultur mit der Kleidung verbindet und was sie über Geschlecht, Alter und ethnische Zugehörigkeit – kurz über die Gesellschaft dieses Orts – aussagt.

Und noch eine Frage drängt sich in diesem Zusammenhang unwillkürlich und beinahe wie selbstverständlich auf: Wurden die Modelle speziell für Frauen oder für Männer entworfen? Den meisten Entwürfen, die wir heute hier sehen, liegen sowohl allgemein gültige als auch kulturspezifische Begriffe von Geschlecht und Kleidung zugrunde. Die Mehrzahl der Designerinnen und Designer hat sowohl mit allgemein verbreiteten wie mit kulturtypischen Weiblichkeitsmustern gearbeitet, etwa damit, dass Frauen eher Kleider als Hosen tragen oder dass das Spektrum der weiblichen Dresscodes von einem sehr verspielten femininen bis zu einem schnörkellos intellektuellen, von einem überaus glamourösen bis zu einem ausgesprochen schlichten, aber dennoch anspruchsvollen Stil reichen kann. Manche Modelle bringen die Ästhetik der weiblichen Figur effektvoll zur Geltung, andere wiederum spiegeln gleichermaßen die enorme kulturelle Bandbreite weiblicher Extravaganz wie weiblicher Schlichtheit wider. Das Design von Brown & September (Abb.) arbeitet spielerisch mit einem kulturspezifischen Männlichkeitsbegriff (das Modell würde ebenso gut mit der arabischen wie mit der westafrikanischen Männermode harmonieren), gleichzeitig soll möglicherweise die dominierende Rolle der Frau in der Welt der Mode karikiert werden – ist das männliche Element, selbst wenn auch für den Mann Mode gemacht wird, hier doch nach wie vor nur eine Randerscheinung, die so gut wie gar nicht wahrzunehmen ist. Die Tatsache, dass Kleidung und Körperschmuck vielfältige Assoziationen hervorrufen, ist von nicht unerheblicher Bedeutung, und dieses Assoziationsspektrum wird laufend erweitert, je nachdem in welchem Kontext ein Kleidungsstück getragen wird. Welche Botschaften uns die Kleidung vermittelt, ist vom historischen und sozialen Kontext abhängig: Wer trägt das Kleidungsstück, in welchem historischen Kontext, wo oder zu wel-

communicates about gender, age, and ethnicity—in short about personhood in this place—all play a role.

Another theme that is immediately evident and almost taken for granted—that the designs would be for a particular sex. Most of the designs we see here today have drawn both on common as well as culture-specific perceptions of gender and of dress—most have worked with the common as well as culturally specific conceptions of femininity—dresses rather than trousers are worn by women; that women's dress codes vary between the very playful feminine to the most sophisticated, from the very adorned to the most simple yet sophisticated look. Some designs celebrate the aesthetics of the particular feminine form, whilst others speak both of the powerful cultural resonances between feminine sophistication and modesty. The design by Brown & September (fig.) works playfully with the culture-specific notion of masculinity (this dress could resonate with both Arabic as well as West African male dress), at the same time that the design could be a tongue-in-cheek commentary about the dominant presence of women as the object of design and designers, while men, for whom designs are also created, and masculinity remain muted, almost invisible in the fashion world. The multiple meanings of dress are important, and the contexts in which these costumes are worn certainly enrich the meanings of dress and body adornment. Historical and social contexts shape the messages we attach to clothes—who wears the costume, in what historical context in history as well as at what time of the day or in what place is it worn. Finally, the audience who witnesses this performance of dress style provides messages about the meanings of dress. So for example if a woman wore classical Xhosa dress

"Brown & September" Christopher September_Cape Peninsula University of Technology, Cape Town Kapstadt

to the inauguration of the South African President of State Nelson Mandela in 1994, her dress would have been interpreted as appropriate for such an important national event; it would also have been considered to be a statement about the enormous political change in the country that enabled us to take renewed pride in the rich indigenous cultural heritage of South Africa, and finally it would also have been read as a statement about pride in African design in a world where Western dress dominates. On the other hand, if she wore classical Xhosa dress in 1956, during the women's protests against the extension of apartheid pass laws to African women, her dress would have been interpreted as a signal of defiance against the apartheid government which refused to acknowledge the important role of African women in upholding the stability of African families and communities in urban contexts.

cher Tageszeit? Aber auch das Publikum, das bei diesem Ereignis anwesend ist, sagt etwas über die Bedeutung der Kleidung aus. Wäre eine Frau zur Amtseinführung Nelson Mandelas als südafrikanischer Staatspräsident im Jahr 1994 in einem traditionellen Xhosa-Gewand erschienen, hätte man diese Bekleidung als der Bedeutung des Anlasses angemessen empfunden. Darüber hinaus hätte man dies als Ausdruck der tief greifenden Umwälzung betrachtet, die sich in der Politik des Landes vollzogen hatte und dank derer wir heute wieder mit Stolz auf das reiche kulturelle Erbe unserer Urväter blicken können. Und angesichts der Dominanz der westlichen Mode hätte man darin nicht zuletzt auch eine Würdigung des afrikanischen Designs gesehen. Hätte die Frau dasselbe Xhosa-Gewand hingegen während der Frauenproteste gegen die Ausweitung der Apartheid-Passgesetze im Jahr 1956 getragen, hätte man dies als Zeichen des Widerstands gegen die Apartheidregierung gewertet, die den afrikanischen Frauen ihre Anerkennung für das, was sie für den Erhalt der afrikanischen Familien und Bevölkerungsgruppen in den Städten leisteten, versagte.

Die eingehendere Beschäftigung mit den einzelnen afrikanischen Modellen weckte mein Interesse als Anthropologin. Ich fragte mich, welches wohl die persönlichen Gründe gewesen sein mochten, die die Designerin beziehungsweise den Designer dazu bewogen hatten, einen ganz bestimmten Entwurf zu präsentieren. Die spielerische Art, in der man kulturtypische Stile mit westlichen Dresscodes kombiniert hatte, beeindruckte mich. Ich hätte gern gewusst, für wen sie ihre Modelle entworfen hatten, das heißt, wen sie sich als idealen Träger ihrer Mode vorgestellt hatten und für welchen Anlass sie gedacht war. Und schließlich beschäftigte mich die Frage, wie sehr sich

die Designerinnen und Designer mit ihrer Kultur und ihrem Land identifizieren und wie sie aus dieser Identität geschöpft hatten, um ihre Kreationen mit Leben zu erfüllen. Leider hatte ich keine Gelegenheit, mit diesen begabten jungen Leuten über ihre Arbeit zu sprechen, und kann deshalb nur mutmaßen, wie sie meine Fragen beantwortet hätten. Im folgenden Abschnitt soll gezeigt werden, wie sehr es gerade heute darauf ankommt, erkennen zu können, welche Vorstellungen mit einem bestimmten Kleidungsstil verknüpft werden. Leben wir doch in einer Zeit, wo lokale Dresscodes, die jeweils einen ganz bestimmten kulturellen Hintergrund haben, wie Ätherwellen um den Globus kreisen und die Mode anderer Kontexte – und seien sie auch Millionen Kilometer weit entfernt – beeinflussen. Der weltweite Austausch von Informationen und kulturellen Strömungen hat inzwischen ein derartiges Ausmaß angenommen, dass Sozialanthropologen vielfach bereits befürchten, Kleidung könnte schon bald ihr jeweils spezifisches kulturelles Gepräge verlieren und unsere Welt dadurch uniform, fantasielos und eintönig werden. Ich dagegen bin überzeugt, dass die kulturellen Traditionen in den einzelnen Ländern so tief verwurzelt und so beständig sind, dass diese Eigenarten überdauern werden und die kulturelle Vielfalt im Bereich der Mode und des Designs die jungen Designer auch weiterhin zu so fantasievollen Kreationen wie den hier vorgestellten inspirieren wird.

Weltweite kulturelle Strömungen, lokale Kontexte

Wollte man diese Begegnung junger Designerinnen und Designer aus verschiedenen Ländern Afrikas und Europas, Australiens, Asiens und Amerikas, ihre Motivation und ihre Entstehungsgeschichte unter dem Schlagwort Glo-

As an anthropologist by training, my curiosity was tweaked when I examined the various clothes from Africa. I wondered about the individual designers' reasons for presenting a specific design; about the playful mix of culture-specific styles with generic Western dress codes; about whom the designers imagined as the perfect individual for whom the outfit was specifically designed as well as the occasion where it should be worn; finally I wondered about the designers' cultural and national identities and how they had played upon these identities and drawn upon them to inform their creations. However since I have had no conversations with any of these gifted young people about their work, I can only hazard some guesses at the answers to the questions I have posed. In the following section, I want to focus on the importance of reading the meanings of these dress styles at the present time, where local dress styles that emanate from a particular cultural heritage now flow like ether across the globe to influence styles in contexts located millions of kilometers away. The power of global informational and cultural flows is so great that social anthropologists often despair that soon cultural differences in dress styles will be obliterated, resulting in a uniformly dressed, unimaginative, homogenous world. I argue, however, that the power and resilience of local cultural practices are such that the differences endure, so that these young designers' creative imaginations are informed by the different cultural heritages of dress and design, to produce the creative designs we see in this catalogue.

Global Cultural Flows, Local Meanings

The term globalization seems an almost trite term to use to describe the impetus for, as well as the process of bringing together young designers from various countries in Africa and Europe, Australia, Asia, and America. However it is important here to distinguish between the different processes of globalization precisely because issues of geographic location, difference, and power do arise within these different processes. Arjun Appadurai distinguished between five dimensions of global cultural flows, namely ethnoscapes, technoscapes, finanscapes, mediascapes, and ideoscapes.[1] For the purpose of this, I will only draw on two concepts here, namely ethnoscapes and mediascapes.

Ethnoscapes refer to the cultural flows that are produced by the steady streams of people either as tourists, immigrants, refugees, exiles, or guest workers across national boundaries.

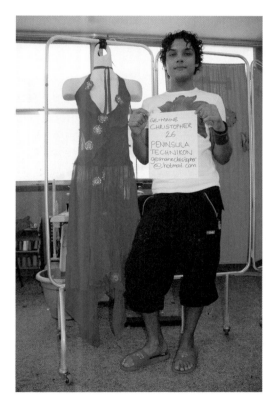

Ge-maine Christopher_Cape Peninsula University of Technology, Cape Town Kapstadt

balisierung subsumieren, würde man der Sache nur bedingt gerecht. Trotzdem möchte ich in diesem Zusammenhang auf die unterschiedlichen Globalisierungsprozesse eingehen, geht es dabei doch auch um Fragen der geografischen Lage, der Andersartigkeit und der Macht. Arjun Appadurai unterscheidet fünf Dimensionen globaler kultureller Strömungen: »ethnoscapes«, »technoscapes«, »finanscapes«, »mediascapes« und »ideoscapes«.[1] Ich möchte hier lediglich auf zwei dieser Begriffe eingehen, die in unserem Zusammenhang von Interesse sind, nämlich die »ethnoscapes« und die »mediascapes«.

Der Begriff »ethnoscapes« bezieht sich auf die kulturellen Strömungen, die dadurch entstehen, dass wir uns heute – sei es als Touristen, Immigranten, Flüchtlinge, Exilanten oder Gastarbeiter – mehr und mehr außerhalb der eigenen nationalstaatlichen Grenzen bewegen. Mithilfe dieser »ethnoscapes« sind wir in der Lage, neue Erkenntnisse über die verschiedenen gesellschaftlichen Systeme zu gewinnen, über die unterschiedlichen Kulturformen, zu denen auch die jeweiligen Dresscodes zählen, die das Alltagsleben prägen. Und was noch wichtiger ist: Wir erfahren auch etwas darüber, wie sich die sexuelle und die kulturelle Identität in den Dresscodes der verschiedenen Zivilisationen widerspiegeln.

Darüber hinaus erhalten wir Aufschluss darüber, welche Möglichkeiten den Angehörigen der verschiedenen Kulturen zur Verfügung stehen, um etwas für ihr Äußeres zu tun, ohne dafür die eigenen vier Wände verlassen zu müssen. Werden wir doch durch den wachsenden Einfluss von Printmedien und visuellen Medien, die heute jedem leicht zugänglich sind, über geografische und politische Grenzen hinweg geradezu mit einer Flut von Bildern überschüttet. Diesen umfangreichen Austausch von Informationen und Bildern durch Zeitungen, Zeitschriften und visuelle Medien subsumiert Appadurai unter dem Begriff »mediascapes«. Wenn man bedenkt, dass ein Modemagazin wie *Cosmopolitan* in 28 verschiedenen Ausgaben und 12 verschiedenen Sprachen gedruckt und in mehr als 80 Ländern der Welt verkauft wird, muss die Feststellung erlaubt sein, dass die meisten der dort vorgestellten Designs aus ein und demselben Land oder Kulturkreis stammen könnten und sie sich alle auf die ein oder andere Weise ähneln.

Die unterschiedlichen lokalen Kontexte, in denen diese Modelle getragen werden, und die spezifischen kulturellen Inhalte der Dresscodes lassen es jedoch nicht zu, derart voreilige Schlüsse zu ziehen. Es ist gut möglich, dass die jungen Designerinnen und Designer die Anregungen für ihre Kreationen aus Magazinen wie *Cosmopolitan,* aus Büchern oder visuellen Medien bezogen haben, doch verwendeten sie dafür auch Materialien, die in anderen kulturellen Kontexten gefertigt wurden. Selbst wenn globale Einflüsse bei diesen Entwürfen eine Rolle gespielt haben, ist davon auszugehen, dass die meisten dieser Modelle lediglich als Beispiele westlicher Mode zu betrachten sind. Da die Orientierung an der westlichen Welt und damit auch an den westlichen Kleidungsstilen historisch lange Zeit mit »Zivilisation« gleichgesetzt wurde, haftet der westlichen Mode nicht selten der Nimbus des Vollkommenen an. Unvoreingenommene Leser dieser Publikation würden die meisten der Modelle vielleicht ein und demselben kulturellen Kontext zuordnen. Mit wohlmeinendem Blick sehen sie darin womöglich den ausgesprochen gelungenen Versuch, sich an westliche Modestile anzulehnen, unter einem anderen Blickwinkel nur schlechte Kopien dieses tonangebenden Stils. Eines sollte im Zusammenhang mit dem Thema Kultur

Danica Lepen_Visual Arts Studios, Midrand Graduate Institute, Johannesburg

These ethnoscapes provide us with the means to acquire information about different worlds, about different cultural practices in everyday life, as well as of dress codes. More importantly, we also learn about how we embody gender and cultural identities through our dress codes in these different worlds.

We also obtain information about these different cultural practices of adorning the body, without leaving home. The power of print and visual media and the ready access to these media provide us with a rich source of images across physical and spatial boundaries. Mediascapes are what Appadurai called this powerful exchange of information and of images via the production and distribution of newspapers, magazines, and visual media. When we consider the fact that a fashion magazine like *Cosmopolitan* is printed in twenty-eight different editions, in twelve different languages, and circulated in more than eighty

countries around the globe, we could not be blamed for assuming that most of these fashion designs could have emanated from the same national or cultural context, and that they resemble each other in one way or another.

However, the different local contexts in which these designs are worn and the culturally specific meanings given to dress codes prevent us from drawing such hasty conclusions. In creating their designs, the young designers have drawn upon concepts that they may have derived from magazines such as *Cosmopolitan,* books, or visual media. In addition they have used materials produced in other cultural contexts. We may assume that, given these globalizing influences on their designs, most of their creations could only be called examples of Western dress. The notion of Western dress is a powerful one, given that historically Westernization and, by association, Western fashion, have long been seen as synonymous with "civilization." A disinterested reader of this fashion catalogue could place most of these designs within a single cultural frame. Viewing them in a favorable light, she or he may consider all these designs as very good attempts to build upon Western fashionable styles or, alternatively, dismiss them as poor parodies of this dominant cultural style. However I want to make a cautionary note about culture and power—questions of geopolitical and cultural power are central to the way we perceive the creativity of dress design. For even a celebration of design creativity, expressed in these dress designs and organized through the facility of equalizing global processes, is shot through with issues of power and of cultural difference. We need to critically examine the notion that fashion is specifically Western, and that dress design signifies a civilized acquaintance with a Western lifestyle.[2] For such an

und Macht allerdings nie vergessen werden: Fragen geopolitischer und kultureller Macht haben entscheidenden Einfluss darauf, ob wir ein Design als kreativ empfinden oder nicht. Werden wir doch selbst bei einem Event wie dieser eindrucksvollen Präsentation kreativen Designs, dessen Realisierung wir nicht zuletzt der Harmonisierung globaler Prozesse verdanken, auf Schritt und Tritt mit den Themen Macht und kulturelle Heterogenität konfrontiert. Wir sollten uns einmal kritisch mit der Vorstellung auseinander setzen, Mode sei ausschließlich eine Errungenschaft der westlichen Welt und das Modedesign Ausdruck eines kultivierten Umgangs mit einem westlichen Lifestyle.[2] Diese Auffassung suggeriert, dass nur die westliche Kulturgeschichte der Mode und des Körperschmucks einer wissenschaftlichen Untersuchung wert sei und die kulturtypischen Modestile in nichtwestlichen Kontexten ausschließlich der Betonung der Andersartigkeit dienten und von mangelnder Vertrautheit mit kultivierten Lebensformen zeugten. Wir müssen die präsentierten Modelle in ihrem Ursprungskontext sehen, um die komplexen kulturspezifischen Inhalte verstehen zu können, die dem damit geschmückten Körper zugeschrieben werden. Um zu zeigen, weshalb es so wichtig ist, Phänomene, die scheinbar auf der ganzen Welt anzutreffen sind, differenzierter und weniger vordergründig zu interpretieren – damit wir in der Lage sind, die kulturspezifischen Inhalte vermeintlich »westlicher« Kleiderstile zu erkennen – möchte ich im Folgenden auf die Bedeutung des lokalen Kontexts und der Menschen, die dort an den verschiedensten Orten leben, eingehen.

Die Befürworter der kulturellen Globalisierung argumentieren, dass die von Norden nach Süden verlaufenden kulturellen Strömungen die Vorherrschaft des Nordens begünstigen und dazu führen würden, dass lokale Kulturen untergehen.[3] Es käme dadurch zu einer kulturellen Hybridisierung,[4] oder aber zu einer kulturellen Hegemonisierung und Homogenisierung.[5]

Naomi Klein stellt bei ihrer Untersuchung, wie multinationale Bekleidungs- und Schuhhersteller durch ihre Warenzeichenpolitik Einfluss auf jugendliche Subkulturen, etwa die schwarze Hip-Hop-Szene, und die Dresscodes in den Randzonen nordamerikanischer Städte nehmen, fest, dass derartige hegemoniale Prozesse immer auch dann zu beobachten seien, wenn sich Marketingprozesse, die von den urbanen Zentren ausgehen, der Kulturformen der ghettoisierten Randgebiete bemächtigen.[6] Sie ist der Überzeugung, Firmen wie Nike würden dadurch die wesentlichen, singulären Inhalte dieser lokalen Kulturformen zunichte machen. Jugendliche, die Produkte wie Nike-Sportschuhe kaufen, übernähmen damit dieselben kulturellen Inhalte, die in der Chefetage des Markenherstellers für diese Artikel ersonnen wurden. Theoretiker wie Naomi Klein und Claude Ake gehen davon aus, dass es sich bei der kulturellen Globalisierung um einen teleologischen Prozess handelt, der das Hegemoniestreben des »Nordens« begünstigt. Lokale Besonderheiten werden nach Ake durch den Konsum von Waren, die in den nördlichen Industriestaaten produziert wurden, ausgelöscht, was eine kulturelle Homogenisierung zur Folge habe. Ein Vorbote für den Niedergang der lokalen Kulturtraditionen, in denen sich die kulturellen Unterschiede am deutlichsten manifestieren, sei die zunehmende Verbreitung der »nördlichen« (zumeist amerikanischen) Massenkultur.

Im Gegensatz dazu argumentieren Paul Zeleza[7] und Daniel Miller, die kulturelle Globalisierung müsse nicht zwangsläufig eine »allgemeine Verwestlichung« nach sich ziehen.[8]

assumption suggests that the only cultural history of dress and adornment of the body worth examining existed in Western contexts. Furthermore it also suggests that the culture-specific dress styles in non-Western contexts are only useful as markers of difference and of a lack of familiarity with civilized ways. We need to situate these designs in the local contexts where they originated in order to reveal the richly complex culture-specific meanings ascribed to the body when adorned in these clothes. It is to the importance of the local context and of the bodies that inhabit its diverse spaces that I now wish to turn in order to illustrate why a subtler, more complicated reading of apparently global forms is so important to uncover the culture-specific meanings of apparently similar "Western" dress styles.

Many proponents of cultural globalization argue that cultural flows are from the North to the South and lead to northern hegemony and local cultural destruction.[3] These proponents contend that these flows lead to cultural hybridization,[4] or to cultural hegemonization and homogenization.[5]

Naomi Klein argues that the same hegemonizing processes occur as marketing processes located in urban centers usurp the cultural forms of the ghettoized peripheries in the North.[6] She examines how multinational clothing and shoe companies assume control over youth subcultural forms such as black ghetto music and dress codes in the urban peripheries of North America through branding. Klein maintains companies like Nike neutralize the unique critical local meanings of these cultural forms through their branding process. She also assumes that the youthful customers who purchase products such as Nike sports shoes take on the same cultural meanings that the brand-name company executives

ascribed to these goods. Theorists such as Klein and Claude Ake assume that cultural globalization is teleological and propagates northern imperialism. Ake contends that it is through the consumption of goods produced in the North that local difference is obliterated, causing cultural homogenization. The arrival of northern popular culture (usually American) would foreshadow the destruction of local cultural practices, the markers of cultural difference.

In contrast to these perspectives, Paul Zeleza[7] and Daniel Miller argue that cultural globalization does not necessarily lead to "generic Westernization."[8] Zeleza draws our attention to the meanings that consumption of global cultural forms and goods takes on as it occurs in, and is shaped by, specific local histo-

Outfit by von Catherine Munkumba_Evelyn College of Design, Nairobi

Zeleza weist darauf hin, dass globale Kulturformen und -güter, mit neuen Inhalten erfüllt werden, sobald sie in spezifischen lokalen historischen und kulturellen Kontexten rezipiert und von diesen geprägt werden. Er führt dazu aus: »Wenn die Menschen im ›Süden‹ die importierten Produkte und die verlockenden Bilder konsumieren, werden die damit verbundenen Annehmlichkeiten und Inhalte den komplexen Filtern und Registern der eigenen Kultur unterworfen und durch sie wahrgenommen. Mit anderen Worten: »›lokale Kulturen‹ […] sind weitaus flexibler und anpassungsfähiger als viele Verfechter und Kritiker der kulturellen Globalisierung glauben, und die Menschen, selbst wenn sie arm sind, sind nicht nur passive Rezipienten der Errungenschaften fremder Kulturen.«[9]

Zelezas Argumentation legt nahe, dass externe kulturelle Einflüsse aus dem »Norden« – etwa in den Bereichen der Musik, der Mode und der Verbraucherelektronik – die Vielfalt der Lebensformen und kulturellen Besonderheiten in den lokalen Kontexten der südlichen Erdhalbkugel keineswegs beeinträchtigen. Vielmehr werden sie in die lokalen Wertesysteme und Traditionen integriert und mit neuen Inhalten erfüllt. Statt den lokalen Kontext seiner Originalität zu berauben, spiegeln diese Kulturformen und -güter – versteht man sie auf kreative Weise einzusetzen – nicht selten lokale soziale Gegensätze, Rassen-, Geschlechter- und soziale Konflikte und Kontroversen über die Inhalte der lokalen Spezifika wider. Ähnlich argumentiert Miller, indem er erklärt, dass, selbst wenn sich die »Einheimischen« fernab der großen Weltzentren fremde Kulturbegriffe, Kulturgüter und Kulturformen aneignen, dies nicht zwangsläufig bedeute, dass ihre Eigenarten jenen Vorstellungen untergeordnet werden, die man in weiten Teilen der Metropolen damit assoziiert. Um das Entstehen neuer Identitäten in lokalen Kontexten abseits der nördlichen Weltzentren zu erklären, geht Miller von der Hypothese aus, dass globale Phänomene auf unterschiedliche Weise rezipiert werden. Das Konsumverhalten – heute der maßgebliche Indikator für Modernität – werde von lokalen Zeitströmungen und lokalen Formen der sozialen Schichtung geprägt, die aus dem Bruch mit der Tradition resultieren. Aufgrund dieser besonderen Konstellation käme es in den lokalen Kontexten zu einer nachträglichen Differenzierung und zur Herausbildung neuer Eigenarten. Ich meinerseits würde noch ergänzen, dass diese neuen Charakteristika gleichzeitig in die als eher traditionell geltenden Kulturformen integriert und von diesen isoliert werden.

In den spezifischen lokalen und kulturellen Kontexten, in denen die Kreationen der jungen Modedesignerinnen und -designer entstanden sind, vermitteln die mit der Kleidung verbundenen Inhalte und die Persönlichkeit der Träger ganz bestimmte Botschaften hinsichtlich Einfluss, Geschlecht, Persönlichkeit und Identität. Im folgenden Abschnitt möchte ich daher zeigen, wie scheinbar homogenisierende Einflüsse Eingang in lokale Kontexte finden und sich mit kulturspezifischen Persönlichkeits- und Identitätsbegriffen verbinden, die sich in den Kleidungsstilen ausdrücken, sodass diese Begriffe neu belebt werden oder sich neue Eigenarten herausbilden, die dann ihrerseits in den lokalen Kontext integriert werden. Den Anstoß zu dieser Studie, bei der ich mich auf die Townships im südafrikanischen Kapstadt – einem Kontext, der mir besonders vertraut ist – konzentriert habe, gab mir die von Zeleza und Miller vertretene These, der zufolge nicht davon auszugehen ist, dass die Assoziationen, die die Rezeption von globalen Kulturbegrif-

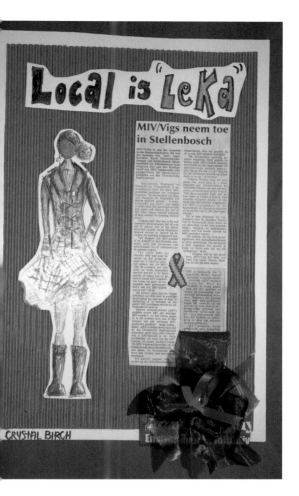

Design collage Entwurfscollage *Wees bewus!* by von Crystal Birch_Elizabeth Galloway Academy of Fashion Design, Stellenbosch

nological gadgetry emanating from the North are incorporated into local values and practices and given new meaning. Far from dislocating identities from the local context, the creative uses of these cultural practices and products frequently resonate with local social divisions and struggles around race, gender, and class and the struggles about the meanings of local identities. Similarly, Miller argues that even when the "locals" outside the cosmopolitan centers consume imported cultural ideas, goods, and practices, their identities are not necessarily subsumed by the dominant meanings associated with these factors in the metropolises. He renovates and then applies the theoretical notion of differential consumption of global forms to understand the rise of novel identities in local contexts beyond the metropolitan centers of the North. He argues that consumption, as the quintessential defining act of modernity, is shaped by local histories of modernity and local forms of social stratification that are rooted in the break with tradition. This peculiar interlinkage leads to a subsequent difference and the rise of novel identities in the local context. I would add that these novel identities are at once rooted in, and estranged from those that are considered to be more traditional.

These young fashion designers' creations have originated in specific local and cultural contexts, where the meanings of dress and the identities of the persons who wear them convey specific cultural messages about power, about gender, about personhood and identity. In the next section I want to focus on the context I know best, namely the townships of Cape

ries and cultural contexts, when he argues that: "When people of the South consume the imported products and seductive images, their pleasures and meanings are processed and perceived through the complex filters and registers of their own culture. In other words, 'local cultures' ... are far more resilient and adaptable than the champions or critics of cultural globalization often allow, and people, even poor ones, are not passive receptacles of alien cultural products."[9]

Zeleza's argument suggests that, far from homogenizing the variety of cultural styles and identities found in local contexts in the South, cultural flows of music, dress styles, and tech-

fen, Kulturformen und Kulturgütern im lokalen Kontext hervorruft die gleichen Eigenarten und/oder Sphären beträfen wie in ihrem Ursprungskontext.

Die Township Manenberg liegt in den so genannten Cape Flats am Rande von Kapstadt. Die etwa 80 000 hier lebenden Menschen,[10] zumeist mittellose Angehörige der Arbeiterschicht, wurden unter der früheren Apartheidregierung als »Farbige« aus den besseren Wohngegenden Kapstadts, die damals ausschließlich den Weißen vorbehalten waren, hierher umgesiedelt. Da sie als Mischlinge in unterschiedlichen kulturellen Kontexten verwurzelt sind, beziehen die meisten Farbigen ihr Verständnis von Persönlichkeit und Identität aus den religiösen Wertesystemen des Islam und des Christentums. Was die Bekleidungsvorschriften für die hier lebenden Frauen anbelangt, beruft man sich in Manenberg auf zentrale religiöse Werte, bei denen Tugenden wie Sittsamkeit und Keuschheit im Vordergrund stehen. Man erwartet deshalb von den jungen Mädchen und Frauen eine schlichte Kleidung, bei der möglichst wenig nackte Haut zu sehen ist. In beiden Religionen tragen die Frauen eine für Kapstadt typische islamisch geprägte Bekleidung (eine bunte Mischung afrikanischer, indischer, indonesischer und seit kurzem auch arabischer weiblicher Kleiderstile). Sie besteht aus einer Kopfbedeckung (einem Kopftuch oder eine Kappe, die eng am Kopf anliegen muss und das Haar in der Regel verdeckt) und – als einziger Ausdruck der Weiblichkeit – einem langen Gewand oder Kleid, das über einer Hose getragen wird, oder einem knielangen Rock und einer Bluse.

Bewegen sich die Frauen, vor allem die erwachsenen, allerdings in den kosmopolitischen Geschäfts- und Vergnügungsvierteln außerhalb der Township, müssen sie ihren Kleidungsstil verändern, um andere Aspekte von Weiblichkeit zu vermitteln, bei denen es weniger um die Demonstration der moralischen Haltung der Trägerin als vielmehr um das Konsumgut »Weiblichkeit« geht. Viele junge Frauen verbringen ihre Freizeit am liebsten in den In-Vierteln im Zentrum Kapstadts, etwa in den Einkaufszonen der ehemaligen weißen Vororte, und in den Nachtclubs der City. Gelten sie doch als bevorzugte Aufenthaltsorte der neuen Generation junger, trendiger Südafrikaner. Auch hier gilt es, einen bestimmten Dresscode zu beachten, der nicht offenbaren darf, welcher Schicht die Trägerin angehört, oder sie bestenfalls als Angehörige der Mittelschicht ausweist. Darüber hinaus sollte er die weiblichen Reize unterstreichen und erkennen lassen, dass man mit den aktuellen (für gewöhnlich westlichen) Modetrends vertraut ist und sie geschickt einzusetzen weiß. Hielte sich eine junge Frau hier an den Dresscode der Township, würde sie damit allgemeine Aufmerksamkeit erregen, und was noch schlimmer wäre – sie würde sich als Angehörige der Unterschicht entlarven.

Ganz anders verhält es sich bei den jungen Männern. Sie bedienen sich der aktuellen Designermode, um zu demonstrieren, dass auch sie die ungeschriebenen Gesetze kennen, die in den Straßen der Township regieren und die den hier vorherrschenden Männlichkeitsbegriff in hohem Maße prägen. Die meisten männlichen Jugendbanden der Gegend machen eine bestimmte Modemarke oder das Werk eines Rappers zu ihrem Erkennungszeichen. So trägt beispielsweise eine Gang, die sich Clever Kids nennt, ausschließlich Baseballmützen, Pullover und Jeans von Calvin Klein. Das Designerlabel soll nicht nur zeigen, dass man mit der Welt des Glamours fernab der

Town, South Africa, to explore how seemingly homogenizing influences of global cultural flows enter into specific local contexts, and articulate with culture-specific meanings of personhood, identity as it is embodied in dress styles, to reproduce these meanings of person-hood and identity or create new identities that are rooted within the local contexts. This local study is influenced by Zeleza's and Miller's view that the meanings associated with the con-sumption of global cultural ideas, practices, and products in the local context cannot be assumed to signify the same identities and/or the spaces in which these features originate.

The colored township of Manenberg is located on the periphery of Cape Town, in the area locally know as the Cape Flats. It is home to approximately eighty thousand people.[10] The township was declared a site for resettlement for people of hybrid racial descent who were classified colored under the old apartheid sys-tem. The township's inhabitants are mainly poor working-class folk who were forcibly removed from the more favorable locations in Cape Town when these areas were reserved for white settlement only. Given their diverse cul-tural roots, most colored people construct the meaning of personhood and identity within the religious value systems of Islam and Chris-tianity. Manenberg residents draw on key reli-gious values which emphasize modesty and sexual propriety to prescribe appropriate dress styles for women in this context. In this town-ship, adolescent girls and adult women are required to dress modestly and to display as little bare flesh as possible. Women from both religions draw upon cultural Islamic dress in Cape Town (itself a hybrid mélange of African, Indian, Indonesian, and, more recently, Arabic feminine dress styles), which consists of a head covering (either a scarf or cap worn close to the skull, usually covering the hair), long shirt, or a dress worn over a pair of trousers, or a mid-length skirt and blouse to embody feminine personhood.

However when women, especially adoles-cent women, move into the more cosmopolitan spaces of business and leisure beyond Manen-berg township, they have to renegotiate their dress styles to convey other meanings of wom-anliness that emphasize femininity as a con-sumer good, rather than a moral statement about personhood. Many young women prefer to spend their leisure time in the more fashion-able places in the city, such as the shopping malls located in erstwhile white suburbs and the night clubs in the central district because these spaces are considered the sites where the cool new South Africans hang out. These spaces also require a specific dress code that needs to communicate the wearer's neutral or else middle-class origins, feminine desirability, and a certain *je ne sais quoi* about contempo-rary (usually Western notions of) fashionable dress. A young woman who wore the dress code of the township here would stick out like a sore thumb and, worse yet, betray her low-class ori-gins.

In contrast, young men utilize contempo-rary designer-label clothes to convey their acquaintance with the wisdom of the township streets that is so central to the meanings of masculinity here. Most male gangs in the area adopt a certain brand of clothing or rap musi-cian's work to identify themselves. Thus, for example, Calvin Klein baseball caps, sweaters, and jeans are taken on as the dress code for the local gang named the Clever Kids. The designer label not only conveys knowledge of the world of glamour outside but also conveniently marks the young man's body as belonging to a

Bazaar Kleidermarkt in Dakar

blem darstellen, lässt das Nebeneinander von Modedesigns aus Entwicklungsländern und Industriestaaten, wie es sich uns hier präsentiert, doch hoffen, dass sich all den jungen Designern die gleichen aussichtsreichen Chancen eröffnen, um sich auf dem Markt durchzusetzen. Entscheidend dafür, ob ihre Modelle tatsächlich in großer Stückzahl für einen breiten Markt produziert werden, wird jedoch letztlich sein, ob sie in einem europäischen Industriestaat oder einem afrikanischen Entwicklungsland leben und wie sich die Wettbewerbssituation in der Textilindustrie der jeweiligen Länder gestaltet.

Township vertraut ist, sondern man weist sich damit zugleich als Angehöriger einer ganz bestimmten Gruppe aus einem ganz bestimmten Teil der Township aus. Scheinbar homogenisierende westliche Kleiderstile sagen also etwas darüber aus, mit welchen Inhalten die Begriffe Weiblichkeit und Männlichkeit in dem betreffenden Kontext besetzt sind.

Globale Einflüsse, ungleiche Märkte

Ein anderer Aspekt der Globalisierung sind die transnationalen ökonomischen Einflüsse im Bereich der Herstellung und des Handels mit Kleidern und Schuhen. Das Modedesign ist nur ein Teil der Bekleidungsindustrie – wenn auch der kreativste. Die jungen Designerinnen und Designer werden in der erbarmungslosen Welt der Wirtschaft viele Hürden nehmen müssen, wollen sie ihr Ziel, ihre Designs populär zu machen, verwirklichen. Ein erster Schritt könnte darin bestehen, die Bekleidungshersteller davon zu überzeugen, dass ihre Entwürfe breite Käuferschichten in aller Herren Länder ansprechen. Auf den ersten Blick könnte man meinen, dies sollte kein unüberwindliches Pro-

Was der Bekleidungsindustrie und dem weltweiten Handel mit Textilien und Schuhen, deren Umsatz sich Jahr für Jahr auf mehrere Billionen US-Dollar beläuft, immer neues Wachstum beschert, ist der Wunsch des Menschen, durch die Kleidung ein Stück der eigenen Persönlichkeit nach außen zu tragen. Zum Beweis dieser Behauptung möchte ich nochmals auf das Beispiel Südafrika zurückkommen. Mit insgesamt rund 140 000 bis 150 000 Arbeitsplätzen allein in der Fertigung nehmen die Bekleidungs- und die Schuhindustrie eine Schlüsselstellung in der südafrikanischen Fertigungsindustrie ein.[11] Seit der Demokratisierung des Landes im Jahr 1994 unterliegen diese Industriezweige ebenfalls den Handelsgesprächen, die regelmäßig unter der Schirmherrschaft der Welthandelsorganisation zwischen Südafrika und seinen Handelspartnern stattfinden. Die WTO-Vereinbarungen regeln die multilateralen Handelsbedingungen und entscheiden so über das Angebot an Arbeitsplätzen in den lokalen Kontexten und haben letztlich auch Auswirkungen auf die Haushaltsstabilität.

Unter dem Druck des Internationalen Währungsfonds und in dem Bemühen, aus-

particular gang located in a very specific part of the township. In short, apparently homogenizing Western dress styles convey the local meanings of femininity and masculinity in this context.

Global Flows, Unequal Markets

Another aspect of globalization is the transnational economic character of the clothing and footwear manufacturing trade. Dress design is but one aspect, arguably the most creative one, of clothing manufacture. These young designers will have to face a number of tests in the cut-throat world of commerce in order to realize their goal of popularizing their dress styles. One of these steps would be to market their ideas to clothing manufacturers as appealing to a mass market of consumers located in different countries around the globe. At face value, this might not seem an insurmountable problem. The juxtaposition of these clothing designs, emanating from less developed and developed countries, suggests an optimistic opportunity of equal marketability that awaits all of these young designers. However, their individual locations in the developed countries of Europe and the less developed countries of Africa and the competitive character of manufacture in each of these locales will ultimately determine whether their designs will be reproduced for the mass consumer market.

Our desire to convey messages about our personhood through dress sustains the global trade in textiles, footwear, and the manufacture of clothing that is worth billions of American dollars annually. Once again I will turn to the South African case as a means to illustrate my argument. The clothing and footwear industries are a key part of South African manufacture and together account for approximately

140,000 to 150,000 manufacturing jobs.[11] Since the democratic transition in 1994 these industries are also affected by the trade negotiations that are undertaken between South Africa and its trading partners periodically, under the auspices of the World Trade Organization. The WTO agreements determine the terms of trade between countries which in turn determine the availability of jobs in local contexts and, ultimately, affect households' sustainability.

Acting under pressure from the International Monetary Fund and in an effort to attract foreign investment, South Africa, like many developing countries, dropped its strict import substitution and liberalized its markets

Zahra Yaagoubi_LaSalle Collège International, Casablanca

in the post-1994 period. This meant that the policies introduced during the era of import substitution in the nineteen-seventies and early eighties, such as strict import quotas, high import taxes, etc., set in place to protect local industries from foreign competition, were annulled. Consequently we have witnessed a flood of cheap, new, and secondhand clothing and leather imports onto the South African markets as well as those of other African countries.

ländische Investoren zu gewinnen, lockerte Südafrika nach 1994 wie viele Entwicklungsländer seine strenge Importsubstitution und liberalisierte seine Märkte. Dies bedeutete, dass wirtschaftspolitische Maßnahmen – niedrige Importquoten, hohe Einfuhrzölle –, die man in der Zeit der Importsubstitution in den 1970er und den frühen 1980er Jahren zum Schutz der heimischen Industrie vor ausländischen Wettbewerbern ergriffen hatten, aufgehoben wurden. In der Folge wurden die Märkte Südafrikas und anderer afrikanischer Staaten geradezu mit Billigimporten neuer und gebrauchter Textilien und Lederwaren überschwemmt.

In Südafrika traf dies insbesondere die heimische Bekleidungs- und Schuhindustrie, wo Tausende von Arbeitern ihre Arbeitsplätze verloren. Zwischen 1987 und 1998 sank die Beschäftigungsquote in der Schuhindustrie um 42 Prozent, während die Beschäftigungszahlen in der Bekleidungsindustrie seit 1994 stagnieren.[12] Da diese Wirtschaftszweige in der jüngsten Vergangenheit vermehrt weibliche Arbeitskräfte beschäftigten, waren vor allem Frauen die Leidtragenden der neuen Import-Export-Abkommen. Vielfach wurden nur noch befristete Arbeitsverträge abgeschlossen oder die Frauen wurden in die Arbeitslosigkeit entlassen und sehen nun gemeinsam mit ihren Familien einer ungewissen wirtschaftlichen Zukunft entgegen. Und auch die südafrikanischen Designer stehen vor einigermaßen schwierigen Entscheidungen. Sie könnten eigene Kleiderfabriken gründen und in kleinem Umfang für den heimischen Markt produzieren – dies würde allerdings bedeuten, dass sie sehr schnell lernen müssten, wirtschaftlich überlebensfähig zu werden. Oder sie könnten ihre Modelle exklusiv an die kleine südafrikanische Oberschicht verkaufen. In beiden Fällen würden sie einen, wenn

auch nur sehr bescheidenen, Beitrag zur lokalen Entwicklung leisten. Es ist jedoch eher davon auszugehen, dass sie sich dafür entscheiden, nach New York, London oder eine der anderen schnelllebigen Modemetropolen zu gehen, um sich dem erbitterten Konkurrenzkampf um die Anerkennung internationaler Modehäuser und Bekleidungshersteller zu stellen.

Angesichts dieses düsteren Szenarios bleibt offen, ob die innovativen Ideen, die sich in den afrikanischen Designs manifestieren, tatsächlich dazu beitragen werden, den Volkswirtschaften der betreffenden Länder, die noch auf schwachen Beinen stehen, zu Stabilität und Wachstum zu verhelfen. Wird man diese Modelle in großer Stückzahl in heimischen Betrieben produzieren und damit die Entwicklung des eigenen Landes ankurbeln? Oder werden sie von den Entwürfen der europäischen Designer verdrängt, deren Modelle dann in großer Zahl in den wettbewerbsfähigeren europäischen Fabriken hergestellt werden? Oder werden die jungen Designer letztlich ein Opfer der Fertigungsindustrie und der von ihr favorisierten chinesischen Designer? Den meisten der afrikanischen Designer wird nichts anderes übrig bleiben, als sich in einer der Modemetropolen im Norden niederzulassen, wo sich ihnen bessere Chancen bieten, und ihre Arbeiten letzten Endes an die konkurrenzfähigeren ausländischen Hersteller zu verkaufen. In diesem Fall können wir nur hoffen, dass sie einen Teil ihrer Gewinne zu Hause investieren, um wenigstens einen kleinen Beitrag zur Entwicklung ihrer Heimatregion zu leisten. Ist diese Form der Investition, etwa in Ghana, heute doch bereits eine der Hauptsäulen der afrikanischen Wirtschaft.

Wie ich eingangs bereits feststellte, eröffnet uns die Globalisierung nahezu unbegrenzte

In South Africa, local clothing and footwear industries were the hardest hit and thousands of workers lost their jobs. Between 1987 and 1998 employment levels in the footwear industry fell by 42 percent whilst employment levels in the clothing industry have remained stagnant since1994.[12] In the recent past, these sectors relied increasingly upon women's labor and therefore mainly women were adversely affected by the change in import-export agreements. Many women were placed on short-term contracts or made redundant. They together with their households face uncertain economic futures. Finally, South African designers find themselves facing somewhat difficult choices. They could open their own clothing factories and produce clothes for the local market on a small scale—this would mean that they would have to learn to become economically viable very quickly. Alternatively they could also market their designs exclusively to the very small elite of South African society. In both these cases they would still be contributing to local development, albeit to a very small extent. Most probably, they would choose to leave for New York, London, or other faster-paced fashion centers, where they will face fierce competition for recognition by the international designer houses or clothing manufacturers.

Given this bleak scenario, one is left wondering whether these innovative ideas embodied in the designs from the African continent will contribute to the sustainability and growth of fragile economies in the respective countries. Will these designs be mass-produced in local manufacturing industries, thereby giving greater impetus to national development? Or will they be eclipsed by the designs from Europe that will be mass-produced in European factories that are more competitive? Or

Tasleem Bulbulia_Cape Town Kapstadt

will all these designers ultimately be overshadowed by the manufacturing industries and their preferred designers located in China? Most of these African designers may be left with no other choice than to immigrate to the design metropolises in the North where they are able to access better opportunities and ultimately market their work to more competitive foreign manufacturers. In this last scenario, we may only hope that they will choose to bring some of their profits home to assist development on a small scale. This form of financial investment has now become one of the mainstays of African economies in countries such as Ghana.

Above I have argued that globalization presents us with almost limitless opportunities to share creativity as we have done in the exhibition *Generation Mode*. The designs we see here are illustrative of the powerful creativity that is unleashed when young people are able to draw

Möglichkeiten zu einem kreativen Austausch, wie wir ihn in der Ausstellung *Generation Mode* erleben. Die Modelle, die wir hier sehen, veranschaulichen beispielhaft, welch ungeheure Kreativität freigesetzt wird, wenn junge Menschen über Kulturen und Ländergrenzen hinweg auf eine nahezu unerschöpfliche Inspirationsquelle zurückgreifen können. Die Entstehung dieser universalen »mediascape« führte zu einer Vereinheitlichung der Kleidungsstile, sodass man bei oberflächlicher Betrachtung von den meisten Kleidern behaupten könnte, sie orientierten sich an westlichen Bekleidungsstilen. Mir lag jedoch daran zu zeigen, dass sowohl das lokale Frauen- und Männerbild als auch der jeweilige lokale Kontext, in den diese Bekleidungsstile integriert werden, Einfluss darauf haben, welche kulturspezifischen Inhalte wir mit der Kleidung verbinden. Kulturelle Unterschiede werden dadurch also keineswegs aufgehoben, und sie haben entscheidenden Einfluss darauf, welche Assoziationen die Kleidung – und sei sie noch so uniform – bei uns hervorruft. Des Weiteren habe ich behauptet, die Globalisierung eröffne dem Modedesign nicht nur neue Chancen, sondern stelle uns auch vor große Herausforderungen. Eines der schwierigsten Probleme stellt in diesem Zusammenhang wohl das derzeitige Ungleichgewicht in den Handelsbeziehungen zwischen Industrie- und Entwicklungsländern dar. Verlangt es doch von den jungen Designerinnen und Designern, sich innerhalb des eigenen Arbeitsfeldes mehr und mehr zu spezialisieren und sich gleichzeitig zu Globalplayern zu entwickeln, die in der Lage sind zu erkennen, wo sich die bestmöglichen wirtschaftlichen Chancen bieten – und das nicht allein im Hinblick auf die eigene Karriere, sondern auch im Interesse ihres Herkunftslandes. Bis es aber erst einmal so weit sein wird, spreche ich ihnen meine Anerkennung für diese Erfolg versprechenden Arbeiten aus und wünsche ihnen für die Zukunft alles Gute.

Anmerkungen

1   Arjun Appadurai, »Global Ethnoscapes«, in: Richard Fox (Hrsg.), *Recapturing Anthropology: Working in the Present*, Santa Fe 1991, S. 191–210.

2   Jean Allman (Hrsg.), *Fashioning Africa: Power and Politics of Dress*, Bloomington 2004, S. 3.

3   Paul Tiyambe Zeleza, »Rethinking Africa's Gender and Globalization Dynamics«, unveröffentlichtes Manuskript, vorgelegt anlässlich des 8th International Interdisciplinary Congress on Women, Makerere University Kampala, Uganda, 21.–26. Juli 2002.

4   Sarah Nuttall und Cheryl Ann Michael (Hrsg.), *Senses of Culture: South African Cultural Studies*, Oxford 2000.

5   Claude Ake, zitiert in: Zeleza 2002.

6   Naomi Klein, *No Logo: No Space, No Choice, No Jobs*, London 2001.

7   Zeleza 2002.

8   Daniel Miller, »Introduction: anthropology, modernity and consumption«, in: ders. (Hrsg.), *Worlds Apart: Modernity through the Prism of the Local*, London 1995, S. 5.

9   Zeleza 2002.

10 Elaine Salo, »Negotiating Gender and Personhood in the new South Africa: Adolescent Women and Gangsters in Manenberg Township on the Cape Flats, in: *European Journal of Cultural Studies*, 6 (3) 2003.

11 Christian Rogerson, »Sunrise or Sunset Industries? South Africa's Clothing and Footwear Sectors«, in: Dorothy McCormick und Christian Rogerson (Hrsg.), *Clothing and Footwear in African Industrialisation*, Pretoria 2004.

12 Ebd.

upon an almost infinite source of inspiration across cultures and national borders. This universal mediascape has resulted in the homogenization of dress styles, so that at face value most clothes could be said to resemble Western dress styles. However I have indicated that local cultural meanings of gender as well as the local contexts in which dress styles are received, affect the culture-specific connotations we attach to dress. Thus cultural differences still persist and powerfully shape the meanings we attach even to the most identical attire. Finally I have argued that while globalization has presented dress design with opportunities, it also presents us with difficult challenges. One of the most formidable of these challenges is the current imbalance in trade agreements between developed and developing countries. This challenge demands that these young designers not only specialize in their specific fields but that they become global economists as well who are able to identify the best possible economic opportunities for not only their individual careers but also for their countries of origin. In the meantime, I congratulate them on their inspiring work and wish them well for their future.

Notes

1 Arjun Appadurai, "Global Ethnoscapes," in Richard Fox (ed.), *Recapturing Anthropology: Working in the Present* (Santa Fe,1991), pp. 191–210

2 Jean Allman (ed.), *Fashioning Africa: Power and the Politics of Dress* (Bloomington, 2004), p. 3.

3 P. T. Zeleza, "Rethinking Africa's Gender and Globalization Dynamics," unpublished paper presented at the Women's Worlds Congress, the Eighth International Interdisciplinary Congress on Women, Makerere University, Kampala, Uganda, July 21–26, 2002.

4 Sarah Nuttall and Cheryl Ann Michael (eds.), *Senses of Culture: South African Cultural Studies* (Oxford, 2000).

5 Claude Ake quoted in Zeleza 2002 (see note 3).

6 Naomi Klein, *No Logo No Space, No Choice, No Jobs* (London, 2001).

7 Zeleza 2002 (see note 3).

8 Daniel Miller, "Introduction: anthropology, modernity and consumption," in idem (ed.), *Worlds Apart: Modernity through the Prism of the Local* (London, 1995), p. 5.

9 Zeleza 2002 (see note 3).

10 Elaine Salo, *Negotiating Gender and Personhood in the new South Africa: Adolescent Women and Gangsters in Manenberg Township on the Cape Flats, European Journal of Cultural Studies*, 6 (3) (2003).

11 Christian Rogerson "Sunrise or Sunset Industries? South Africa's Clothing and Footwear Sectors," in Dorothy McCormick and Christian Rogerson (eds.), *Clothing and Footwear in African Industrialisation* (Pretoria, 2004).

12 ibid.

Students at Studierende der Helwan University Cairo, in conversation with im Gespräch mit Eva Gronbach

Cairo Kairo

Helwan University Cairo
Department of Apparel Design, Management & Technology
Since Seit: 1998
Number of students Anzahl Studierende: ca. 160
Graduates per year Abschlüsse pro Jahr: ca. 35

Professors and lecturers Professoren und Lehrbeauftragte: Dr. Samir Kamal, Wedian Madian, Susanne Kümper, Dr. Emad Gohar, Dr. Amr Hessuna, Haytham Gaber
Tuition fees Studiengebühren: Governmental school Staatliche Schule
Designers on display Designer in der Ausstellung: Doaa Farouk El Mor, Sawsan Nabil Osman, Walaa Ahmed Salem

Cape Town Kapstadt

Cape Peninsula University of Technology (former ehemals Cape Technikon)
Faculty of Engineering, Department Clothing & Textile Technology
Since Seit: 1970 (Cape Technikon), 2005 (Cape Peninsula University of Technology)
Number of students Anzahl Studierende: ca. 100 Fashion Modedesign, ca. 120 Clothing management Modemanagement, ca. 60 Textile technology Textiltechnologie
Graduates per year Abschlüsse pro Jahr: ca. 25
Professors and lecturers Professoren und Lehrbeauftragte: Marianne Bester, Bryan Ramkilawan, Talita Weideman, Ingrid Norton, Cathy Mackrill, Susan Duggan, Dr. Elspa Hovgaard, Vickash Naidoo; Exchange program with the Austauschprogramm mit der Fachhochschule Albstadt-Sigmaringen in Baden-Württemberg
Tuition fees Studiengebühren: Degree program are funded by the state Diplom-Studiengänge sind staatlich finanziert
Designers on display Designer in der Ausstellung: Ge-maine Christopher, Christopher September

Stellenbosch

Elizabeth Galloway Academy of Fashion Design
Since Seit: 1997
Number of students Anzahl Studierende: ca. 100
Graduates per year Abschlüsse pro Jahr: ca. 20

Professors and lecturers Professoren und Lehrbeauftragte: There are five senior lecturers who hold university degrees, have relevant academic and industrial experience, and travel regulary. The junior lecturers all have higher professional diplomas and a minimum of two years industrial experience. The two instructors and one librarian have relevant experience. The Academy works in close association with local industry and makes use of guest lecturers from various speciality areas including design, manufacture, and business. Es gibt fünf Dozenten mit Universitätsabschluss sowie akademischer und gewerblicher Erfahrung, die regelmäßig reisen. Die Lehrbeauftragten haben fachliche Diplome und eine mindestens zweijährige gewerbliche Erfahrung. Die beiden Ausbilder und die Bibliothekskraft verfügen über entsprechende Erfahrungen. Die Akademie steht in enger Verbindung mit der lokalen Industrie und arbeitet mit Gastdozenten aus verschiedenen Bereichen wie Design, Manufaktur und Betriebswirtschaft.
Tuition fees Studiengebühren: 25 500 ZAR (ca. 3 125 €)
Designers on display Designer in der Ausstellung: Elmè Bekker, Crystal Birch, Adelina Le Roux, Jacobus Le Roux, Nadia Pool

Casablanca

LaSalle Collège International
Stylisme et Modélisme
Since Seit: 1989
Number of students Anzahl Studierende: ca. 600
Graduates per year Abschlüsse pro Jahr: ca. 180
Professors and lecturers Professoren und Lehrbeauftragte: ca. 70
Tuition fees Studiengebühren: 32 500 DH (ca. 2 950 €) per year pro Jahr
Designers on display Designer in der Ausstellung: Zahra Yaagoubi

Dakar

Leydi – Ateliers de Stylisme et de Formation aux Arts et Techniques Traditionelles et Modernes du Costume et de la Parure en Afrique et en Occident
Leydi Workshops
Since Seit: 1998
Tuition fees Studiengebühren: 360 000 FCFA (3 500 $) per year pro Jahr
Designers on display Designer in der Ausstellung: Diarra Diouf, Chimère Tall

At the school's hair salon Im schuleigenen Frisiersalon _Leydi – Ateliers de Stylisme

Johannesburg

University of Johannesburg, Eloff Street Campus
Faculty of Art, Design and Architecture
Department of Fashion
Since Seit: 1925
Number of students Anzahl Studierende: ca. 120

Graduates per year Abschlüsse pro Jahr:
ca. 10–15
Professors and lecturers Professoren und Lehrbe-
auftragte: Glenda Hutchinson, Fahmida Cachalia,
L. Harvey, H. Dos Santos, A. Fletcher, C. Lavelle,
A. de Wet
Tuition fees Studiengebühren: ca. 13 000 ZAR
(ca. 1 600 €) per year pro Jahr
Designers on display Designer in der Ausstellung:
Ziemek Pater & Carlo Gibson

Boutique in Johannesburg

Johannesburg

Midrand Graduate Institute
Visual Arts Studios
Since Seit: 1999
Number of students Anzahl Studierende: ca. 130
Graduates per year Abschlüsse pro Jahr: ca. 20
Professors and lecturers Professoren und Lehrbeauftragte: Harry Penberthy, Melissa Botha, Monique

Bissel, Analise Neuhoff, Melanie Schrieber, Victor
Do Fillipe, Hercules Mare
Tuition fees Studiengebühren: ca. 30 000 ZAR
(ca. 3 670 €) per year pro Jahr, international
bursaries available internationale Stipendien mög-
lich
Designers on display Designer in der Ausstellung:
Melissa Botha, Melissa Jayne, Danica Lepen

Studio Atelier_Visual Arts Studios, Midrand Graduate Institute, design by Entwurf von Melissa Jayne

Nairobi

Evelyn College of Design

Fashion design

Since Seit: 1976

Number of students Anzahl Studierende: ca. 180

Graduates per year Abschlüsse pro Jahr: ca. 50

Professors and lecturers Professoren und Lehrbeauftragte: Lectures from our main university, Nairobi University and graduates of Evelyn College of Design Dozenten unserer Mutteruniversität, Nairobi University, und Absolventen des Evelyn College of Design

Tuition fees Studiengebühren: Evelyn College of Design is a private institution that has a production unit

which makes money and the students pay tuition fees. Some are sponsored by United Nations bodies. Das Evelyn College of Design ist eine private Institution, die mit eigener Produktion Geld verdient. Die Studenten zahlen Gebühren. Manche werden von UN-Organisationen gesponsert.

Designers on display Designer in der Ausstellung: Catherine Munkumba, Evelyne Odongo, Catherine Wambui Rimui, Marie Clémentine Uwizeye

Studio Atelier_Evelyn College of Design

Name Name, Age Alter

01_Place of birth (country, city) Geburtsort (Land, Stadt)
02_Place of residence (country, city) Wohnort (Land, Stadt)
03_Academy/college Akademie/Schule
04_Class of Klasse von
05_Semester/year of degree Semester/Jahr des Abschlusses
06_Personal emphasis Persönliche Schwerpunkte

07_What future does the profession academic fashion designer have in your country?

08_Which object, element, or situation would you consider as being typical of your social and demographic environment?

09_Do traditional garments of your region exist, what are they, and when and by whom are they worn?

10_Name a typical clothing item worn in your country.

11_Who could you imagine wearing fashion designed by you?

12_In which way should your work be presented, in accordance with your personal objectives?

07_Welche Zukunft hat der Beruf des akademischen Modedesigners in deinem Land?

08_Gibt es einen Gegenstand oder Umstand, der typisch für deine demografische und gesellschaftliche Umgebung ist, welchen?

09_Gibt es in deiner Region traditionelle Kleidung, woraus besteht sie und bei welchen Anlässen und von wem wird sie getragen?

10_Nenne ein Kleidungsstück, das in deinem Land häufig getragen wird.

11_Wer sollte von dir entworfene Kleidung tragen?

12_In welchem Rahmen würdest du deine Arbeit in Zusammenhang mit deinen persönlichen Zielen am liebsten präsentieren?

Elmé Bekker, 24

01_South Africa Südafrika, Cape Town Kapstadt
02_South Africa Südafrika, Stellenbosch
03_Elizabeth Galloway Academy of Fashion Design
04_2005
05_3rd year 3. Jahr
06_Attention to detail and natural
colors and fibers
Beachtung der Details sowie
natürliche Farben und Fasern

07_In my country the economic climate is relatively unstable. Our academy does not only teach us how to design on paper. An equal amount of time is given to instruct us on patternmaking and sewing, computer and business skills and so on. With a degree we are equally well equipped to work as fashion designers in companies or start our own enterprise.

08_We are exposed to both Western and ethnic influences. I wake up listening to MTV while street musicians play bongo drums just outside my flat. I love McDonald's but if I'm broke I survive on samp [cornmeal porridge] and beans. I do not even notice if I hear a language other than my own spoken on the street. And it all blends into what I know as home.

09_Yes, there are very colorful togas, beads, and ornaments as well as headgear and they are worn for traditional ceremonies. One example would be the opening of parliament, an annual fashion spectacle where VIPs dress up in traditional wear and the rest of the country watches in awe.

10_Shiswe skirts. They are made from colorfully printed fabric (mainly red and brown) and usually A-line. It is hard to buy them in retail but the fabric is readily accessible and everybody usually makes their own.

11_I would love to dress African queens. Strong women with incredible poise and dignity.

12_The dress would look best on a doll or a live model. Please put it with other African designs. Our culture is so magical in its diversity, I would love if everybody could see that.

07_Das wirtschaftliche Klima in meinem Land ist relativ instabil. Unsere Akademie lehrt uns nicht nur, wie man auf dem Papier entwirft, die selbe Zeit wird aufgewandt, um uns Fähigkeiten in der Musterherstellung und im Nähen, am Computer und in Betriebswirtschaft zu vermitteln. Mit einem Abschluss sind wir ebenso gut gerüstet, als Modedesigner in einem Betrieb zu arbeiten, wie auch dazu, unser eigenes Geschäft zu eröffnen.

08_Wir sind sowohl westlichen wie ethnischen Einflüssen ausgesetzt. Ich wache auf beim Hören von MTV, während vor meiner Wohnung Straßenmusikanten auf Bongotrommeln spielen. Ich liebe McDonald's, aber wenn ich pleite bin, überlebe ich mit Samp [Maisbrei] und Bohnen. Ich merke nicht einmal, wenn ich eine andere Sprache als meine auf der Straße höre. Und all das vermischt sich und bildet das, was ich als meine Heimat kenne.

09_Ja, es gibt sehr farbenfrohe Tuniken, Perlen und Ornamente wie auch Kopfbedeckungen, die bei traditionellen Zeremonien getragen werden. Ein Beispiel dafür wäre die Eröffnung des Parlaments, eine jährliche Modeschau, an der sich die VIPs mit traditioneller Kleidung schmücken, und der Rest des Landes mit Staunen zusieht.

10_Shiswe-Röcke. Sie werden aus bunt bedrucktem Stoff geschneidert (überwiegend in Rot und Braun) und sind üblicherweise ausgestellt. Im Einzelhandel sind sie schwer zu kaufen, aber der Stoff ist leicht erhältlich, und alle machen gewöhnlich ihre eigenen.

11_Ich würde liebend gern »African Queens« anziehen, starke Frauen mit unglaublicher Haltung und Würde.

12_Das Kleid würde am besten auf einer Kleiderpuppe oder an einem Model aussehen, zusammen präsentiert mit anderen afrikanischen Entwürfen. Unsere Kultur ist so zauberhaft in ihrer Vielfalt, ich würde mir wünschen, dass das alle sehen können.

Crystal Birch, 19

01_South Africa Südafrika, Tswane
02_South Africa Südafrika, Cape Town Kapstadt
03_Elizabeth Galloway Academy of Fashion Design
04_2006
05_1st semester, 2nd year 1. Semester, 2. Jahr
06_Fashion design Modedesign

07_South Africa has not yet established a haute couture market such as in Europe and the United States. I think the fashion design profession in our country is growing enormously because South Africa's fashion industry is booming! It is new and young. The freshness and innovative talent is inspiring and creative and there is a great demand for fashion designers with an academic or artistic background to nurture and develop this talent artistically and economically. Being a fashion designer is not the only profession that is needed in our country, but qualified patternmakers or textile designers are absolutely necessary! Our fashion training equips us to do both and we have subjects such as computer skills, art, textile design, evening and bridalwear, tailoring, lingerie, leatherwork, business skills, garment construction, patternmaking, history of fashion, creative computing, fashion design, and textile technology. We receive practical and academic training. We are doing an internationally accredited City and Guilds Higher Professional Diploma. This allows us to go on to do a B.A. honors degree in fashion design. I want to expand my fashion knowledge and possibilities by doing a journalism course or study fine arts to broaden my options to become a fashion editor!

08_I am a twenty-year-old student from Stellenbosch in the Western Cape of South Africa. Stellenbosch is a rapidly developing university town and is technologically advanced compared to towns in other provinces. The wine and agricultural industries predominate and influence the mood of our region. This mood, coupled with the budget restraints on the student lifestyle, is my biggest drive to be original and creative! I am an artistic person and like to express myself through fashion and art, I like to change people's minds about certain issues, fabrics, or themes

07_In Südafrika hat sich noch kein Markt für Haute Couture etabliert wie in Europa und in den Vereinigten Staaten. Ich glaube jedoch, dass sich der Beruf des Modedesigners in unserem Land stark entwickeln wird, denn die Modeindustrie in Südafrika ist im Aufschwung! Sie ist neu und jung. Frisches und innovatives Talent ist inspirierend und schöpferisch, und es besteht eine große Nachfrage nach Modedesignern mit einem akademischen oder künstlerischen Hintergrund, um dieses Talent künstlerisch und wirtschaftlich zu fördern. Modedesigner sind nicht die einzigen Fachleute, die in unserem Land gebraucht werden, auch ausgebildete Muster- und Textildesigner sind absolut nötig! Unsere Ausbildung in Mode ermöglicht es uns, beides zu tun, und wir erhalten auch Unterricht in EDV, Kunst, Textildesign, Abend- und Hochzeitsmode, Schneidern, Unterwäsche, Lederverarbeitung, Betriebswirtschaft, Musteranfertigung, Geschichte der Mode, kreativem Umgang mit dem Computer, Modedesign und Textiltechnologie. Wir erhalten eine praktische und eine akademische Ausbildung. Wir bekommen ein international anerkanntes höheres Diplom von der Stadt und den Innungen. Danach können wir eine Magisterprüfung in Modedesign ablegen. Ich möchte mein Wissen über Mode und meine Möglichkeiten noch ausweiten, indem ich einen Journalismuskurs belege oder Kunst studiere und danach auch Moderedakteurin werden könnte!

08_Ich bin eine 20 Jahre alte Studentin aus Stellenbosch im südafrikanischen Western Cape. Stellenbosch ist eine rasch wachsende Universitätsstadt und ist technologisch weit entwickelt im Vergleich zu den Städten in anderen Provinzen. Der Weinbau und die Landwirtschaft dominieren und beeinflussen die Stimmung in unserer Region. Diese Stimmung, gekoppelt an die Sparzwänge des Stu-

that may seem uninteresting or ugly! Finding other ways to do extreme things is my mission. Therefore my creative objective is recycling and creating awareness of social, political, and aesthetic happenings. We do research for projects on all aspects, i.e. historical, cultural, economic, and also look at textile use and artistic expression. These themes also inspire and expand my way of thinking!

09_Because Stellenbosch is a wine and agricultural town, the farmworkers wear a uniform and tend to layer their clothing. This use of layered clothing is seen and adopted by many people, young and old. There are many different ethnic groups that wear traditional garments for ceremonies in our region. The Nelson-Mandela-type shirt is popular amongst businessmen of all ethnic groups.

10_I would definitely say that jeans are the garment worn most throughout the diverse ethnic groups. Thousands of students in Stellenbosch wear jeans every day to class, because they are comfortable. They are garments any age group can wear formally, casually, elegantly, or fashionably!

11_I can imagine people with loads of attitude and self-confidence, who are creative and like to express themselves through fashion, wearing my clothes! You only need one of my garments to own a conversation piece!

12_I would prefer my work on a live model at a fashion show! But a manikin or doll would do fine. If it can be suspended in the air with a transparent cord it can also look amazing!

dentenlebens, ist meine stärkste Motivation, originell und kreativ zu sein! Ich bin eine künstlerische Person und drücke mich gern durch Mode und Kunst aus, ich möchte die Einstellung der Leute verändern gegenüber bestimmten Fragen, Stoffen oder Themen, die uninteressant oder hässlich scheinen mögen! Neue Wege zu finden, um extreme Dinge zu tun, das ist meine Mission. Daher ist mein kreatives Ziel das Recycling und ein Bewusstsein zu schaffen für die sozialen, politischen und ästhetischen Ereignisse. Wir betreiben Projektforschung in jeder Hinsicht, also historisch, kulturell und wirtschaftlich, und wir untersuchen auch den Gebrauch von Textilien und den künstlerischen Ausdruck. Diese Themen inspirieren und erweitern auch meine Art zu denken!

09_Da Stellenbosch eine Stadt des Weinbaus und der Landwirtschaft ist, tragen die Landarbeiter eine Uniform und neigen dazu, ihre Kleidung in Schichten zu tragen. Dieser Gebrauch von Kleidungsschichten wird von vielen Leuten, jungen wie alten, gesehen und übernommen. Es gibt viele ethnische Gruppen, die traditionelle Kleidung bei den Zeremonien in unserer Gegend tragen. Das Nelson-Mandela-Hemd ist bei Geschäftsleuten aller ethnischen Gruppen beliebt.

10_Ich würde mit Bestimmtheit sagen, dass Jeans dasjenige Kleidungsstück ist, das in allen unterschiedlichen ethnischen Gruppen am meisten getragen wird. Tausende von Studenten in Stellenbosch tragen täglich Jeans zu den Vorlesungen, weil sie bequem sind. Es ist eine Art von Bekleidung, die jede Altersgruppe tragen kann, sei der Rahmen nun formell, lässig, elegant oder modisch!

11_Ich kann mir Menschen mit jeder Menge Haltung und Selbstvertrauen vorstellen, die kreativ sind und sich gern durch Mode ausdrücken, indem sie meine Kleidung tragen! Du brauchst nur eines meiner Kleidungsstücke, um einen Gesprächsgegenstand zu besitzen!

12_Ich würde meine Arbeiten am liebsten an einem Model bei einer Modenschau sehen! Aber eine Kleiderpuppe wäre auch gut. Wenn sie an einem unsichtbaren Seil in der Luft aufgehängt werden kann, so kann das toll aussehen!

Melissa Botha, 26

01_South Africa Südafrika, Johannesburg
02_South Africa Südafrika, Johannesburg
03_LISOF London International School of Fashion,
Johannesburg, now working as a lecturer at the
arbeitet als Dozentin am
Midrand Graduate Institute
04_1999
05_
06_Womenswear Damenbekleidung

07_I believe it to have a great future. Our society is only now starting to appreciate local talent and to support it.
08_In Johannesburg, money and power rank highest and there is a race to achieve both.
09_Some of the cultural groups still wear traditional garments. Most frequently to formal functions and black-tie events.
10_Mostly European styles such as jeans.
11_Anyone who enjoys classic styles but with clever details.
12_As long as it is beautiful.

07_Ich glaube, er hat eine großartige Zukunft. Unsere Gesellschaft beginnt gerade damit, lokale Talente zu schätzen und zu fördern.
08_In Johannesburg stehen Geld und Macht an höchster Stelle, und es findet ein Wettkampf statt, um beides zu erreichen.
09_Einige unserer kulturellen Gruppen tragen noch immer traditionelle Kleidung. Häufigste Anlässe sind formelle Funktionen und Veranstaltungen mit Smokingzwang.
10_Überwiegend Kleidung europäischen Stils, wie etwa Jeans.
11_Jeder, der den klassischen Stil mit gekonnten Details schätzt.
12_Solange es nur schön ist.

Doaa Farouk El Mor, 22

01_Egypt Ägypten, Cairo Kairo
02_Egypt Ägypten, Cairo Kairo
03_Helwan University Cairo
04_Apparel Design Management and Technology
05_Graduated Abschluss 2004
06_Hoping to have my own work known all over the world.
Ich hoffe, dass meine Arbeiten in der ganzen Welt bekannt werden.

07_As we are just beginners in this business in Egypt, we also hope to find our place in this business.

08_I cannot understand the question!!!!

09_Because we are Muslims, women should wear long skirts and wide pants, blouses and scarves. This is valid for very old women but others can wear what they want.

10_A long tunic.

11_A bride who wants to look special for her wedding and would like to have the "diamond look" wherever she goes.

12_I would like to have my work presented so it catches the attention of all the people.

07_Da wir hier in Ägypten gerade mit diesem Berufszweig beginnen, hoffen wir, dass wir einen Platz darin finden.

08_Ich kann diese Frage nicht verstehen!!!!

09_Da wir Moslems sind, sollten die Frauen lange Röcke und weite Hosen tragen, Blusen und Kopftücher. Das gilt für sehr alte Frauen, andere können tragen, was sie wollen.

10_Eine lange Tunika.

11_Eine Braut, die bei ihrer Hochzeit besonders schön aussehen will und dann diesen »diamantenen« Look überall präsentieren will, wohin sie auch geht.

12_Ich möchte meine Arbeiten so präsentiert haben, dass sie die Aufmerksamkeit aller Leute auf sich ziehen.

Jacobus, 24 & Adelina Le Roux, 26

01_South Africa Südafrika, Oudtshoorn
(Little Karoo, Western Cape)
02_South Africa Südafrika, Cape Town Kapstadt
03_Elizabeth Galloway Academy of Fashion Design
04_2004 & 2003
05_3-year diploma in Fashion Design and Construction
3-jähriger Kurs mit Abschluss
in Modedesign und Konstruktion
06_Jacobus has a very strong sense for the definition of
details; Adelina has a very classic and elegant style.
Jacobus hat ein gutes Gespür für die Definition von
Details; Adelinas Stil ist sehr klassisch und elegant.

07_We think that South Africa can be an upcoming country for fashion design and that you can achieve a lot if you
are prepared to work for it.
08_Your environment will give you a feeling for design.
The weather, people you meet, stress or no stress, each
element will give you something new to think about. Each
of these elements will be an influence on your design
work. Our environment has a lot of students and a lot of
functions, so that is why you design one-off pieces and a
lot of evening and bridal wear, because everyone knows
everyone. You have to satisfy the client.
09_Mostly the traditional garments in our region will be
from different cultures. The black community itself has a
lot of traditional wear: the beading, leather work, crafts-
manship work, embroidery, mixing fabric with stone,
beads, leather, and wire. Our tradition is from many years
ago and still elements are used in fashion. We still go back
to elements from the twenties, thirties, and from the time
of the war and use them. In black communities, traditional
wear is still seen, only a handful of cultures have started
to adopt the Western look of fashion. Most designs are
haute couture and so glamorous that only the upper-class
market can afford them.
10_Different cultures have different garments. Black
African cultures show the typical colorful cotton skirts with
lots of embroidery or detail work on the hemline. The tops
have sleeves and embroidery on the hem of the sleeves
with lots of button work. Sometimes there is an apron and
a headpiece. All color combinations are possible. In all
cultures, evening dress is glamorous with lots of beading
and combinations of fabrics. There are often dresses with
open backs, cut low in front, and with lots of detail. Corset-
like tops with skirts are the latest favorites.

07_Wir glauben, dass Südafrika ein kommendes Land für
Modedesign sein kann und dass man viel erreichen kann,
wenn man bereit ist, dafür zu arbeiten.
08_Deine Umgebung vermittelt dir ein Gefühl für Design.
Das Wetter, die Leute, die dir begegnen, Stress oder kein
Stress, jedes Element wird dir etwas Neues zu bedenken
geben. Jedes dieser Elemente wird einen Einfluss auf
deine Arbeit haben. In unserem Umfeld gibt es viele Studenten und viele Anlässe, deshalb entwirfst du einmalige
Stücke und viel Abend- und Brautmode, denn jeder kennt
jeden. Du musst den Kunden zufrieden stellen.
09_Traditionelle Kleidung in unserer Region stammt überwiegend aus verschiedenen Kulturen. Gerade die
schwarze Gesellschaft kennt viel traditionelle Kleidung:
Perlen, Lederarbeiten, Handwerkliches, Stickerei, Verbindungen von Stoffen mit Steinen, Perlen, Leder oder Draht.
Unsere Tradition reicht viele Jahre zurück, und Elemente
davon werden immer noch in der Mode eingesetzt. So greifen wir immer noch auf Elemente aus den 1920er, den
1930er Jahren und aus der Vorkriegszeit zurück und
bauen sie ein. In schwarzen Gemeinden ist traditionelle
Kleidung auch immer noch zu sehen, nur wenige ethnische Gruppen haben begonnen, den westlichen Look zu
übernehmen. Die meisten Kreationen sind Haute Couture
und so glamourös, dass nur die Oberschicht sie sich leisten kann.
10_Unterschiedliche ethnische Gruppen haben unterschiedliche Kleidung. In schwarzafrikanischen Gruppen

11_Anyone. Especially someone who has always been struggling to find a perfect fit for their body.

12_In an elegant way to show off details and the softness of femininity. A woman's body is the key issue of the design. To show it to perfection, it must be worn with gratitude.

trägt man die typischen bunten Baumwollröcke mit viel Stickerei oder Details am Saum. Die Oberteile haben Ärmel und auch diese Stickerei an den Säumen sowie zahlreiche aufgenähte Knöpfe. Oft kommen noch eine Schürze und eine Kopfbekleidung hinzu. Jegliche Farbkombination ist möglich. In allen ethnischen Gruppen ist die Abendkleidung glamourös mit viel Perlenschmuck und Stoffkombinationen. Man sieht häufig rückenfreie Kleider, vorn tief ausgeschnitten und mit vielen Details. Korsagenartige Oberteile mit Röcken sind der letzte Schrei.

11_Jeder. Besonders jemand, der immer Probleme hatte, etwas perfekt Passendes für seinen Körper zu finden.

12_Auf eine elegante Weise, um die Details zu zeigen und die Weichheit der Weiblichkeit. Der Körper einer Frau ist das zentrale Thema beim Design. Um ihn perfekt zu präsentieren, muss das Design mit Dankbarkeit getragen werden.

Catherine Munkumba, 40

01_Zambia Sambia, Lusaka
02_Kenya Kenia, Nairobi
03_Evelyn College of Design
04_2003/04
05_2004
06_Fashion designer Modedesign

07_A bright future.

08_Fashion consciousness.

09_They exist. Masai clothes are always traditional, otherwise national dress is only worn during ceremonies.

10_

11_Diplomats, bankers, people attending bridal parties.

12_Question ambiguous.

07_Eine strahlende Zukunft.

08_Modebewusstsein.

09_Es gibt sie. Die Kleidung der Massai ist immer traditionell, ansonsten werden Trachten nur anlässlich von Zeremonien getragen.

10_

11_Diplomaten, Bankangestellte, Gäste von Hochzeitsfeiern.

12_Die Frage ist zweideutig.

Sawsan Nabil Osman, 24

01_Egypt Ägypten, Cairo Kairo
02_Egypt Ägypten, Cairo Kairo
03_Helwan University Cairo
04_Apparel Design, Management and Technology
05_Graduation Abschluss 2003
06_I would like to have a place in the fashion field.
Ich möchte mir einen Platz
in der Modebranche erobern.

07_I am looking forward to having a place in the fashion field and to challenge the other markets.
08_I cannot understand what you mean.
09_For ladies, to cover their whole bodies because we are Muslims.
10_The Arabic galabia which is like a long tunic.
11_Young ladies who are looking for something special and unique.
12_I prefer it to be presented as part of a modern and hippie look.

07_Ich freue mich darauf, einen Platz in der Modebranche zu haben und die anderen Märkte herauszufordern.
08_Ich verstehe nicht, was Sie meinen.
09_Für Frauen, um ihren ganzen Körper zu bedecken, denn wir sind Moslems.
10_Die arabische Galabia, die wie eine lange Tunika aussieht.
11_Junge Frauen auf der Suche nach etwas Besonderem und Einzigartigem.
12_Mir wäre es lieb, wenn meine Arbeiten als Teil eines modernen Hippie-Looks gezeigt würden.

Ziemek Pater & Carlo Gibson, 34
"Strangelove"

01_Poland Polen, Wroclaw &
South Africa Südafrika, Johannesburg
02_South Africa Südafrika, Johannesburg
03_Technikon Witwatersrand, since seit 2005
University of Johannesburg
04_1992
05_1992
06_Garment construction/patterns, creative design
Konstruktion und Muster von Bekleidung,
kreatives Design

07_Whatever future we create for it. South Africa does not have a history of independent creative clothing design, it is a relatively new social structure in existence since 1994 and a national identity is only beginning to form. This process will take several generations, and a place for clothing design must be, and will be, created for it as a part of determining a people's contemporary identity.

08_Diversity. This is the strongest, most prevalent element which influences our society.

09_Most definitely. Elements of various traditional costumes are used daily in South Africa, in line with the above-mentioned cultural diversity. African, Indian, and other traditional garments are seen, often combined with elements of Western dress. These are worn by people in the streets, members of religious affiliations as well as the young generation as part of their own street style. Traditional jewelry/body adornments are also widely used.

10_Any form of head covering, A-line skirts.

11_Bjork. Any person with a strong sense of individuality and self-identity.

12_It is important for the details in our work to be visible, there is usually a fair bit of it in our clothing. Besides that, the work should be displayed according to the emotional response which it evokes in the curator.

07_Welche Zukunft wir auch immer dafür gestalten. Südafrika hat keine Geschichte für kreatives Modedesign, es ist eine relativ neue soziale Struktur, die seit 1994 besteht, und die nationale Identität ist noch im Aufbau. Dieser Vorgang wird mehrere Generationen dauern, und ein Platz für Modedesign muss und wird dafür geschaffen werden als Teil einer aktuellen Identität für die Leute.

08_Vielfalt. Das ist das stärkste und dominierende Element, das unsere Gesellschaft beeinflusst.

09_Ganz bestimmt. Elemente von verschiedenen traditionellen Kleidungsstücken werden täglich in Südafrika eingesetzt, entsprechend der oben erwähnten kulturellen Vielfalt. Afrikanische, indische und andere traditionelle Kleidung ist zu sehen, oft kombiniert mit Elementen der westlichen Bekleidung. Diese Stücke werden von den Leuten auf der Straße getragen, von Mitgliedern religiöser Vereinigungen ebenso wie von der jungen Generation als Teil ihres eigenen Straßenstils. Traditioneller Schmuck/Körperschmuck ist ebenso weitverbreitet.

10_Jede Form von Kopfbedeckung, ausgestellte Röcke.

11_Björk. Jeder mit einem starken Gefühl für Individualität und Identität.

12_Es ist wichtig, dass die Details in unseren Arbeiten sichtbar sind, es gibt meist ziemlich viel davon bei unserer Kleidung. Abgesehen davon sollten die Arbeiten so ausgestellt werden, wie der Kurator gefühlsmäßig auf sie reagiert.

Nadia Pool, 20

01_South Africa Südafrika, Pretoria
02_South Africa Südafrika, Cape Town Kapstadt
03_Elizabeth Galloway Academy of Fashion Design
04_Graduation Abschluss 2006
05_2nd year 2. Jahr
06_Fashion and originality Mode und Originalität

07_The institution where I study has recently qualified to be the first college in South Africa to offer a B.A. honors degree in fashion design. This opens so many doors for anyone who studies fashion. The South African fashion industry is also becoming stronger with each day.

08_I am a South African female, living in a town called Stellenbosch. It is a town about half-an-hour's drive from the coast and situated amidst vineyards. This area is characterized by the many young people staying here due to the close proximity of the university of Stellenbosch. It is a beautiful little town with a rich history and very popular with tourists.

09_Globalization has influenced fashion in a very big way. In Stellenbosch you won't easily see anyone in traditional garments but when you go into the city it is more likely that you'll see some women in long wrap-around dresses and with head garments. Traditional garments have became more popular in the post-apartheid era and you can see the influences in local jewelry and fabric designs.

10_Mostly jeans, skirts, and clothing made from natural fabrics. Bold African prints and beaded jewelry are also very popular.

11_My designs are not restricted to one kind of individual. I like to explore, experiment, and play with different design ideas, techniques, and fabrics. At this stage you'll probably wear my garments if you're a young trendy person and willing to try something different.

12_I would like my work to be presented on a mannequin (if possible an antique one) in front of an large picture of a sunflower field.

07_Das Institut, an dem ich studiere, wurde kürzlich dazu berechtigt, als erstes College in Südafrika einen B.A.-Abschluss in Modedesign zu vergeben. Das öffnet so viele Türen für jeden, der Mode studiert. Die südafrikanische Modeindustrie wird auch jeden Tag stärker.

08_Ich bin eine Südafrikanerin, die in einer Stadt namens Stellenbosch lebt. Es ist eine Stadt etwa eine halbe Stunde Autofahrt von der Küste und inmitten von Weinbergen. Das Gebiet ist geprägt von den vielen jungen Leuten, die sich hier aufhalten wegen der Nähe zur Universität von Stellenbosch. Es ist eine schöne kleine Stadt mir reicher Geschichte und hoher Beliebtheit bei den Touristen.

09_Die Globalisierung hat die Mode stark beeinflusst. In Stellenbosch wirst du nicht so schnell jemanden in traditioneller Kleidung sehen, aber wenn du in die Großstädte gehst, ist es wahrscheinlich, dass du einige Frauen in langen Wickelkleidern siehst und mit Kopfbedeckungen. In der Zeit nach der Apartheid sind traditionelle Kleidungsstücke populärer geworden, und du kannst die Einflüsse auf die einheimischen Designs von Schmuck und Stoffen erkennen.

10_Vorwiegend Jeans, Röcke und Kleidung aus natürlichen Stoffen. Auffällige afrikanische Drucke und Perlenschmuck sind auch sehr beliebt.

11_Meine Entwürfe sind nicht auf einzelne Personen beschränkt. Ich erkunde und experimentiere gern und spiele mit verschiedenen Ideen des Designs, mit Techniken und Stoffen. Momentan würdest du vermutlich meine Kleider tragen, wenn du eine junge, modische Person bist und etwas anderes ausprobieren möchtest.

12_Ich würde meine Arbeit gern an einer Kleiderpuppe sehen (falls möglich an einer antiken), vor einem großen Bild mit einem Feld voll Sonnenblumen.

Walaa Ahmed Salem, 24

01_Egypt Ägypten, Giza Gise
02_Egypt Ägypten, Giza Gise
03_Helwan University Cairo
04_Apparel Design, Management and Technology
05_Graduation Abschluss 2004/05
06_Finding my own way in the field of design
Meinen eigenen Weg im Designbereich zu finden

07_Professional academic fashion designers allow only creative people to join and apply their fashion academic studies; starting with color and ending with collections and outfits using the latest fashion trend. As for the future, our market starts to know about us, which means customers start to contact academic fashion designers in order to apply several things to their products: trendy and feasible items added to their production lines. This means our country may one day have its own brand names and fashion houses.

08_

09_Egypt has a great history which allows us to still have some traces of the traditional garments, as you can find that Egypt upper classes still have traditional clothes (men, women, and children). For example the galabia, as we call it, is still worn by many people in Egypt in some rural communities and also for special occasions, worn by men and women, usually old men and women.

10_Dally Dress, Ted Lapidus, Bella Moda, Mix&Match.

11_Young people, mainly, teenagers.

12_The latest way of presenting fashion outfits in accordance with my inspiration which is the African way.

07_Professionelle akademische Modedesigner erlauben es nur kreativen Leuten, zu ihnen zu gehören und ihr akademisches Modestudium umzusetzen; angefangen mit Farbe bis zu Kollektionen und Entwürfen, die den neuesten Modetrend beachten. Was die Zukunft angeht, so fängt unser Markt an, uns zu bemerken, was bedeutet, dass Kunden beginnen, mit akademischen Modedesignern Kontakt aufzunehmen, um verschiedene Dinge zu ihren Produkten hinzuzufügen: Modische und machbare Teile kommen ins Angebot. Das bedeutet, dass unser Land eines Tages seine eigenen Markennamen und Modehäuser haben wird.

08_

09_Ägypten hat eine großartige Geschichte, und so haben wir auch noch Spuren von traditioneller Kleidung. Du kannst in der ägyptischen Oberschicht noch immer traditionelle Kleidungsstücke finden (für Männer, Frauen und Kinder). So wird zum Beispiel die Galabia, wie wir sie nennen, in Ägypten noch immer von vielen Leuten in einigen ländlichen Gemeinschaften getragen und für besondere Anlässe, von Männern und Frauen, üblicherweise von alten Männern und Frauen.

10_Dally Dress, Ted Lapidus, Bella Moda, Mix&Match.

11_Hauptsächlich Teenager, junge Leute.

12_Auf die aktuellste Art, Modekleidung im Einklang mit meiner Inspiration zu präsentieren: auf die afrikanische Art.

Marie Clémentine Uwizeye, 36

01_Rwanda Ruanda, Kigali
02_Kenya Kenia, Nairobi
03_Evelyn College of Design
04_May Mai 2003
05_March März 2006
06_Traditional wear Traditionelle Kleidung

07_This profession is at the development stage.

08_

09_Yes, they are worn daily and our people are very proud of our traditional clothes.

10_Brocade.

11_The young people.

12_On models.

07_Dieser Beruf befindet sich noch im Entwicklungsstadium.

08_

09_Ja, sie wird täglich getragen, und wir sind sehr stolz auf unsere traditionelle Kleidung.

10_Brokat.

11_Die jungen Leute.

12_Von Models getragen.

Catherine Wambui Rimui, 22

01_Kenya Kenia, Limuru
02_
03_Evelyn College of Design
04_May Mai 2003
05_July Juli 2005
06_

07_

08_

09_Every ethnic group has its own dress.

10_The Masai Shuka.

11_The middle-aged women and young ladies who want to look mature.

12_On models.

07_

08_

09_ Jede ethnische Gruppe hat ihre eigene Kleidung.

10_ Shuka, die Bekleidung der Massai.

11_ Frauen mittleren Alters und junge Damen, die erwachsen aussehen möchten.

12_ Von Models getragen.

Britischer Geist erobert den Westen

Studierende präsentieren ihre Kreationen

Suzy Menkes

Im künstlerischen Chaos ihres kalifornischen Büros lässt Gladys Perint Palmer in geschliffenem britischen Tonfall keinen Zweifel an ihrer kulturellen Prägung.

Als sie vor zehn Jahren nach San Francisco an die Academy of Art University kam, eine private Hochschule, die 1929 gegründet wurde, hatte sie ein britisches Erbe im Gepäck, das sie von der Londoner Central Saint Martins School of Art – der wohl renommiertesten Ausbildungsstätte der Modewelt – mitbekommen hatte.

Auch wenn sowohl die Königliche Akademie in Antwerpen mit der herausragenden Persönlichkeit Linda Loppa, die die dortige Abteilung für Mode leitet, als auch das Bunker College in Tokio oder das Londoner Royal College of Art für sich beanspruchen können, exzellente Designerinnen und Designer hervorgebracht zu haben, ist ihnen Saint Martins in Sachen Kreativität doch um eine Nasenlänge voraus.

Anlässlich der Präsentation der Absolventen der Akademie im Mai 2005 erkor der französische Designer Azzedine Alaïa, der Ehrengast war und Studierende immer wieder dazu anregt, fantasievolle Biografien über seine Person zu verfassen, eine der Absolventinnen zu seiner Assistentin und leitete außerdem ein Symposium.

»Es dauert zwanzig Jahre«, erklärte er den erwartungsvollen Studierenden und spielte damit auf den langen, steinigen Weg an, den er selbst zurücklegen musste, bis sich der Erfolg einstellte.

Die Illustratorin und Modejournalistin Gladys Palmer brauchte zehn Jahre, bis es ihr gelungen war, die Grundsätze, die ihr eine der größten Lehrmeisterinnen der Mode mit auf den Weg gegeben hatte, an dieser Hochschule an der amerikanischen Westküste umzusetzen.

»Ich folge der Vision, die Muriel Pemberton von Saint Martins hatte – sie begründete die Modeausbildung wie wir sie heute kennen«, erklärte Palmer in Anspielung auf ihre Mentorin, die vierzig Jahre an der Londoner Schule unterrichtete. Das Prinzip besteht darin, bei der Auswahl der Studierenden großzügige Maßstäbe anzulegen, ausschließlich nach Leuten Ausschau zu halten, »die wirklich Enthusiasmus mitbringen« und »die besten Leute zu engagieren und sie in diesem Sinn weitermachen zu lassen«. Den Saint-Martins-Absolven-

Brit Spirit Goes West

Student Shows

Suzy Menkes

In her artistically chaotic Californian office, Gladys Perint Palmer is the first to admit, in a cut-glass British accent, her educational inspiration.

When she came ten years ago to the Academy of Art University in San Francisco, a private college founded in 1929, she brought with her a British heritage from Central Saint Martins School of Art in London—probably the best-known educational establishment in the fashion world.

Although Antwerp's Royal Academy, with its exceptional fashion head Linda Loppa, Bunker College in Tokyo, or London's Royal College of Art can all claim to have produced powerful designers, an aerobic stretch of creativity has given Saint Martins the edge.

At the San Francisco graduation show in May 2005, the French designer Azzedine Alaïa, both guest of honor and the subject of kooky biographical books by the students, selected an intern and headed a symposium.

"It takes twenty years," he told the eager students, referring to his own long, hard road to success.

It has taken Palmer, who is a professional illustrator and fashion journalist, a decade to implant in this West Coast academy the principles she learned from one of fashion's great teachers.

"I follow Muriel Pemberton's vision of Saint Martins—she invented fashion education as we know it," said Palmer, referring to her mentor who was at the London school for forty years.

That policy is to be inclusive in selecting students, looking only "for someone who has real enthusiasm" and "to hire the best people and let them get on with it." Simon Ungless, a former Saint Martins student who worked with Alexander McQueen, was "poached" in 1996. He oversees, with Palmer and a fifteen-strong team, the four-year course of pattern-cutting, design, drawing, and history of art, with the aim of pushing the bounds of creativity in each area.

The portfolios of work on display before the show included inspirations from Ernest Hemingway in Staci Snider's printed leather or Amy Fink's retro silhouettes with Japanese Shibori dyeing techniques.

ten Simon Ungless, der für Alexander McQueen arbeitete, hat man 1996 »abgeworben«. Er leitet nun gemeinsam mit Palmer und einem 15-köpfigen Team die vierjährige Ausbildung, die das Anfertigen von Schnittmustern und Entwürfen, Modezeichnen und Kunstgeschichte umfasst und deren Ziel es ist, die Kreativität auf jedem dieser Gebiete zu fördern.

In den Portfolios, die vor der Präsentation zu besichtigen waren, fanden sich Kreationen, die von Ernest Hemingway – Staci Sniders bedruckte Lederoutfits – oder von japanischen Shibori-Färbetechniken – Amy Finks Retro-Silhouetten – inspiriert waren.

Und die besonderen Highlights? Jeehyun Shim, die Alaïa nach Paris begleiten durfte, stammt aus Korea und gehört zu den zehn Prozent junger Asiatinnen und Asiaten, die an der Hochschule studieren. In einem mit schwarzer Spitze aufgepeppten Burberry-Kilt gekleidet, präsentierte Shim raffinierte Strickkreationen mit dichter Struktur und schlichten Silhouetten.

Auf Strick hat sich auch Jamie Mihlrad spezialisiert, die von Carla Sozzani vom Mailänder Modehaus Come 10 als Assistentin engagiert wurde. Sie ließ sich von einem Kindernachthemd aus den 1930er Jahren inspirieren und arbeitete mit der Textildesignerin Kia Faulkenberry-Lewis zusammen, die ebenfalls nach Mailand geht.

Strick und Stoffbearbeitung waren die besonderen Stärken der 57 Absolventen, von denen 18 ihre Arbeiten auf dem Laufsteg präsentierten – oft in Zusammenarbeit, wie bei den zarten Rosendrucken auf Leder und Chiffon, die Tomoko Hatayama-Khassa für Staci Snider entwarf.

Bei keinem der Studierenden, nicht einmal bei den wenigen, die in der Umgebung der San Francisco Bay geboren und aufgewachsen sind, spiegelt sich, so schien es, das Künstlerisch-Handwerkliche wider, das für diese Stadt so charakteristisch ist und von dem die bemerkenswerte Ausstellung *ArtWear* im Legion of Honor Museum in San Francisco Zeugnis ablegte. Gladys Palmer aber ist stolz auf den Erfolg der Akademie, deren Absolventen heute in aller Herren Länder – von Banana Republic bis Louis Vuitton – arbeiten.

Dass man bei der Präsentation die Extravaganz einer überbordenden künstlerischen Inspiration vermisste, wurde durch konstante Kreativität wettgemacht. Effektvolles Design eröffnete das Defilee: geschwungene, skulpturierte Kopfbedeckungen aus Metall von Sydney Brown-Tarman sowie an Rüstung und Skelett erinnernder Schmuck von Anjuli Subramanian. Bei den ausgestellten Portfolios lieferte Chin Mi Lin mit einer Kreation aus biologisch abbaubaren Maisfasern, vermarktet unter dem Label Solucion, ein interessantes ökologisches Konzept. Sara Shepherd, eine Studentin des Mode- und Textildesigns, die sich das Thema Rüstung gewählt hat, hatte zuvor in Saint Martins studiert. Sie ist der Überzeugung, dass die Akademie die Arbeit durch die Erprobung und Entwicklung von Konzeptionen fördert, dies jedoch stets mit einem praxisbezogenen Ansatz.

»Diese Schule nimmt den Kern des britischen Systems und verbindet ihn mit einer amerikanischen ›Can-do‹-Einstellung«, erklärt sie.

Erschienen in der *International Herald Tribune*, 7. Juni 2005

What stood out? Jeehyun Shim, who was selected by Alaïa to join him in Paris, is from Korea, one of the 10 percent of the Academy's Asian students. Wearing a Burberry kilt customized with black lace, Shim showed sophisticated knits creating dense textures within simple silhouettes.

Jamie Mihlrad, who was chosen as an intern by Carla Sozzani, of Milan's Corso Come 10 store, was also a knitwear specialist, and she took a child's nightgown from the nineteen-thirties as inspiration. She worked with the textile designer Kia Faulkenberry-Lewis, who is also off to Milan.

Knitting and textiles were the strengths of the fifty-seven graduates, eighteen of whom showed on the runway, often working together, such as Tomoko Hatayama-Khassa's watery rose prints on leather and chiffon for Snider.

None of the students, even the rare home-grown Bay Area natives, seemed to capture the arty, handcraft spirit so central to San Francisco and on show in the impressive *ArtWear* exhibition at San Francisco's Legion of Honor Museum. But Palmer is proud of the Academy's global success in placing graduates from Banana Republic to Louis Vuitton.

What the show lacked in the wild wonder of an exploding artistic spirit, it made up in creative consistency. The parade opened with design bravado in the sweep of metallic sculpted headpieces from Sydney Brown-Tarman and armorial and skeleton jewelry from Anjuli Subramanian. In the portfolio displays, Chin Mi Lin's merchandizing work with biodegradable corn fibers under the Solucion label offered an interesting green project.

Sara Shepherd, a fashion and textile student who followed an armor theme, was previously at Saint Martins. She believes that the Academy encourages work in researching and developing concepts, but with a practical approach.

"This school takes the core of the British system and combines it with an American can-do attitude," she says.

International Herald Tribune, published Tuesday, June 7, 2005
©(2005) IHT/iht.com

Stars and Stripes

Interview mit Sass Brown, FIT Fashion Institute of Technology, New York

Miriam Matuszkiewicz
Das folgende E-Mail-Interview wurde mit der gebürtigen Kanadierin Sass Brown geführt, die hier einen differenzierten Blick auf die Entwicklung des Modedesigns in Amerika wirft. Sie lehrt als Professorin am Fashion Institute of Technology in New York, hat den Vorsitz des BFA (Bachelor of Fine Arts) Graduate Fashion Show-Komitees inne und arbeitet zudem als Studienberaterin. Mit einem Projekt in den Favelas von Rio de Janeiro verfolgt sie ihr Interesse für ethische Designpraxis – mit dem Ziel, benachteiligten Produktionen durch neue Konzepte auf dem globalen Markt Konkurrenzfähigkeit zu verschaffen. Sass Brown studierte Modedesign in London. Sie arbeitete in England und Kanada für zahlreiche Textil- und Modeunternehmen als Designerin und in der Geschäftsführung. In ihren eigenen Leder- und Sportswear-Kollektionen unterstreicht sie einfache Formen und klare Linien.

Gibt es Motive, Designs, Muster oder Materialien, die man als typisch amerikanisch bezeichnen könnte?
Die amerikanische Mode ist im Allgemeinen für schlichte, klare Linien bekannt, zumindest gelten Leute wie Calvin Klein und Donna Karan als typische Vertreter des modernen amerikanischen Designs. Außerdem gibt es natürlich eine indianische Tradition, die als Ganzes weitgehend ignoriert wurde, speziell im Modedesign, da gibt es lediglich historische, nicht aber aktuelle Bezüge.

Besteht ein zentrales Anliegen des FIT darin, diese zu vermitteln?
Es geht dem FIT nicht darum, amerikanisches Design bekannt zu machen, sondern einfach gutes Design. Als multikulturelle Stadt verfügen wir über Designerinnen und Designer, die die unterschiedlichsten Auffassungen von Design haben, und wir versuchen nicht, sie in eine amerikanische Schablone zu zwängen.

Welche Designerinnen und Designer stehen für einen »amerikanischen« Stil?
Donna Karan und Calvin Klein sind die typischsten Vertreter des amerikanischen Geschmacks. Auch beispielsweise Anna Sui kann man als amerikanische Designerin bezeichnen, die jedoch ihre eigene Sichtweise und Kultur in das Design einbringt, und zwar eine, die sich radikal von der traditionellen amerikanischen unterscheidet. Ein

Stars and Stripes

Interview with Sass Brown, FIT Fashion Institute of Technology, New York

Miriam Matuszkiewicz
The following e-mail interview was conducted by the Canadian Sass Brown who here looks in a differentiating way at the development of fashion design in America. She teaches as a Professor at the Fashion Institute of Technology in New York, is Chair of the BFA (Bachelor of Fine Arts) Graduate Fashion Show committee, and also works as a study advisor. With a project in the Rio de Janeiro *favelas* she pursues her interest in the ethical practice of design—with the aim to create new concepts so disadvantaged production sectors can attain competitiveness on the global market. Sass Brown studied fashion design in London. She has worked as a designer and in the management of numerous textile and fashion firms in England and Canada. In her own leather and sportswear collections she puts the focus on simple shapes and clear lines.

Are there typically American motifs, designs, patterns or fabrics?
The U.S. in general is renowned for simplicity and cleanness of line, at least contemporary American design is typified by the likes of Calvin Klein and Donna Karan. Then of course there is the Native American tradition, which is of course largely ignored as a whole, but particularly in fashion design, as it has historical references only and not contemporary ones.

In that case, is it important for FIT to communicate those?
It is not important for FIT to communicate the American design per se, just good design. As a multicultural city, we have designers approaching design from many different perspectives, and we do not try and make them fit an American mold.

Which Designers work "Americanlike"?
Donna Karan and Calvin Klein most typify American sensibilities in design. Anna Sui, for example, is also an American designer, bringing her own perspective and culture to design, and one that is radically different from the traditional American one. Another good example would be Diane Von Furstenberg or Anne Klein, ditto for Behnaz Sarafpour, BCBG Max Azria, Betsey Johnson, Bob Mackie, all for different reasons, and bringing different influences into the mix.

weiteres gutes Beispiel sind Diane Von Furstenberg oder Anne Klein, ebenso Behnaz Sarafpour,
BCBG Max Azria, Betsey Johnson, Bob Mackie –
alle aus unterschiedlichen Gründen, und sie alle
bringen verschiedene Einflüsse in den Mix ein.

Asas de Medusa from aus *Medusa*_Karina Maltez, Faculdade Santa Marcelina, São Paulo

*Seit wann kann man von einer »amerikanischen
Mode« sprechen?*
Das ist nicht mein Fachgebiet, aber ich würde
sagen, etwa seit der Zeit Paul Poirets, der mit seinen amerikanischen Modellen zurück nach Paris
ging und damit beim Aufbau eines internationalen Marktes für Sportswear einen wichtigen Beitrag leistete.

*Wodurch und durch wen wird die »amerikanische
Mode« beeinflusst?*
Die amerikanische Kultur ist eine ausgesprochen
globale. Deshalb unterliegt sie den gleichen Ein-
flüssen wie die Märkte in Tokio, London, Paris,
Mailand und so weiter.

*Erläutern Sie doch bitte den Unterschied zwischen
»amerikanischer Mode« und Sportswear.*
Sportswear ist meines Erachtens nichts anderes
als Konfektionskleidung für den Alltag, nicht
etwa Sportswear für besondere Gelegenheiten,
maßgeschneiderte Sportswear oder Sportswear
im eigentlichen Sinn. Allerdings setzt die amerikanische Sportswear in hohem Maß auf schlichte, klare Linien, Tragbarkeit, Bequemlichkeit und
darauf, dass sie sich gut kombinieren lässt.

*Was hat man sich unter »dem modernen Dress-
code« aus Amerika vorzustellen?*
Das kann ich nun wirklich nicht beantworten.
Fest steht jedoch, dass er nicht konventionell oder
überladen ist, sondern schlicht, bequem und
praktisch.

*Gibt es in Amerika unverzichtbare Basics und wie
kann daraus Mode werden?*
Ich glaube, die findet man überall, Jeans und T-
Shirt zum Beispiel. Sie können natürlich jeder-
zeit Eingang in die Mode finden, wenn sie entsprechend abgewandelt werden.

*Prominente Absolventen des FIT sind unter ande-
rem Calvin Klein und Michael Kors. Ihr »Stil« wird
als typisch amerikanisch bezeichnet. Auf welche
designerischen Elemente und welche Kreationen
stützt sich diese Aussage?*
Ich denke, dies habe ich bereits eingangs beantwortet.

Wie sieht der »amerikanische Klassiker« aus?
In der Jugendszene der Städte – trendige Jeans
und T-Shirts. Ein schlichtes Jersey-Wickelkleid
von Diane Von Furstenberg oder eine elegante
Hose und ein Pullover von Calvin Klein oder
aber ein Jersey-Body mit Wickelrock, die Kreation, mit der Donna Karan absoluten Kultstatus
erlangte.

Since when does "American fashion" exist?

This is not my area of expertise, but I would say somewhere around Paul Poiret's time, who went back to Paris with his American models and was so instrumental in the beginnings of the international sportswear market.

What and who has influence on "American fashion"?

The U.S. is a very global culture, so it is influenced by the same things as the Tokyo market, London, Paris, Milan etc.

Please explain the difference between "American fashion" and sportswear.

Sportswear is I think just everyday ready-to-wear, not special occasion or tailoring or active sportswear for example. However American sportswear tends towards simplicity and clean-

Studio Atelier in Kingston

ness of line, wearability, comfort, and the ability to mix and match.

What is meant by "the modern dresscode" from America?

Not sure I can answer that. Certainly, however, it is not formal or fussy, but simple, comfortable, and practical.

Are there basics fashion items in America? How could basics become fashion items?

I think they are universal, such as jeans and T-shirt, they can of course still be fashion items, whenever they are given a new twist.

Prominent alumni of FIT are, amongst others, Calvin Klein and Michael Kors. Their "style" is said to be typically American. Which elements in design and which items do constitute this declaration?

I think I answered this above.

Model in a studio Modell im Atelier_Fashion Institute of Technology, New York

Ana Laura Carriōn_Brivil Instituto de Diseño, Caracas

Kreativität der Designer zu nehmen, sondern lediglich darin, sie zu würdigen.

Ist ein schlichtes, funktionales Design in den Vereinigten Staaten ein Garant für Erfolg?

Ich glaube nicht, dass es irgendwo auf der Welt irgendein Rezept gibt, das Erfolg gewährleisten kann.

Weshalb erfreuten sich die »Stars and Stripes« als modisches Motiv in England so großer Beliebtheit?

Das ist nur ein kultiges Symbol, das alle möglichen versteckten Botschaften in sich tragen kann, je nachdem welcher Weltanschauung die Träger anhängen. Das Gleiche gilt in Amerika für den Union Jack.

Wie würden Sie den Begriff »revolutionäre Schlichtheit« definieren?

Nie gehört. Aber Mode ist Revolution, und Schlichtheit kann zweifelsohne revolutionär sein, wenn um einen herum alles überfrachtet ist.

Was ist der Council of Fashion Designers of America? Hat er Einfluss auf die Kreativität der Designer?

Der CFDA ist eine gemeinnützige Körperschaft, die ihre Mitglieder aus den Reihen der amerikanischen Designern rekrutiert und ihnen in der Industrie Anerkennung zollt. Als Initiator der New York Fashion Week im Bryant Park war er vor ihrer Übernahme durch die IMG eine wichtige und renommierte Institution der amerikanischen Mode. Ich glaube allerdings nicht, dass seine Funktion darin besteht, Einfluss auf die

What is the "American classic"?

Youth/urban culture—great jeans and T-shirt. A Diane Von Furstenberg simple jersey wrap dress or a Calvin Klein great pant and sweater, or Donna Karan at her iconic best with a jersey body suit and wrap skirt.

Can you explain the term "revolutionary simplicity"?

Have not heard it before. Fashion is revolution, however, and certainly simplicity can be revolutionary when fussiness is everywhere around you.

What is the Council of Fashion Designers of America? Do they have influence on the designers' creativity?

The CFDA is a non-profit body that inducts American designers into its ranks and awards them with recognition within the industry. As the originators of New York Fashion Week at Bryant Park, before IMG took over they were a well respected and important U.S. fashion institution. I do not think, however, that their function is to influence creativity within design, just to recognize it.

Do clinical and functional design provide guarantee for success in the U.S.A.?

I don't think there is any formula that can guarantee success anywhere in the world.

Why have "stars and stripes" been a popular trendy motif in England?

It is just iconic imagery which carries with it all sorts of hidden messages dependent upon the wearers' worldview. Ditto for the Union Jack in the U.S.

Caracas

Brivil Instituto de Diseño

Fashion design

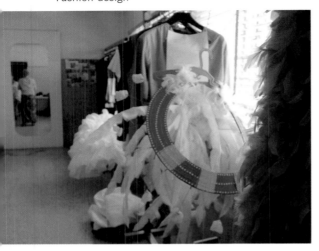

Since Seit: 1977

Number of students Anzahl Studierende: ca. 100

Graduates per year Abschlüsse pro Jahr: ca. 30

Professors and lecturers Professoren und Lehrbeauftragte: Sandra Telo, Mari Carmen González,
Antonio Barrera

Tuition fees Studiengebühren: ca. 500 € per academic year pro Semester

Designers on display Designer in der Ausstellung:
Ana Laura Carrión

Studio Atelier_Brivil Instituto de Diseño

New York

FIT Fashion Institute of Technology

Department of Fashion Design

Since Seit: 1945

Number of students Anzahl Studierende: ca. 11 000–12 000

Graduates per year Abschlüsse pro Jahr: ca. 150–200

Professors and lecturers Professoren und Lehrbeauftragte: Carol Adelson, Benedetto Alibrandi, Barbara
Arata-Gavere, Joanne Arbuckle, Alfred A. Arena, Judith Bahssin, Renaldo Barnette, Leonard Bess,
Marna Brener, Jean Jacques Demerjian, Diane De Mers, Josephine Di Iorio, Daria Dorosh, Rita Gersten,

Debbie Ann Gioello, Carolyn Harrigan, Mario
Lupia, Eva Bernard Nambath, Jimmy Alan Newco-
mer, Michael Renzulli, Wallace Sloves, Linda Tain,
Bernard Zamkoff

Tuition fees Studiengebühren: ca. $ 2 175 NY
(ca. 1 790 €), $ 5 300 non-NY (ca. 4 360 €)
per academic year pro Semester

Designers on display Designer in der Ausstellung:
Kaede Sato

Studio Atelier_Fashion Institute of Technology

Class at the Unterricht an der Faculdade Santa Marcelina

São Paulo

Faculdade Santa Marcelina
Fashion design
Since Seit: 1987
Number of students Anzahl Studierende: 670
Graduates per year Abschlüsse pro Jahr: 170
Professors and lecturers Professoren und Lehrbe-
auftragte: Feres Lourenço Khoury, João Batista
Braga Neto, João Batista Noveli Jr., Márcio Ale-
xandre Banfi, Mitsuko Shitara, Paula Motta,
Raquel Valente Fulchiron, Simone Mina, Vanessa Hermman Pellegrino and others faculty professors,
masters and doctors
Tuition fees Studiengebühren: 25 000 R$ (ca. 20 600 €) for 4 years für 4 Jahre
Designers on display Designer in der Ausstellung: Karina Maltez, Marta Ribeiro Pires

São Paulo

Universidade Anhembi Morumbi
Instituto Superior de Comunicação Publicitária
Since Seit: 1972

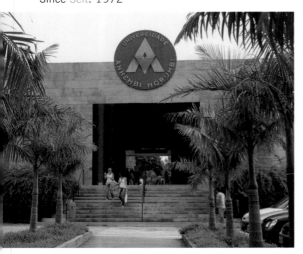

Number of students Anzahl Studierende: ca.
1 290 Fashion design Modedesign
Graduates per year Abschlüsse pro Jahr: ca. 400
Fashion design Modedesign
Professors and lecturers Professoren und Lehrbe-
auftragte: ca. 56
Tuition fees Studiengebühren: 4 100 R$ per year
pro Jahr
Designers on display Designer in der Ausstellung:
Joana Moraes Bezerra de Castro Silva

Universidade Anhembi Morumbi

Name Name, Age Alter

01_Place of birth (country, city) Geburtsort (Land, Stadt)
02_Place of residence (country, city) Wohnort (Land, Stadt)
03_Academy/college Akademie/Schule
04_Class of Klasse von
05_Semester/year of degree Semester/Jahr des Abschlusses
06_Personal emphasis Persönliche Schwerpunkte

07_What future does the profession academic fashion designer have in your country?

08_Which object, element, or situation would you consider as being typical of your social and demographic environment?

09_Do traditional garments of your region exist, what are they, and when and by whom are they worn?

10_Name a typical clothing item worn in your country.

11_Who could you imagine wearing fashion designed by you?

12_In which way should your work be presented, in accordance with your personal objectives?

07_Welche Zukunft hat der Beruf des akademischen Modedesigners in deinem Land?

08_Gibt es einen Gegenstand oder Umstand, der typisch für deine demografische und gesellschaftliche Umgebung ist, welchen?

09_Gibt es in deiner Region traditionelle Kleidung, woraus besteht sie und bei welchen Anlässen und von wem wird sie getragen?

10_Nenne ein Kleidungsstück, das in deinem Land häufig getragen wird.

11_Wer sollte von dir entworfene Kleidung tragen?

12_In welchem Rahmen würdest du deine Arbeit in Zusammenhang mit deinen persönlichen Zielen am liebsten präsentieren?

Gillian Francis, 24
"Minka"

01_Jamaica Jamaika, Westmoreland

02_Jamaica Jamaika, Kingston

03_[Gillian Francis can be called an autodidact—a self-educated person who acquired her skills of fashion pertaining to traditional handicraft and through an analysis of her own creative surroundings. Gillian Francis hat keine Modeschule besucht, sondern durch intensive Beschäftigung mit traditioneller Handarbeit und Studium ihres kreativen Umfelds eigene Kenntnisse von Mode entwickelt.]

04_(Sonique) 1996

05_Graduation Abschluss 1996

06_Crochet and needlework pieces, love to work with natural fabrics Häkelei und Stickerei, arbeite gern mit natürlichen Stoffen

07_A bright one. An ability to mix a business sense with artistic expressions will lead to development and productivity within. My country should achieve greater independence and status in the world.

08_I am basically surrounded by older people (30–50), my mom's age, but I also go to fashion shows and concerts and I participate in lots of school events so I think I am balanced between a variety of young and middle-aged people. I also deal with foreigners because of the tourist and fashion industry. I am also into entertainment so I hang around celebrities and other people in the music and film industry.

09_Bandana wraps of fabric is the only one I know of and it is worn only for performances and especially around festival time.

10_Denim jeans and cotton fabrics.

11_Everyone. I try do design a wide variety of clothing suitable for anyone from babies to grandmothers.

12_A full-body mannequin would be fine.

07_Eine strahlende. Die Fähigkeit, kaufmännische Begabung mit künstlerischem Ausdruck zu vermischen, wird zu Entwicklung und Produktivität führen. Mein Land sollte in der Welt größere Unabhängigkeit und Ansehen erlangen.

08_Ich bin hauptsächlich von älteren Leuten umgeben (30–50), im Alter meiner Mutter, aber ich gehe auch zu Modenschauen und Konzerten und nehme an vielen Schulanlässen teil. Ich denke, ich halte die Balance zwischen einer Auswahl von jungen Leuten und solchen mittleren Alters. Durch die Tourismus- und Modeindustrie habe ich auch mit Ausländern zu tun. Ebenso interessiert mich die Unterhaltungsindustrie, und ich hänge mit Promis und anderen Leuten aus der Musik- und Filmbranche herum.

09_Bandana-Wickelröcke aus Stoff sind die einzige Kleidung, die ich kenne, und sie wird für Aufführungen vor allem bei Festivals getragen.

10_Jeans und Baumwollstoffe.

11_Jeder. Ich versuche, eine große Bandbreite von Kleidung zu entwerfen, die für alle passt: von Babys bis Großmüttern.

12_Eine Ganzkörper-Kleiderpuppe wäre gut.

Karina Maltez, 29

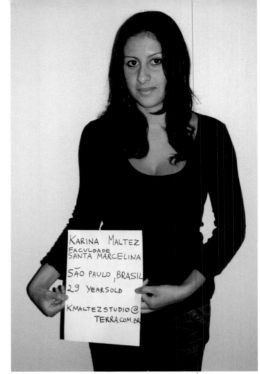

01_Brazil Brasilien, Salvador
02_Brazil Brasilien, São Paulo
03_Faculdade Santa Marcelina
04_Fashion design (4 years)
Modedesign (4-jährige Ausbildung)
05_December Dezember 2003
06_Womenswear Damenbekleidung

07_With this degree, the designer can either go for the market of fashion companies (fashion design houses, jeanswear, or High-Street fashion companies, textile companies, bureau of trends and creation, etc.) or continue the academic studies and become a professor. Still, the designer can make his/her own way and start his/her own business, only depending on his/her courage and financial resources. Another alternative is to work in fashion-related areas, such as styling, writing, photographing—it would depend on the emphasis that the professional wants to give to his/her career.

08_Although I don't like to generalize, I could say that I see the human body being exposed here in Brazil in a more sensual way. But this is only a part of how things are seen here. As I live in São Paulo—a large urban city, full of concrete and tall buildings, also far from the sea— the way people show their bodies here is adapted to the urban circumstances.

09_As I was born in Salvador (northeast), lived in Rio (southeast), in Florianópolis (south), and in São Paulo (southeast), I could not exactly tell which one is "my" region. Nevertheless, in the state of Bahia there is a typical "Bahian dress" which is made of layers of white embroidered fabrics, normally worn by elderly ladies who can be seen in historic and/or tourist areas in Salvador, selling Bahian specialties to the people. However, the real origin of this garment lies in the rituals of the African Candomblé religion.

10_Chinelo de dedo, i. e. flip-flops.

11_Women with a personal sense of style, independent of where in the world they come from. But especially those who like to be slightly ahead—yet still themselves—in the way they look and think.

07_Mit diesem Abschluss kann sich ein Designer entweder dem Markt der Modeunternehmen zuwenden (Modedesignfirmen, Jeansproduzenten oder Geschäfte in den Einkaufsstraßen, Textilfabriken, Trendforschungsagenturen, Kreativagenturen etc.) oder die akademischen Studien fortsetzen und Professor werden. Doch Designer können auch ihren eigenen Weg gehen und ein eigenes Geschäft eröffnen, je nach ihrem Mut und den finanziellen Mitteln. Eine weitere Möglichkeit wäre, in Bereichen zu arbeiten, die mit Mode verwandt sind, als Stylisten, Journalisten, Fotografen – das hängt vom Schwerpunkt ab, den man in seiner Karriere setzen möchte.

08_Obwohl ich nicht gern verallgemeinere, würde ich sagen, dass der menschliche Körper hier in Brasilien auf eine sinnlichere Weise zur Schau gestellt wird. Aber das ist nur ein Teil dessen, wie sich die Lage hier zeigt. Da ich in São Paulo lebe – einer Großstadt voller Zement und hoher Gebäude, auch weit vom Meer entfernt –, ist die Art, wie die Menschen hier ihre Körper zeigen, den städtischen Gegebenheiten angepasst.

09_Da ich in Salvador (Nordosten) geboren wurde, in Rio (Südosten), in Florianópolis (Süden) und in São Paulo (Südosten) gelebt habe, könnte ich nicht genau sagen, welches »meine« Region ist. Jedenfalls gibt es im Bundesstaat Bahia ein typisches Kleid, das aus Schichten von weißen, bestickten Stoffen angefertigt und von älteren Frauen getragen wird, die in historischen und/oder touristischen Gegenden von Salvador den Leuten Spezialitäten

12_Referring to my work in general, I often think it should be presented in an ambience related to it, in order to show from which "referential imaginary" it comes. But specifically regarding the sandals in the exhibition, they could either be hanging with transparent strings from the ceiling (as if they were "flying"), or being worn on someone's feet, because they look great being worn.

aus Bahia verkaufen. Dabei liegt jedoch der wahre Ursprung dieses Kleidungsstücks in den Ritualen der afrikanischen Candomblé-Religion.

10_Chinelo de dedo, d. h. Flipflops.

11_Frauen mit einem persönlichen Gespür für Stil, unabhängig davon, aus welchem Teil der Welt sie kommen. Besonders die, die ihrer Zeit etwas voraus sein möchten und dabei immer noch sie selbst sind – in der Art, wie sie aussehen und denken.

12_Was meine Arbeiten allgemein angeht, so denke ich oft, sie sollten in einem Ambiente präsentiert werden, das ihnen verwandt ist, um zu zeigen, welchen imaginären Bezug sie haben. Aber was nun speziell die Sandalen in der Ausstellung angeht, so könnten diese entweder an durchsichtigen Schnüren von der Decke hängen (als würden sie fliegen) oder von jemandem an den Füßen getragen werden, denn sie sehen toll aus, wenn man sie trägt.

Joana Moraes Bezerra de Castro Silva, 22

01_Brazil Brasilien, Salvador
02_Brazil Brasilien, São Paulo
03_Universidade Anhembi Morumbi
04_2001
05_Fashion design Modedesign
06_2004

07_Brazilian culture is very rich and inspiring, therefore the fashion designers have become more and more powerful, especially the ones who add creativity to theory. That's the main reason for the attention that has been attracted from all over the world to Brazil.

08_Co-habitation and diversity of religions in Brazil.

09_Yes. There are traditional garments in my region that are used by some cooks, also known as Baianas de Acarajé. These Baiana clothes are composed of three or more petticoats, one big blouse with rechilieux and also one long skirt. There is also one Ifá, a kind of neckholder over the shoulders and one Ojá (scarf).

10_Havaianas, i. e. flip-flops.

11_Sensual women, creative, modern, and self-confident. Women who look for comfort and elegance.

12_I would like my work to be presented as a work which makes people reflect on what it is they feel when wearing my clothes, not only observing the visual aspect but also the clothes' concept. I want people who wear my clothes to indentify with my work and feel a special style.

07_Die brasilianische Kultur ist sehr reich und inspirierend, daher sind die Modedesigner immer einflussreicher geworden, vor allem diejenigen, die ihre Theorie mit Kreativität anreichern. Das ist der Hauptgrund dafür, dass Brasilien die Aufmerksamkeit der ganzen Welt anzieht.

08_Das Miteinander und die Unterschiedlichkeit der Religionen in Brasilien.

09_Ja, es gibt traditionelle Kleidung in meiner Gegend, die von einigen der auch als Baianas de Acarajé bekannten Köchinnen getragen werden. Diese Baiana-Kleidung setzt sich aus drei oder mehr Unterröcken, einer üppigen Bluse mit Spitzen und einem langen Rock zusammen. Dazu gehört eine Ifá, eine Art Schultertuch, und eine Ojá (Kopftuch).

10_Havaianas, d.h. Flipflops.

11_Sinnliche Frauen, die kreativ, modern und selbstbewusst sind. Frauen, die auf Komfort und Eleganz bedacht sind.

12_Ich möchte meine Arbeit als ein Werk präsentiert sehen, das die Leute zum Nachdenken darüber anregt, was sie fühlen, wenn sie meine Kleider tragen, nicht nur was den visuellen Aspekt angeht, sondern auch das Konzept des Materials. Ich möchte, dass die Leute, die meine Kleider tragen, sich mit meiner Arbeit identifizieren und den speziellen Stil erfühlen.

Marta Ribeiro Pires, 23

01_Brazil Brasilien, Brasilia
02_Brazil Brasilien, São Paulo
03_Faculdade Santa Marcelina
04_Graduated Abschluss 2003
05_
06_Semiotics, music, architecture, contemporary fine arts Semiotik, Musik, Architektur, zeitgenössische Kunst

07_To teach in this field is a recent option in Brazil, but very interesting to me. A professional fashion designer has the opportunity to become a fashion photographer, trend consultant, costume designer, jewelry designer, fashion producer, and stylist. However, most of these options are still restricted to only a few cities in Brazil.
08_Brazilian people are very musical. There are many sonorous textures to be explored. Music has a close and specific influence in each social and demographic environment.
09_
10_Brazil is a very big country, so typical garments vary a lot from region to region. During the formation of Brazil as a country, the native Indian culture was influenced by the European and African slave culture. The results of this mixture are not homogeneous. Along with this, it's possible to find culture expressions in their pure form, in communities of ethnic groups, found in cities and in the countryside, where some of them still speak only their native languages. Some examples are Pilcha and Prenda (garments worn for traditional parties in the Pampas region) and Baiana (worn for Afro-Brazilian religious ceremonies).
11_Sometimes, when I see someone who gives me the same sensation as one of my clothes, I give this item to that person.
12_All details have a specific importance for communication, from light and temperature to the way people will have access to it, and this will depend on my purpose.

07_In diesem Bereich zu unterrichten, ist eine neue Möglichkeit in Brasilien, aber für mich eine sehr interessante. Ein professioneller Modedesigner kann Modefotograf werden, Trendberater, Kostümbildner, Schmuckdesigner, Modeproduzent oder Stylist. Die meisten dieser Optionen sind jedoch leider auf sehr wenige Städte Brasiliens beschränkt.
08_Die Brasilianer sind sehr musikalisch. Wir haben zahlreiche Klanggebilde, die es zu erkunden gibt. Die Musik hat einen starken und spezifischen Einfluss auf jedes soziale und demografische Umfeld.
09_
10_Brasilien ist ein sehr großes Land, sodass die typischen Kleidungsstücke von Gebiet zu Gebiet stark variieren. Als Brasilien als Land geformt wurde, war die einheimische indianische Kultur von der europäischen Kultur beeinflusst und von derjenigen der afrikanischen Sklaven. Das Ergebnis dieser Mischung ist nicht homogen. Daneben kann man aber auch kulturelle Ausprägungen in reiner Form finden, in den Gemeinschaften der ethnischen Gruppen, wie man sie in den Städten und auf dem Land sieht, wo manche von ihnen bis heute allein ihre einheimischen Sprachen sprechen. Einige Beispiele bei der Kleidung sind Pilcha und Prenda (Kleidungsstücke, die in der Pampas-Region bei traditionellen Festen getragen werden) und Baiana (getragen für afrobrasilianische religiöse Zeremonien).
11_Manchmal, wenn ich jemanden sehe, der mir das gleiche Gefühl gibt wie eines meiner Kleidungsstücke, gebe ich der Person dieses Teil.
12_Alle Details haben eine bestimmte Bedeutung für die Kommunikation, vom Licht über die Temperatur bis zu der Art, wie Leute Zugang finden; es hängt von meiner Absicht ab.

Kaede Sato, 23

01_ Japan, Fukushima
02_USA, New York
03_FIT Fashion Institute of Technology
04_ Fashion design Modedesign
05_B.A. Spring Frühjahr 2004
06_ Women's ready-to-wear and fabric art
Damenkonfektion und Textilkunst

07_ It will be challenging for current and new designers to reshape the face of New York fashion. I think that's the major work our generation will be asked to do eventually, as a whole. Today, I often hear New York stands for buyer-attractive, real clothes. Future designers should be more aware of the demographic characteristics of their environment, what's intentionally gathered here, and further look for any possibility even outside of their world. For example, they may not have to necessarily adjust their styles to finance their labels, following local major power. Fashion designers need to believe in their specialization, no matter how small the market could be. I would like to see both, big corporations like Gap and artisan-quality small studios survive together, respecting each other's market.

08_ Probably the expression of femininity is more Japanese than American. My focus is actually on individuality rather than sexuality, but being in New York forced me to think also what sexuality can do to fashion. Boundaries for what can be worn in everyday life (personal definitions of ready-to-wear) are stricter for the Japanese. I do use American inspirations sometimes or elements like the garter belt. Also, I specify a picture of the "ideal woman" to dress in my design and that could be very random. Sometimes she's a light-skinned Scandinavian, then again a Mongolian girl with pigtails, or a dark-skinned tall girl. This is thanks to New York friends.

09_ In Japan, the best-known traditional garment is the kimono. Its characteristic is how the sleeve is constructed and its functions. It consists of many layers, usually ties with various sashes around the waist which are called Obi. Another simplified and lighter-weight version is called Yukata. This is for the summertime, made of water-absorbent fabrics like cotton or linen. These garments are

07_ Es wird für jetzige und zukünftige Designer eine Herausforderung sein, das Gesicht der New Yorker Mode neu zu gestalten. Ich glaube, das ist die Hauptaufgabe, die von unserer Generation insgesamt vermutlich verlangt wird. Heute höre ich oft, dass New York für Kleidung steht, die »real« und für den Käufer attraktiv sei. Zukünftige Designer sollten bewusster auf die demografischen Eigenheiten ihrer Umwelt achten, was sich da so versammelt, und auch nach Möglichkeiten außerhalb ihrer eigenen Welt schauen. Beispielsweise hätten sie es nicht zwangsläufig nötig, ihren Stil anzupassen, um ihr Label zu finanzieren, müssten also nicht den lokalen mächtigen Unternehmen folgen. Modedesigner müssen an ihre Besonderheiten glauben, wie klein der Markt dafür auch sein mag. Ich würde gern beides sehen, große Unternehmen wie Gap und handwerkliche, kleine Werkstätten, die gemeinsam überleben und gegenseitig Respekt für ihre jeweiligen Märkte aufbringen.

08_ Weiblichkeit auszudrücken, ist vermutlich mehr japanisch als amerikanisch. Mein Schwerpunkt liegt eher auf der Individualität als auf der Sexualität, wobei mich mein Aufenthalt in New York gezwungen hat, auch darüber nachzudenken, was Sexualität für die Mode bewirken kann. Die Grenzen dessen, was im Alltag tragbar ist (persönliche Definitionen von Konfektionskleidung), sind für die Japaner enger gezogen. Manchmal lasse ich mich jedoch auch von den Amerikanern inspirieren und setze Elemente wie Strapse ein. Ich verwende gern die Vorstellung einer »idealen Frau«, die ich mit meinem Design einkleide, und diese kann dann sehr willkürlich sein. Manch-

still worn today for special occasions like weddings or when you become socially adult, on your twentieth birthday. In the U.S., denim? Cowboy boots? I can't say one thing for certain, but there must be various "family traditions" associated with people's fashion.

10_Here in New York, nine people out of ten on a subway possibly wear denim; jeans, jeans jacket, or skirt, from young to old. Every single person has at least one favorite pair of jeans, and even little tiny details matter: the stitch on the back pocket, hem finishes, and different indigo shades. I figured out that people tend to dress for function, for example suits with sneakers to commute. They probably change to leather shoes once they get to work.

11_Women in their twenties to sixties or up, who enjoy finding multi-dimensional aspects in beauty, words, personality, almost in any objects. Women who want to express themselves in the most opposing ways sometimes, like full of dark masculine sophistication today, but with a girly flared silhouette tomorrow maybe…? Ultimately, these are women still growing up rather than the grown-up.

12_My work, the black knotted dress, should be on a mannequin, with appropriate gestures.

mal ist sie eine hellhäutige Skandinavierin, dann wieder ein Mongolenmädchen mit Zöpfen oder ein großgewachsenes dunkelhäutiges Mädchen. Das verdanke ich meinen New Yorker Freunden.

09_Das am meisten bekannte traditionelle Kleidungsstück in Japan ist der Kimono. Typisch ist dabei die Konstruktion der Ärmel und seine Funktion. Der Kimono besteht aus vielen Schichten und wird mit verschiedenen Gürteln, die Obi heißen, um die Taille gebunden. Eine andere, leichtere Version heißt Yukata. Diese ist für den Sommer, aus wasserabstoßendem Material wie Baumwolle oder Leinen. Die Kleidungsstücke werden heute noch zu bestimmten Anlässen getragen, wie etwa bei Hochzeiten und wenn du gesellschaftlich gesehen erwachsen wirst, an deinem 20. Geburtstag. In den USA – Jeansstoff? Cowboystiefel? Ich kann das nicht mit Sicherheit sagen, aber es gibt da bestimmt »Familientraditionen« in der Mode.

10_Hier in New York tragen neun von zehn Leuten in der U-Bahn Jeansstoff: Jeans, Jeansjacken oder -röcke, die Jungen wie die Alten. Jeder hat mindestens ein Paar Lieblingsjeans und sogar die kleinsten Details sind da wichtig: der Steppstich auf der Gesäßtasche, die Verarbeitung des Saums und die verschiedenen Töne von Indigoblau. Ich habe bemerkt, dass sich die Leute je nach Funktion anziehen, so etwa mit Turnschuhen zum Anzug während des Pendelns. Sie wechseln dann vermutlich zu einem Paar Lederschuhe, wenn sie am Arbeitsplatz ankommen.

11_Frauen in ihren Zwanzigern bis in den Sechzigern, die Freude daran haben, multidimensionale Aspekte in der Schönheit, in Worten, in der Persönlichkeit, nahezu in allen Dingen zu finden. Frauen, die sich manchmal auf die unterschiedlichste Weise ausdrücken möchten, heute voller dunkler maskuliner Kultiviertheit, aber morgen vielleicht mit einer mädchenhaft ausgestellten Silhouette …? Grundsätzlich sind diese Frauen eher im Heranwachsen als erwachsen.

12_Meine Arbeit, das schwarze geknüpfte Kleid, sollte an einer Kleiderpuppe mit passenden Gebärden gezeigt werden.

Die Faszination themenbezogener Projekte im Modedesign

Gloria Wong

Vivienne Westwood behauptet von sich, sie sehe nie fern und kümmere sich nicht um Trends, doch lässt sie sich immer wieder von historischen Kostümen inspirieren. Schließlich kann kein Designer in einem Vakuum arbeiten. Gerade in unserer in so hohem Maße globalisierten Welt mit all den modernen Kommunikationstechnologien ist es für junge Designer nicht möglich, Trends einfach zu ignorieren. Werden sie doch unweigerlich und unbewusst von ihnen beeinflusst. In Hongkong gehören Hightech-Produkte für die meisten zum täglichen Leben. Die meisten jungen Leute verfügen über Mobiltelefon, Notebook, Laptop, Internetzugang und Ähnliches mehr. Könnten sie auch nur einen Tag ihre E-Mails nicht abrufen oder mit dem Handy telefonieren, würde ihnen etwas Entscheidendes fehlen. Für gewöhnlich lesen sie neben den heimischen auch die angesagten ausländischen Lifestyle-Magazine, und ohne das neueste Turnschuhmodell hätten sie das Gefühl, nicht dazuzugehören. Doch nicht allein die Jungen jagen stets den neuesten Trends hinterher, selbst Menschen mittleren Alters und sogar Kinder sind durchaus trendbewusst. Und dieses bei weiten Teilen der Bevölkerung ausgeprägte Trendbewusstsein macht es jungen Modedesigner nahezu unmöglich, aktuelle Trends völlig zu ignorieren.

Hinzu kommt, dass Hongkongs Bekleidungshersteller ausgesprochen profitorientiert denken und dass unter ihnen die Ansicht vorherrscht, nur auffällige, modische Kreationen ließen sich gut verkaufen. Originalität, Lokalkolorit oder die kulturelle Identität spielen dabei nur eine sehr untergeordnete Rolle. Sie setzen auf Marken, und sind die saisonbeherrschenden Trends erst einmal bekannt, erwarten sie selbstverständlich von ihren Designern ähnliche Entwürfe, um sicherzugehen, dass ihre Produkte der neuesten Mode entsprechen und von den Kunden angenommen werden. Die meisten Modedesigner – egal welchen Alters – sind sich im Klaren darüber, was die Hersteller von ihnen erwarten. Sie haben sich damit abgefunden, dass man, will man in diesem Geschäft überleben, nicht an Idealen festhalten darf, dass man kein Risiko eingehen sollte und sich dem Zeitgeschmack beugen muss.

Wir können von den Unternehmern nur schwerlich erwarten, dass sie ihre Energie und

The Magic of Issue-Based Projects for Fashion Design

Gloria Wong

Vivienne Westwood claims that she never watches TV or cares about trends; however, she constantly refers to historical costumes for inspiration. No designers could work in a vacuum; especially in this highly globalized world with all the advanced technologies in communication, it seems impossible for young designers not to be aware of the trends and they will inevitably be subconsciously influenced by them. People in Hong Kong commonly live with high technologies in their daily life. Most of the young people in Hong Kong have mobile phones, notebooks, pocket personal computers, Internet access, and so on; they would feel uneasy if even just for one day they could not check their e-mail or chat on mobile phones; they are in the habit of reading both local and foreign trendy lifestyle magazines; they would feel left out if they did not own the trendiest sneakers. In fact not only the young people are frantic about trends, even the middle-aged people and young children are trend-conscious. When most of the population is trend-conscious, it seems impossible for young fashion designers to totally ignore trends.

In addition, the fashion manufacturers in Hong Kong are very business-oriented and believe that only hot and trendy designs will sell, they do not care too much about originality, local issues, or cultural identity. They are brand-conscious and once they know the dominant trends of the season and which brands are hot in that particular season, they naturally expect their designers to create similar designs to ensure that what they produce will be trendy and accepted by the customers. Most of the fashion designers, whatever their age, are well aware of the demand of the bosses and have accepted the fact that if you want to survive in this fashion field, you have to abandon your ideals; you must not take risks but have to follow the trends.

It will be extremely difficult for us to expect these entrepreneurs to devote their heart, energy, and money to create new labels that explore local issues or cultural identity, even if they aim for it, very often it ended up being very superficial, flashy, aesthetically poor, very pedestrian-looking, and mainly appealing to the tourists. Therefore this so-called Chinese look or Hong Kong look has long been synonymous with low-class fashion which some cre-

ihr Kapital dafür investieren und sich mit Leib und Seele dafür engagieren, neue Labels zu kreieren, die sich am Lokalkolorit oder der kulturellen Identität orientieren. Und selbst wenn sie sich dies zum Anliegen machen, kam dabei bislang oft etwas ausgesprochen Nichtssagendes, Übertriebenes, Geschmackloses, äußerst Fantasieloses heraus, das zumeist lediglich bei Touristen Anklang fand. Deshalb galt dieser so genannte China- oder Hongkong-Look lange Zeit als Synonym für eine minderwertige Mode, die zu entwerfen so manchen kreativen Modedesigner große Überwindung kostet.

Bedeutet das nun aber, dass Hongkongs Designer keine andere Wahl haben, als sich den globalen Trends zu unterwerfen, dass sie nie Gelegenheit haben werden, der übrigen Welt mit einer kreativen Mode etwas von ihrer Heimat und ihrer Kultur zu vermitteln und der heimischen Mode so zu internationalem Erfolg zu verhelfen?

Mit der Kolonisierung durch die Briten im Jahr 1830 erfuhren die traditionellen chinesischen Werte in Hongkong einen allmählichen Wandel, und das Tempo dieses Wandels hat sich infolge der Globalisierung, der rasanten Entwicklung auf gesellschaftlichem und wirtschaftlichem Gebiet sowie auf dem Gebiet der modernen Technologien in den letzten Jahrzehnten enorm beschleunigt. Seit jeher bemüht sich Hongkong, mit den Vereinigten Staaten und vielen westlichen Ländern Schritt zu halten, um sich den Ruf einer »internationalen, modernen« Metropole zu erwerben. Auch Hongkongs Modeindustrie folgte stets unkritisch den westlichen Modetrends und Schönheitsidealen, ohne sich über die Bedeutung von Originalität und Unverwechselbarkeit Gedanken zu machen. Dies hatte zur Folge, dass in der internationalen Modeszene nach wie vor der

Ovdogmid Delgerdalai_Fine Art Institute, Ulan Bator

Eindruck vorherrscht, einen für Hongkong typischen, unverwechselbaren Stil gäbe es nicht. Und selbst wenn es im Lauf der Jahre immer wieder talentierte Designer gab, die das ein oder andere Highlight hervorbrachten, gelang es auch ihnen leider nicht, dieses Pauschalurteil zu korrigieren. Fragen wir uns also zunächst, warum die Pflege der eigenen Kultur so wichtig ist. Zahlreiche Wirtschaftswissenschaftler und Regierungen haben in jüngster Zeit gefordert, man müsse sich (wieder) auf kulturelle Werte besinnen; sehen sie doch in der Kultur ein unverzichtbares Element, das Kreativität und Originalität überhaupt erst ermöglicht. Hinzu kommt, dass für die neue Konsumentengeneration mehr und mehr der ideelle Wert eines Produkts in den Vordergrund rückt, und Funktion und Qualität dahinter zurücktreten. Es wird also darauf ankommen, die eigene unverwechselbare Kultur in das Design einzubeziehen, damit sich der immaterielle Wert des Produkts erhöht und es an Originalität gewinnt.

ative fashion designers feel ashamed to design. Does this mean that Hong Kong designers can only follow the global trends and never have the chance to unveil local and cultural issues to the rest of the world through creative fashion and subsequently make Hong Kong fashion flourish on the international scene?

In Hong Kong, traditional Chinese values have been undergoing gradual changes since its colonization by Britain in 1830, and the speed of changes has become drastic in recent decades in the wake of globalization, the rapid development in social and economic aspects as well as in modern technologies. Hong Kong always tries to keep up with the U.S. and many Western countries in order to become known as an "international and modern" city. Hong Kong fashion industry has also been blindly following Western fashion trends and aesthetic values without questioning the importance of originality and uniqueness. As a result, although over the years we had sparks created by some

Natsumi Toyama with mit *Origami Clothes* in the studio im Atelier_Musashino Art University, Tokyo Tokio

talented designers, unfortunately these could not make a collective statement for Hong Kong on the international fashion scene, the overall impression being that Hong Kong does not have a unique design style. First of all, let's examine why it is important to sustain our culture. Many economists and governments have recently proposed movements to (re)discover culture. They think that culture is the essential element that makes creativity and originality possible. Moreover, the new generation of consumers is beginning to shift its attention from function and quality to the meaning of the product. It will be essential and meaningful if we integrate our unique culture into design so that the product takes on one more level of meaning, and a higher original value.

The American anthropologist Clyde Kluckhohn claimed that cultures are "designs for living" and formed through historical processes. Thus there is an important relationship between humans and cultures. All ethnic groups have their own valuable culture. A perfect culture should supply a complete theory of life, based upon a clear knowledge both of its possibilities and of its limitations.

Modern anthropologists' approach to culture stresses the idea of culture as a whole and as a way of life. It is believed that culture can be learned and transmitted through groups and individuals in societies. The importance of the social elite in the preservation and transmission of culture is emphasized. History gives identity recognition to people and sets them apart from other groups of people. Our own culture is therefore important, meaningful, and valuable and needs to be conserved and passed on from generation to generation.

In our university (School of Design, Hong Kong Polytechnic University), when we teach fashion design, we do not limit ourselves to

Für den amerikanischen Anthropologen Clyde Kluckhohn sind die Kulturen »Lebensentwürfe«, die durch historische Prozesse geprägt sind. Die Beziehung zwischen Mensch und Kultur spielt daher eine wichtige Rolle. Jede ethnische Gruppe besitzt ihre eigene wertvolle Kultur. Idealerweise sollte eine Kultur ein allumfassendes Lebensmodell liefern und dabei deutlich sowohl dessen Möglichkeiten als auch dessen Grenzen aufzeigen.

Der Kulturbegriff der modernen Anthropologie unterstreicht die Vorstellung von Kultur als Ganzheit und Lebensform. Man geht davon aus, dass Kultur erlernbar ist und durch Gruppen und Individuen innerhalb der Gesellschaft weitergegeben wird. Dabei wird nachdrücklich auf die Rolle der gesellschaftlichen Elite für den Fortbestand und die Weitergabe der Kultur hingewiesen. Aus der Geschichte schöpft ein Volk seine Identität und grenzt sich von anderen Völkergruppen ab. Deshalb ist die eigene Kultur so außerordentlich wichtig und wertvoll, und es gilt, sie zu bewahren und von Generation zu Generation weiterzugeben.

An unserer Hochschule (School of Design, Hong Kong Polytechnic University) beschränkt sich das Lehrangebot im Fach Modedesign nicht allein auf wenige fachbezogene Fächer wie Geschichte der Mode, Schnittkonstruktion, Modezeichnen und so weiter. Vielmehr legen wir den Schwerpunkt gleichermaßen auf Visualisierung und Kommunikation. Deshalb sind unsere Studierenden ebenso mit der Sprache von Zeichen und Strukturen – der Semantik – vertraut. All diese Vergleiche und Metaphern sind Kernelemente, die die Studierenden im Rahmen einer Vielzahl von Übungen zu kreativem Denken anregen und sie in Projekten ausdrücklich dazu ermuntern, sich mit der chinesischen Kultur Hongkongs und ihren spezifischen Themen auseinander zu setzen.

Selbstverständlich sollen sie sich auch mit Problemen von globalem Interesse beschäftigen und sogar Anleihen bei anderen Kulturen machen, um sie in den heimischen Kontext zu integrieren. Ausgehend von dieser Grundlage, die sich nicht zwingend auf das lokale Umfeld beschränken muss, sondern die vielfach auch persönliche Interessen und Anliegen der Studierenden berücksichtigt, werden sie aufgefordert, sich Fragen zu stellen, die ihnen wichtig erscheinen, und diese dann mithilfe des Designs zu lösen.

Aufgrund seiner langen Geschichte verfügt China über ein immenses kulturelles Erbe und außerordentliche Werte, die sich als Inspirationsquelle im Design nutzen ließen. Einige Studierende beschäftigten sich in ihren Abschlussarbeiten mit unterschiedlichen lokalspezifischen und kulturellen Themen. Billy Cheng etwa widmete sich dem »Da Siu Yan«, einem chinesischen Ritual, das dem modernen Hongkong-Chinesen lediglich als lächerlicher Aberglaube erscheinen mag. Die verspielte, eigenwillige und aufregende Interpretation, die Cheng mit seiner Kollektion lieferte, hat diesen alten Brauch mit neuer Bedeutung erfüllt, und es ist ihm überdies gelungen, bei allen das Interesse daran zu wecken, mehr darüber zu erfahren. Die niedrige Geburtenrate, die Hongkong in den letzten Jahren zu verzeichnen hatte, nahm Eva Cheng zum Anlass, daran zu erinnern, dass es Zeiten gab, in denen eine möglichst zahlreiche Nachkommenschaft und der Fortbestand des eigenen Geschlechts das wichtigste Lebensziel eines jeden Chinesen war – was seinen Ausdruck auch in der traditionellen Babykleidung fand, die sich durch außerordentliche Vielfalt und interessante funktionale Accessoires auszeichnete. Frances Yiu befasste sich mit der chinesischen Oper in ihrer außergewöhnlichen Dramatik und Far-

Design sketch Entwurfszeichnung *Sorrow Is the Dress I Wear*_Frances Ying Mui Yiu, School of Design, Hong Kong Polytechnic University

some common fashion-related subjects like fashion history, pattern cutting, fashion illustration and so on. We also focus on design visualization and design communication so that students are familiar with the visual and textural language—the semantics; all those similes and metaphors are core elements which engage students in plenty of exercises in creative thinking as well as in projects where they are strongly encouraged to explore the local Chinese culture and its issues. Certainly they are also encouraged to explore global issues, borrow reference from other places yet to apply them within the context of the local environment. With these foundations, not necessarily limited to local experience but very often directly relating to their concern, students are asked to explore issues they find meaningful and they then have to use design to solve these issues.

In the long history of China, there is a vast cultural heritage and extraordinary values exist that could be drawn on as inspiration for designs. Several students were exploring various local and cultural issues in their final projects. Billy Cheng was dealing with a Chinese ritual, Da Siu Yan, which might be considered superstitious and ridiculous by modern Hong Kong Chinese; yet the playful, quirky, and dramatic interpretation of his collection has injected new meaning into this old custom and successfully aroused everyone's curiosity to find out more about it. With the very low birth rate in Hong Kong in recent years, Eva Cheng was trying to remind us that, in the old days, Chinese people used to place ultimate importance on giving birth and keeping the generations going and therefore the traditional baby clothes had great variety and interesting functions. Frances Yiu has explored the very dramatic and

benpracht, der sie ihren ganz persönlichen geschmackvollen Stil aufprägte. Yann Kwok schließlich beschäftigte sich eingehend mit der klassischen chinesischen Architektur. Ist sie doch, wie unsere Haut und unsere Kleidung, gleichsam eine Hülle, die unsere Körper umgibt (Abb. S. 99 und 127).

Die geografisch bedingte Isolation der an der Südspitze des chinesischen Festlands gelegenen Insel und die mehr als ein Jahrhundert während britische Kolonialherrschaft führten schon bald zu einer Verwestlichung Hongkongs und seiner Bewohner. Zu behaupten, wir seien allein von der chinesischen Kultur geprägt, entspricht daher heute nicht mehr ganz der Realität. Ist es doch neben der chinesischen Kultur eine westlich orientierte Erziehung, die uns prägt und aus der sich unsere typische »Hongkong-Kultur« entwickelt hat. Deshalb suchte man in den letzten Jahrzehnten häufig vergeblich nach einer Antwort auf Golden Matthews Frage »Who are the people of Hong Kong?«

Lung Ying Toi legte dar, dass »das Verhalten der Kolonisatoren einige typische Merkmale aufweist. Erstens: Man ignoriert die heimische Kultur und Geschichte. Zweitens: Die Armen werden vernachlässigt. Und drittens: Eine dauerhafte Entwicklung wird nicht angestrebt.« Macht man einen Streifzug durch Hongkong, so entsteht der Eindruck, die Stadt habe alles – nur keinen Stil. Das Problem besteht jedoch nicht darin, dass es Hongkong an Stil und Atmosphäre fehlt, allerdings sind aus ideologischen Gründen gerade die schönsten innerstädtischen Viertel absolut geschmacklosen, uniformen Gebäudekomplexen zum Opfer gefallen.

Ich lebe schon lange in Hongkong und fühle mich – einerseits geprägt durch die Kolonialzeit und andererseits durch das chinesische Mutterland – doch in meiner Identität gespalten. Und das macht Menschen wie mir eine wirkliche Identitätsfindung so schwer. Um nun aber definitiv einen Schlussstrich unter die Kolonialzeit zu ziehen, die 1997 mit der Rückgabe an China endete, müssen wir uns mit der eigenen Geschichte aussöhnen, müssen sie überdenken und neu schreiben. Darüber hinaus gilt es, durch die Pflege der eigenen Kultur und des kollektiven Gedächtnisses zu unserer wahren Identität zu finden, uns mithilfe unserer eigenen Sichtweisen verstehen zu lernen und uns mit unseren eigenen Worten selbst zu definieren. Es ist an der Zeit, dass der Hongkong-Chinese herausfindet, was Hongkong wirklich ausmacht.

Der Erforschung des authentischen Stils der Stadt und ihres kollektiven Gedächtnisses vom Beginn des 20. Jahrhunderts bis zur rasant fortschreitenden Verwestlichung in den 1960er Jahren gilt das besondere Interesse von Uny Chin Yuet Ling und Mia Ng. Bei ihrer Rückschau auf die fernere Vergangenheit kam Uny Chin Yuet Ling zu dem Ergebnis, dass die Schlichtheit, mit der sich der durchschnittliche Hongkong-Chinese zu kleiden pflegt, weitaus typischer ist als die Extravaganz der Oberschicht, die das Stilbild Hongkongs prägt. Mia Ng begab sich nach Wan Chai, eines der ältesten Viertel der Stadt, wo der Kontrast zwischen Tradition und Moderne besonders augenfällig ist. Dabei gelangte sie zu neuen Erkenntnissen über Lebensweise und Kleidungsstil der Älteren und darüber, in welchem Maße die extremen Gegensätze deren Leben verändern. Beiden gelang es, die nostalgische Seite Hongkongs zum Vorschein zu bringen, die sie allerdings in ein modernes Design kleideten (Abb. S. 128).

»Wir können von den Unternehmern nicht erwarten, dass sie der Stadt mit emotionalem

HK STYLE *2006 F/W casual easy-to-wear
*unisex *woven/knit *ageless
STYLE HK

Thematic design sketch Themenbezogene Entwurfsskizze
_Uny Chin Yuet Ling, School of Design, Hong Kong Poly-
technic University

colorful Chinese Opera but applied her own subtle style, while Vann Kwok profoundly researched ancient Chinese architecture since, like our skin and clothes, it symbolizes the shell of our bodies (figs. pp. 99 and 127).

Being separated geographically as an island at the southern tip of mainland China, and being colonized by Britain for more than a century, Hong Kong has been Westernized at great speed and so have its inhabitants. To a large extent, it is no longer enough to say that we inherit our Chinese culture but it would be closer to the facts to say that we have inherited our Chinese culture together with our Western upbringing and synthesized them into our Hong Kong culture. Therefore Golden

Matthews's question "Who are the people of Hong Kong?" has in recent decades found no easy answer.

As Lung Ying Toi stated, "Colonial attitude has a few characteristics: First, local culture and history are overlooked; second, the poor are neglected; and third, persistent development is not a consideration." Wandering around Hong Kong, you get the impression that Hong Kong has everything except style. The problem is not that Hong Kong does not have style and warmth, but due to the ideological situation, the streets where you find the most beautiful city scenes are being replaced by uniform constructions without any character.

We have lived in Hong Kong for a long time, but we have a mixed identity as a part of the colony and a part of our motherland which makes it difficult for us to assess who we are. Therefore, after the handing-over to China in 1997, in order to make a clean break with colo-

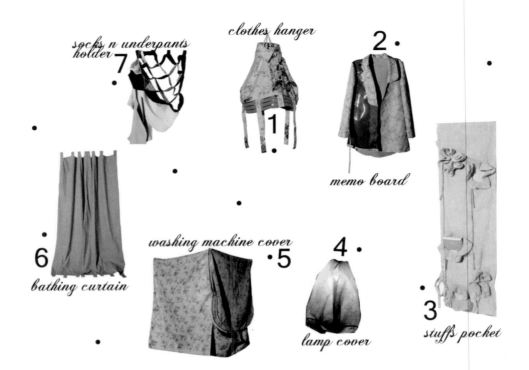

socks n underpants holder 7

clothes hanger

2

1

memo board

6

bathing curtain

washing machine cover ·5

4

lamp cover

3

stuffs pocket

Engagement und Verantwortungsbewusstsein begegnen. Sie sind hier, um Profit zu machen. Die Regierung hingegen sollte sich für die jungen Menschen, für die Künstler, für die kulturelle Entwicklung und die Zukunft Hongkongs verantwortlich fühlen. Schließlich ist ›Entwicklung‹ ein Schlagwort in Hongkong. Doch die Regierung unternimmt nichts zur Erhaltung der historischen Viertel. Vielmehr werden planlos immer neue aus dem Boden gestampft.« Dieses Zitat Lung Ying Tois gibt in knappen Worten genau Mia Ngs Besorgnis angesichts des Verschwindens der traditionellen Viertel wieder.

Während ihres dreijährigen Studiums an unserer Hochschule wurden die Studierenden dazu angeregt, sich mit Fragen der Ökologie auseinander zu setzen und ihre Rolle als Designer unter ökologischen Gesichtspunkten zu überdenken. Auch wenn es natürlich illusorisch ist, ökologisch absolut einwandfreie Produkte herstellen zu wollen, sollten wir uns

Thematic design sketch by Themenbezogene Entwurfsskizze von Sing Chin Lo_School of Design, Hong Kong Polytechnic University

doch wenigstens darum bemühen, Umweltschäden einzudämmen und nach Lösungen zu suchen, ohne dadurch Einbußen hinsichtlich der Lebensqualität, die wir heute genießen, hinnehmen zu müssen. Eine Voraussetzung dafür wäre ein gleichermaßen umweltfreundliches wie ansprechendes Design. Eine Reihe von Studierenden, unter ihnen Sing Lo und Vigin Lo, widmeten sich in ihren Abschlussarbeiten dem Thema Umweltschutz. Phoebe Lam hingegen suchte angesichts des in Hongkong äußerst begrenzten Lebensraums nach Platz sparenden Lösungen – ein Problem, das sich bei Mia Ngs reduzierten Formen nicht ergeben dürfte, wenn es ihr auch in erster Linie darum ging, mit überkommenen Vorstellungen in Bezug auf die Kleidung aufzuräumen.

nization we have to redeem, rethink, and rewrite our history; to know who we are by treasuring our culture and memory; to understand ourselves through our views and give a definition to ourselves using our own words. It is time for Hong Kong Chinese to find what Hong Kong style is.

Both Uny Chin Yuet Ling and Mia Ng are particularly interested to find out the authentic local Hong Kong style and the collective memories of Hong Kong from the beginning of the twentieth century till the rapid advance of Westernization in the sixties. Trying to look back on many decades ago, Uny Chin Yuet Ling found the common local Hong Kong people's humble way of dressing even more representational than those very extravagantly dressed upper-class people who are typical of Hong Kong style. Mia Ng went into one of the oldest districts, Wan Chai, which has the most extreme contrast of old and new elements. Mia

found out more about how the elderly live and dress and their changing lifestyle under such contrasting circumstances. Both students brought out the nostalgic essence of Hong Kong but interpreted their designs in a modern manner (fig. p. 128). "We cannot expect entrepreneurs to have passion and responsibility for the city. They are here for the money. However, the government should be responsible for the young people, for the artists, for the cultural development and the future development of Hong Kong. 'To develop' is an ideological motto in Hong Kong. The government does not conserve the old districts but develops new ones without careful consideration." Lung Ying Toi's sums up precisely Mia Ng's concern for the disappearing old districts in Hong Kong.

Thematic design sketch by Themenbezogene Entwurfsskizze von Phoebe Lam_School of Design, Hong Kong Polytechnic University

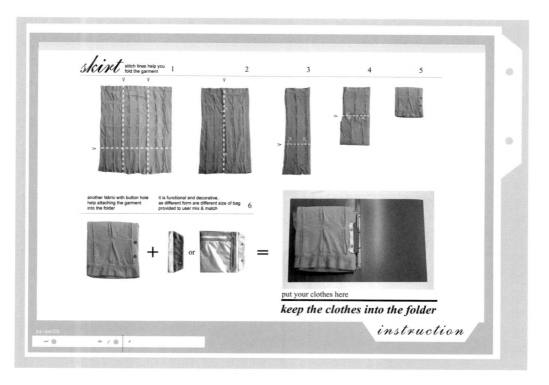

Andere Studierende wiederum wählten einen globalen Ansatz und Themen wie Rassendiskriminierung und die Armut in der Welt. Dabei gelang es ihnen, das Problem aus der Sicht des Modedesigners aufzuzeigen und Lösungsmöglichkeiten dafür zu erarbeiten.

Ist das Entwerfen einer themenbezogenen Mode nun aber eine einfache Sache? Offen gestanden: ganz und gar nicht. Erstens stieß die Verpflichtung, in der Abschlussarbeit einer konkreten Fragestellung nachgehen zu müssen, bei vielen Studierenden zunächst auf Ablehnung. Waren sie doch der Ansicht, dass man ihnen am Ende ihrer dreijährigen Ausbildung zum Modedesigner bei ihrer Abschlussarbeit freie Hand lassen könnte oder ihnen als Vorbereitung auf den Berufseinstieg die Möglichkeit geben sollte, sich für ein marktorientiertes Projekt zu entscheiden. Und so kam immer wieder die Frage auf, weshalb die Arbeit an ein bestimmtes Thema gebunden sein müsse. Zweitens erwies sich die Suche nach Themen, die für das Modedesign relevant sind, für viele Studierende als schwierig. Und drittens gibt es auch unter solch relevanten Themen stets einige, die von vornherein ausscheiden, weil sich die Arbeit des Designers in erster Linie an Bedingungen wie Nachfrage, Markt und Preis orientieren muss. Darüber hinaus mussten die Studierenden zunächst eine Reihe von Vorschlägen unterbreiten, die zeigten, wie sie das Thema in ihren Entwürfen umsetzen wollten. Erst wenn all diese Voraussetzungen erfüllt waren, konnten sie damit beginnen, sich eingehend mit dem Thema zu beschäftigen und entsprechende Entwürfe dazu auszuarbeiten. Bei der Themenwahl benötigen die Studierenden viel Unterstützung und Anleitung, und auch später, in der Entwurfsphase, muss man ihnen die Themenstellung immer wieder ins Gedächtnis rufen, um zu gewährleisten, dass sämtliche Aspekte auf kohärente Weise berücksichtigt werden. Darüber hinaus gilt es, eine Vielzahl technischer Probleme, etwa bei der Schnittmusterkonstruktion, beim 3D-Draping und der Modellrealisation, zu meistern. Man kann sich unschwer vorstellen, welche Schwierigkeiten sich beispielsweise bei der Kollektion Sing Los im Hinblick auf deren besondere Langlebigkeit oder aber bei Phoebe Lam ergaben, damit ihre Stücke selbst nach dem Falten und der Aufbewahrung im Kleiderschrank noch immer elegant und gepflegt aussehen (Abb. S. 103).

Die Projektarbeit stellt sowohl intellektuell als auch technisch eine große Herausforderung dar, und die Studierenden mussten in diesen Monaten viele Rückschläge hinnehmen. Für die Lehrer war diese Zeit allerdings ebenso hart. Am Ende jedoch waren alle Studierenden zufrieden mit dem, was sie geschaffen hatten, waren überglücklich über das Erreichte und von ganzem Herzen stolz auf ihre Leistung. Einhellig und uneingeschränkt bejahten sie, dass es wichtig für sie war, sich mit ihrer Kultur und bestimmten Problemstellungen auseinander zu setzen, die ihre Kreationen bereicherten und sie zu etwas Einzigartigem machten, und ebenso einhellig befürworteten sie diesen themenbezogenen Ansatz als Weg zu einem wirklich originellen Modedesign. Damit ist auch unsere eingangs gestellte Frage beantwortet, das heißt Hongkongs Designer sollten nicht allein globalen Trends folgen, sondern sich an der eigenen Kultur und lokalspezifischen Themen orientieren und diese der übrigen Welt präsentieren. Dadurch könnte sich unsere Mode auch international etablieren, und dies gilt nicht nur für Hongkong, sondern ebenso für andere Regionen. Jahrhundertelang galt Mode lediglich als Körperschmuck, den man

During the three years of study at our university, students have been encouraged to explore the ecological issues and rethink also their role as designer under the aspect of ecology. It is impossible to produce 100-percent-ecological products, but we have to at least reduce the damage to the environment. We should search for solutions without losing the perceived quality of life that we enjoy. Sustainable and desirable design would be essential. In their final project, several students including Sing Lo and Vigin Lo dealt with the issue of sustainability while Phoebe Lam addressed the storage problem caused by the very restricted living spaces in Hong Kong, and Mia Ng's compressed shapes of fashion items may be easier to store while her main aim is to challenge people's preconception of clothes.

In the meantime, some students considered their environment under a global point of view, they explored issues like racial discrimination and poverty in the world, and, being fashion designers, they found their way to unveil the problem and to work out solutions.

In sum: is it easy to design fashion based on an issue? Frankly speaking, absolutely not. First of all, plenty of students grumbled about the mandatory requirement for the final project as they expect that at the end of their three-year fashion design study, they should be able to enjoy the freedom of doing whatever they enjoy in their final projects or choose to do something commercial to prepare for their job interview, they questioned why it must relate to an issue. Secondly, many students had difficulties finding a meaningful issue for fashion design. Thirdly, even though some issues are meaningful to explore, some can be easily foreseen as impossible to be solved by fashion designers as their work must be justifiable in terms of customer profile, market, and price.

They also had to show some initial ideas how they address the issue with their fashion design. Only if all ends met did they receive permission to go ahead and explore the issue in depth and create a fashion solution. The students need much help and guidance in finding an issue to explore and then, during the course of designing, they have to be constantly reminded of the issue to ensure that all aspects are coherently dealt with; there are plenty of technical problems in terms of paper pattern, 3-D-draping, and finishing to be solved. The difficulties can be easily visualized as in the case of the extended life of all design items by Sing Lo; as well as for Phoebe Lam's items to still look stylish and attractive even after being folded and stored in a wardrobe (fig. p. 103).

Though it is extremely difficult both intellectually and technically and the students experienced plenty of frustration during the months of the projects, in fact it was extremely tough for teaching staff as well. However in the end the students all enjoyed their accomplishments, were overjoyed with their achievements, wholeheartedly proud of what they had gone through, and definitely agreed that it was meaningful for them to explore culture and issues which brought richness and uniqueness to their design. They genuinely agreed with this issue-based approach for achieving highly original fashion designs. This naturally provides an answer to our previous question stipulation that Hong Kong designers should not only follow global trends but look to local culture and issues and present those to the rest of the world. This would establish Hong Kong fashion on the international scene. This phenomenon does not only apply to Hong Kong but to other regions as well. For many centuries, fashion has been merely seen as body

mit Attributen wie elegant, schön, extravagant oder sexy belegte. In den Augen vieler, vor allem unter Intellektuellen und Akademikern, haftet ihr das Odium des Oberflächlichen an. Es wäre deshalb zu wünschen, dass weltweit auch andere Modeschulen ernsthaft über dieses Modell nachdächten. Denn ich bin überzeugt, dass die Einbeziehung der eigenen einzigartigen Kultur in das Design der Mode zu mehr Sinnhaftigkeit und Originalität verhelfen wird. Und das wird dann vielleicht bei vielen dazu beitragen, dass sie Vorurteile abbauen und anzuerkennen beginnen, welch wichtige Rolle die Mode als Spiegel der Kultur erfüllt. Denn durch die Auseinandersetzung mit der Kultur wird das Modedesign nicht mehr nur Ausdruck der Kreativität der Designer, sondern auch der Einzigartigkeit ihrer Heimatregion sein.

decoration, described with words like elegant, beautiful, flashy, or sexy. Fashion is considered to be superficial by many people, especially by intellectuals and academics. Let us hope that more fashion institutions in the world seriously consider this approach to design since I believe that if we integrate our unique culture into design, it will imbue fashion with deeper meaning and higher original value, hopefully changing many people's preconception so they begin to recognize the important role of fashion in terms of the reflection of cultural aspects. Based on the exploration of culture, fashion design will demonstrate subsequently the charisma of the designers and the uniqueness of their region.

Bangkok

Taxila Fashion School

Arts of Fashion

Since Seit: 1990

Number of students Anzahl Studierende: ca. 3 000

Graduates per year Abschlüsse pro Jahr: ca. 200

Tuition fees Studiengebühren: 200 000 BAHT (ca. 4 000 €) for 2-year program für 2-Jahres-Studium

Designers on display Designer in der Ausstellung: Yawalak Ankjindarat

Hong Kong Hongkong

School of Design, Hong Kong Polytechnic University

Faculty of Communication

Since Seit: 1967

Number of students Anzahl Studierende: 20 per year pro Jahr

Graduates per year Abschlüsse pro Jahr: ca. 15–18

Professors and lecturers Professoren und Lehrbeauftragte: Gloria Wong, Sheila Cooke, Lolita Leung, Ngai Miranda Tsui

Tuition fees Studiengebühren: HK 45 000 (ca. 4 770 €) per year pro Jahr, credits available Studienkredit möglich

Designers on display Designer in der Ausstellung: Sing Chin Lo, Frances Yiu Ying Mui, Uny Chin Yuet Ling

New Delhi Neu-Delhi

National Institute of Fashion Technology

Fashion design

Since Seit: 1986

Number of students Anzahl Studierende: ca. 60

Graduates per year Abschlüsse pro Jahr: ca. 15

Professors and lecturers Professoren und Lehrbeauftragte: Jatin Bhatt, Dr. Kusum Chopra, Archana Shastri, Sanjay Gupta, Banhi Jha, V. Ameresh Babu, Harmeet Bajaj, Dr. Vandana Bhandari, Sharmila Dua, Kripal Mathur, S. K. Bala Siddhartha, Monika Gupta, Anuradha Kumra, Shalini Sud, Vandana Narang, Sudha Dhingra

Tuition fees Studiengebühren: 600 € for 6 months, scholarships available, 600 € für 6 Monate, Studienkredit möglich

Designers on display Designer in der Ausstellung: Richa Risbaud

New Delhi Neu-Delhi

Pearl Academy of Fashion

Since Seit: 1860

Number of students Anzahl Studierende: ca. 60 B.A., ca. 15 M.A.

Graduates per year Abschlüsse pro Jahr: ca. 25

Professors and lecturers Professoren und Lehrbeauftragte: Nien Siao, Seema Mahajan, Neeru Kumar, Rita Constantine, Usha Nehru Patel, Ankur Gulati, Deepa Nath, Geetpriya Misra, Prasanna Baruah, Sarika Khurana, Seema Singh, Anuradha Dogra, Cora Gotemann, Dhiraj Kumar, Kunal Sinha, Ramnik Kaur Dhillon, Ambika Magotra, Lily Maria Sanyal, Prof. Edward Newton, Harry Kerbel, Romanie Jaitly, Lorna Bircham, Martin Shoben, Mr. Munish Tyagi, Prof. Dr. Rajesh Bheda, Prof. Brij Mohan

Tuition fees Studiengebühren: 1 900 € per year pro Jahr

Designers on display Designer in der Ausstellung: Richa Risbaud

Shanghai Schanghai

Donghua University Shanghai – International Design College Shanghai

Fashion design

Since Seit: 1994

Number of students Anzahl Studierende: ca. 400

Graduates per year Abschlüsse pro Jahr: ca. 60

Professors and lecturers Professoren und Lehrbeauftragte: Louis Lou, Collete Paterson, Katie Young-Ju Ko, Paula Kruyer, Sara Kozlowski, Amie Oksness, Helen Lockett

Tuition fees Studiengebühren: ca. 7 000 RMB (ca. 695 €) per year pro Jahr

Designers on display Designer in der Ausstellung: Jessie King

Tashkent Taschkent

Kamoliddin Bekhzod National Institute of Fine Arts and Design

The Faculty of Design

Since Seit: 1997

Number of students Anzahl Studierende: ca. 947

Graduates per year Abschlüsse pro Jahr: ca. 60

Professors and lecturers Professoren und Lehrbeauftragte: ca. 200

Tuition fees Studiengebühren: Most of the costs

Kamoliddin Bekhzod National Institute of Fine Arts and Design

are paid by the government. As part of the students pay for education the Institute can cover some expenses from its own amounts. Die Kosten werden vorwiegend von der Regierung übernommen. Da einige Studenten für Ihre Ausbildung bezahlen, kann das Institut entstehende Kosten decken.
Designers on display Designer in der Ausstellung: Makhuba Bahromova, Dilnoza Imamova, Saida Tashlanova, Saidakhon Yunusova

Tokyo Tokio
Musashino Art University
College of Art and Design, Department of Scenography, Display and Fashion Design

Since Seit: 1962
Number of students Anzahl Studierende: ca. 4 495
Graduates per year Abschlüsse pro Jahr: ca. 958
Professors and lecturers Professoren und Lehrbeauftragte: Prof. Kazuko Koike, Takashi Sugimoto, Eisaku Tanaka, Masaru Amano, Naoji Kawaguchi, Nobutaka Kotake, Hideo Mori, Takuro Ohsaka, Junko Shiina, Kumiko Tanabe, Kaoru Mende
Tuition fees Studiengebühren: ca. 105 300 Yen (ca. 799 €)
Designers on display Designer in der Ausstellung: Natsumi Toyama

Musashino Art University

Tokyo Tokio
Esmod International Tokyo
Fashion design
Since Seit: 1984
Number of students Anzahl Studierende: ca. 550
Graduates per year Abschlüsse pro Jahr: ca. 100
Professors and lecturers Professoren und Lehrbeauftragte: Franck Josseaume, Iwao Kawashima
Tuition fees Studiengebühren: 1 600 000 Yen (ca. 12 000 €) per year pro Jahr
Designers on display Designer in der Ausstellung: Yuya Kawasaki, Hitomi Mochinaga

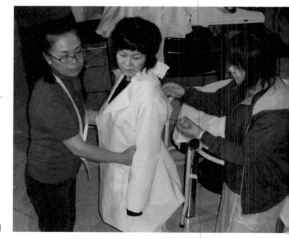

Studio Atelier_Esmod International

Ulan Bator

Fine Art Institute

Since Seit: 1945

Number of students Anzahl Studierende: ca. 400

Graduates per year Abschlüsse pro Jahr:
ca. 75–120

Professors and lecturers Professoren und Lehrbeauftragte: 6 professors Professoren, 2 Ph. D.s
Doktoren

Tuition fees Studiengebühren: 270 € per year pro
Jahr

Designers on display Designer in der Ausstellung:
Ariuanaa Batzorig, Buyan Bayartsetseg,
Ovdogmid Delgerdalai

Advertisement Werbeschild in Ulan Bator

Ulan Bator

Mongoljingoo College

Since Seit: 1998

Number of students Anzahl Studierende: ca. 250

Graduates per year Abschlüsse pro Jahr: ca. 34–60

Professors and lecturers Professoren und Lehrbeauftragte: 13

Tuition fees Studiengebühren: ca. 260 € per year pro Jahr

Designers on display Designer in der Ausstellung: Enkh-Och Byambaa, Chimed-Ochir Ganchimeg

Ulan Bator

Urlakh Erdem Design Shoes – Best Shoes LLC

Since Seit: 2002

Number of employed Anzahl der Beschäftigten: 8

Designers on display Designer in der Ausstellung: Munhjargal Byambayargal

Name Name, **Age** Alter

01_Place of birth (country, city) Geburtsort (Land, Stadt)

02_Place of residence (country, city) Wohnort (Land, Stadt)

03_Academy/college Akademie/Schule

04_Class of Klasse von

05_Semester/year of degree Semester/Jahr des Abschlusses

06_Personal emphasis Persönliche Schwerpunkte

07_ What future does the profession academic fashion designer have in your country?

08_ Which object, element, or situation would you consider as being typical of your social and demographic environment?

09_ Do traditional garments of your region exist, what are they, and when and by whom are they worn?

10_ Name a typical clothing item worn in your country.

11_ Who could you imagine wearing fashion designed by you?

12_ In which way should your work be presented, in accordance with your personal objectives?

07_ Welche Zukunft hat der Beruf des akademischen Modedesigners in deinem Land?

08_ Gibt es einen Gegenstand oder Umstand, der typisch für deine demografische und gesellschaftliche Umgebung ist, welchen?

09_ Gibt es in deiner Region traditionelle Kleidung, woraus besteht sie und bei welchen Anlässen und von wem wird sie getragen?

10_ Nenne ein Kleidungsstück, das in deinem Land häufig getragen wird.

11_ Wer sollte von dir entworfene Kleidung tragen?

12_ In welchem Rahmen würdest du deine Arbeit in Zusammenhang mit deinen persönlichen Zielen am liebs-

Yawalak Anakjindarat, 26

01_Thailand, Bangkok
02_Thailand, Bangkok
03_Taxila Fashion School; Raffles LaSalle
Singapore Campus
04_Fashion design Modedesign
05_
06_Designer

07_Nowadays there are many academic fashion designers from various countries in Thailand. The fashion design
market in Thailand is emphasized since the government
pays attention to it and the next famous designer might be
Thai.

08_It is affected by the media and all it entails.

09_Yes, there are various charming styles. Each style
comes from a different part of Thailand and has its own
story which tells about the background and the lifestyle
there. Almost all of the fabrics are hand-embroidery and
so they are worn at social events, especially weddings. The
new generation will bring fresh inspirations and will adapt
traditional clothes for the modern market and make them
more commercial.

10_Blouses, shirts, skirts, pants, jackets, suits.

11_The people who have art in their blood, the leaders of
ideas, people who understand the design and construction of clothes.

12_Under the themes "modern meets antique" and
"nature meets technology."

07_Es gibt heute viele akademische Modedesigner aus
verschiedenen Ländern in Thailand. Der Markt des Modedesigns wird in Thailand gefördert, denn die Regierung
schenkt ihm Beachtung, und der nächste berühmte Modedesigner könnte Thailänder sein.

08_Wir sind beeinflusst von den Medien und allem, was
damit zusammenhängt.

09_Ja, es gibt diverse charmante Stile. Jeder Stil kommt
aus einem anderen Teil Thailands und hat seine eigene
Geschichte, die über Hintergrund und Lifestyle der betreffenden Region berichtet. Beinahe alle Stoffe sind hand-
bestickt, und daher werden sie zu gesellschaftlichen
Anlässen getragen, besonders zu Hochzeiten. Die neue
Ge-neration wird frische Inspirationen einbringen und wird
traditionelle Kleidungsstücke dem modernen Markt anpas-
sen und sie kommerzieller machen.

10_Blusen, Hemden, Röcke, Hosen, Jackets, Anzüge.

11_Leute, die Kunst in ihrem Blut haben, die Erfinder von
Ideen; Leute, die etwas vom Design und der Konstruktion
von Kleidung verstehen.

12_Unter den Themen »Modern trifft Antik« und »Natürlich trifft Technisch«.

Ariunaa Batzorig, 28
Dambiinyam Munkhbayasgalan, 28

01_Mongolia Mongolei, Ulan Bator
02_Mongolia Mongolei, Ulan Bator
03_Fine Art Institute
04_Fashion design Modedesign
05_5th year, B.A. 5. Jahr, B.A.
06_Fashion designer, painter Modedesigner, Maler

07_In our country the profession of academic fashion designer has a promising future.

08_We consider including specific elements of our traditional clothing in designing modern everyday clothes.

09_We have special traditional garments in our country and they are worn by most people on the occasion of celebrations. Some people also wear them as everyday clothing.

10_Traditional clothes in a modern style.

11_Actually we do not know the German models, but we could well imagine a model with a typical Asian face.

12_Our work should be presented with a fresh approach to nostalgic clothes in order to answer the needs of modern clothing being shown.

07_In unserem Land hat der Beruf des akademischen Modedesigners eine vielversprechende Zukunft.

08_Wir versuchen, bestimmte Elemente unserer traditionellen Kleidung in das Design moderner Alltagskleidung zu integrieren.

09_Wir kennen spezielle traditionelle Kleidungsstücke in unserem Land und sie werden von der Mehrzahl der Leute zu Festen getragen. Manche tragen sie auch als Alltagskleidung.

10_Traditionelle Kleidung in modernem Stil.

11_Wir kennen die deutschen Models nicht, aber wir können uns gut ein Model mit typisch asiatischen Gesichtszügen vorstellen.

12_Unsere Arbeiten sollten mit einer erfrischenden Herangehensweise an nostalgische Kleidungsstücke präsentiert werden, um dem Anspruch, moderne Kleidung zu zeigen, gerecht zu werden.

Buyan Bayartsetseg, 35

01_Mongolia Mongolei, Ulan Bator
02_Mongolia Mongolei, Ulan Bator
03_Fine Art Institute
04_
05_
06_Fashion design lecturer at Fine Art Institute Lehrbeauftragte für Modedesign am Fine Art Institute

07_Since 1990, we have been training professionals in this field. We have some researchers who study the history and tradition of national garments and felt art as part of the discipline of culture and arts studies. Here in Ulan Bator, there is a Culture and Arts Research Institute where many academic professionals work.

08_Because of the lack of factories to make garments by our own designers we always face such difficulties as wasting time and money.

09_Yes, we have an ancient and rich tradition of national garments which are the Deel, a short outer jacket, a waistcoat, women's sleeveless garments, trousers, belt, hats, socks, boots, and decorations and so on. All of them are suitable to be worn during any season of the year. Because there are specific variations for winter, spring, autumn, and summer. Now all the herdsmen in the countryside wear national garments. Urban citizens wear their national garments on such special days as New Days of Lunar Calendar, the National Holiday, graduation ceremony, and on their wedding day.

10_

11_I really want to have my garments worn by a person who has the courage to be dressed quite strangely at any time. On the other hand my fashion might be worn by performers on the stage.

12_I tried to make fashion in a way compatible with Mongolian traditional garments, a new, modern harmony and material. Young women can wear it for everyday use.

07_Wir haben seit 1990 Fachleute auf diesem Gebiet ausgebildet. Auch haben wir Forscher, welche die Geschichte und die Tradition der nationalen Kleidungsstücke und der Filzkunst untersuchen, als Teildisziplin der Kunst- und Kulturstudien. Es gibt hier in Ulan Bator ein Kultur- und Kunstforschungsinstitut, in dem zahlreiche Akademiker arbeiten.

08_Da ein Mangel an Herstellungsbetrieben für Kleidungsstücke nach Entwürfen unserer eigenen Designer besteht, sind wir immer mit Schwierigkeiten wie Zeit- und Geldverschwendung konfrontiert.

09_Ja, wir haben eine alte und reiche Tradition, was die Tracht angeht: den Deel, eine kurze Überjacke, sowie eine Weste, ärmellose Frauenkleidung, Hosen, Gürtel, Hüte, Socken, bestimmte Dekorationen und anderes. Alle diese Kleidungsstücke können zu jeder Jahreszeit getragen werden, denn es gibt spezielle Varianten für den Winter, Frühling, Herbst und Sommer. Noch immer tragen alle Hirten in ländlichen Gegenden die Tracht. Stadtbewohner tragen sie an besonderen Tagen wie den neuen Tagen des Mondkalenders, am Nationalfeiertag, bei Abschlussfeiern und an ihrer Hochzeit.

10_

11_Ich möchte wirklich, dass meine Kleidungsstücke von einer Person getragen werden, die den Mut hat, sich auch einmal recht auffällig anzuziehen. Andererseits könnte meine Mode auch von Künstlern auf der Bühne getragen werden.

12_Ich versuche, Mode zu schaffen, die mit der traditionellen mongolischen Kleidung im Einklang steht, in einer neuen, modernen Harmonie und aus neuem Material. Junge Frauen können diese Mode im Alltag tragen.

Enkh-Och Byambaa, 23
Chimed-Ochir Ganchimeg, 26

01_Mongolia Mongolei, Ulan Bator
02_Mongolia Mongolei, Ulan Bator
03_Mongoljingoo College
04_Graduated Abgeschlossen
05_4-year bachelor degree, now working at
Mongoljingoo College as fashion design teacher
4-jähriges Bachelorstudium,
arbeiten jetzt als Lehrer für Modedesign
am Mongoljingoo College
06_

07_A bright future. We will make it. Our dream is to organize Mongolian fashion weeks and for Ulan Bator to become one of the most famous fashion capitals.
08_
09_Cashmere, camel wool, Esgii (wool), fur garments, leather garments. The traditional costume is the Deel and it is worn for national celebrations and as everyday wear. It is made up of fur, leather, silk, and cotton.
10_Trousers, skirts, T-shirts.
11_Angelina Jolie, Christina Aguilera. Céline Dion, J. Lo.
12_We like to create a new trend from the traditional costume and personal ideas.

07_Eine strahlende Zukunft. Wir werden es schaffen. Unser Traum ist es, mongolische Modewochen zu organisieren, und dass Ulan Bator eine der berühmtesten Modemetropolen wird.
08_
09_Kaschmir, Kamelwolle, Esgii (Wolle), Pelzkleidung, Lederkleidung. Die traditionelle Kleidung ist der Deel, getragen anlässlich von Nationalfeiern und im Alltag. Er wird aus Pelz, Leder, Seide und Baumwolle angefertigt.
10_Hosen, Röcke, T-Shirts.
11_Angelina Jolie, Christina Aguilera. Céline Dion, J. Lo.
12_Uns gefällt es, einen neuen Trend aus traditioneller Kleidung und persönlichen Ideen zu kreieren.

Dilnoza Imamova, 22

01_Uzbekistan Usbekistan, Tashkent Taschkent
02_Uzbekistan Usbekistan, Tashkent Taschkent
03_Kamoliddin Bekhzod
National Institute of Fine Arts and Design
04_Fashion design Modedesign
05_4th semester 4. Semester
06_The usage of traditional Uzbek embroidery elements
in designing contemporary garments
Der Einsatz von Elementen der traditionellen
usbekischen Stickerei bei der Kreation von
zeitgenössischer Kleidung

07_I think that the fashion development in Uzbekistan will have some specific national features. It will hardly be an industry but I hope there will be a lot of small studios where young designers can cooperate to achieve their professional purposes.

08_I consider the typical situation for our environment to be the East Bazaar (the market).

09_Yes, there is a variety of traditional garments in our country. Men's Chapan (a sort of quilted coat or a gown without buttons), women's shoes Ichigi, men's boots Mahsy.

10_The skullcap—it's a head garment which is worn by both men and women. There are everyday and holiday varieties.

11_Both young and middle-aged people.

12_It depends on the conditions. I'd prefer to have them presented on a manikin.

07_Ich glaube, dass die Entwicklung der Mode in Usbekistan einige spezifisch nationale Züge haben wird. Es wird kaum eine Industrie sein, aber ich hoffe, dass es eine Menge von kleinen Werkstätten geben wird, wo junge Designer zusammenarbeiten können, um ihre beruflichen Ziele zu erreichen.

08_Ich halte den Ostbasar, den Markt, für eine typische Situation unseres Umfelds.

09_Ja, es gibt eine ganze Auswahl traditioneller Kleidungsstücke in unserem Land. Für die Männer Chapan (eine Art gesteppter Mantel oder ein Kittel mit Knöpfen), für die Frauen die Schuhe Ichigi, für die Männer die Stiefel Mahsy.

10_Das Käppchen – eine Kopfbedeckung, die sowohl von Männern wie von Frauen getragen wird. Es gibt Varianten für den Alltag und für Feiertage.

11_Sowohl junge als auch Leute mittleren Alters.

12_Es hängt von den Umständen ab. Ich würde es vorziehen, wenn meine Arbeiten auf einer Kleiderpuppe präsentiert werden.

Yuya Kawasaki, 27

01_
02_ Japan, Tokyo Tokio
03_ Esmod International Tokyo
04_ Special Station Homme
05_3rd semester 3. Semester
06_ Design and cut Design und Schnitt

07_ When I graduate, I could become a designer or a patternmaker. If I get a job in a Japanese apparel company, it becomes difficult to realize my own creative design. The reason being that Japanese enterprises are very conscious of their profits. If I want to show my individuality in my designs, I think I have no choice but to produce my own items.

08_ Japanese society is suffering from an economic depression where it is difficult to sell things.

09_A kimono and a hakama are widespread and there are a lot of clothes worn for celebrations and traditional events. A lady puts on a kimono and a man puts on a hakama.

10_ Kimono, hakama, yukata, geta.

11_A twenty- to twenty-five-year-old sports-loving male.

12_ Under the theme "casual and formal."

07_Wenn ich abgeschlossen habe, könnte ich Designer werden oder Musterentwerfer. Wenn ich einen Job in einer japanischen Kleiderfirma bekomme, wird es schwer, mein eigenes kreatives Design zu verwirklichen. Der Grund dafür ist, dass die japanischen Unternehmen sehr auf ihre Profite achten. Wenn ich in meinen Entwürfen meine Individualität zeigen will, so habe ich, glaube ich, keine andere Wahl, als meine eigenen Stücke zu produzieren.

08_Die japanische Gesellschaft leidet unter einer wirtschaftlichen Depression, in der es schwer ist, Dinge zu verkaufen.

09_Der Kimono und der Hakama sind weit verbreitet, und es gibt viele Kleidungsstücke, die bei Festen und traditionellen Anlässen getragen werden. Eine Dame zieht einen Kimono an und ein Mann einen Hakama.

10_Kimono, Hakama, Yukata, Geta.

11_Ein 20- bis 25-jähriger Mann, der sportbegeistert ist.

12_Unter dem Thema »lässig und förmlich«.

Jessie King, 22

01_China, Shanghai Schanghai
02_China, Shanghai Schanghai
03_Donghua University Shanghai
04_Studies fashion design
Studiert Modedesign
05_B.A.
06_

07_To be a fashion designer in a company or to have a personal design studio.

08_I do not know how to answer this question.

09_They are worn on the occasion of the Spring Festival, birthdays, or weddings. These are all very important days.

10_Dresses of the Tang dynasty.

11_A beautiful model.

12_In direct light against a dark background and with exquisite music.

07_Eine Modedesignerin in einem Unternehmen zu sein oder ein eigenes Designstudio zu haben.

08_Ich weiß nicht, wie ich diese Frage beantworten soll.

09_Traditionelle Kleidung wird anlässlich des Frühlingsfests getragen, bei Geburtstagen oder Hochzeiten. Das sind alles sehr wichtige Anlässe.

10_Kleider aus der Tang-Dynastie.

11_Ein schönes Model.

12_In direktem Licht vor einem dunklen Hintergrund und mit erlesener Musik.

Sing Chin Lo, 23

01_China, Hong Kong Hongkong
02_China, Hong Kong Hongkong
03_School of Design, Hong Kong Polytechnic University
04_Fashion discipline of School of Design
Modeabteilung an der Designschule
05_3rd year 3. Jahr
06_

07_Having their own brand-name shop.

08_Food, housing estate, East-meets-West culture.

09_Yes. Garments for elderly people. I don't know what they are called in English. Those clothes are only worn by the "grandmothers' generation." There are no people in our generation who wear them. They are comfortable, simply cut, have floral prints, and are in dark colors.

10_Jeans, graphic T-shirts.

11_The one who do not follow the trends of fashion.

12_My work should not be worn by a dummy. From my point of view, I would like my flower denim pants to hang in the air. The cape should also be hanging in the air. I hope they both can be presented in a more artistic way. Maybe there could be an implicit feeling of "wearable or not."

07_Ein Geschäft mit der eigenen Marke zu führen.

08_Essen, Wohnsiedlung, Ost-trifft-West-Kultur.

09_Ja. Kleidung für ältere Leute. Ich weiß nicht, wie man das auf Englisch nennt. Diese Kleidung wird von der »Großmuttergeneration« getragen. In unserer Generation trägt das niemand. Die Kleidung ist bequem, einfach geschnitten, mit Blumenmustern und in dunklen Farben.

10_Jeans, T-Shirts mit Aufschriften.

11_Diejenigen, die nicht dem Modetrend folgen.

12_Meine Arbeiten sollten nicht an Kleiderpuppen gezeigt werden. Wenn es nach mir ginge, sollten meine Jeans mit Blumenmuster in der Luft hängen. Der Umhang sollte ebenso in der Luft hängen. Ich hoffe, beides kann auf künstlerische Weise präsentiert werden. Vielleicht sollten sie das unausgesprochene Gefühl vermitteln: »tragbar oder nicht«.

Hitomi Mochinaga, 24

01_Japan, Nagasaki
02_Japan, Tokyo Tokio
03_Esmod International Tokyo
04_Fashion design Modedesign
05_3rd semester 3. Semester
06_Enjoy myself Mich amüsieren

07_As a designer, a patternmaker, in the press, or in production management.

08_Inflation? When they are expensive, things don't sell.

09_A kimono (sitigosan).

10_Kimono, hakama, jinbei.

11_The person who'd like to put it on.

12_When the atmosphere of the clothes is transmitted, everything is okay.

07_Im Design, Musterentwurf, journalistisch oder im Produktionsmanagement.

08_Die Inflation? Wenn Dinge teuer sind, lassen sie sich nicht verkaufen.

09_Ein Kimono (Sitigosan).

10_Kimono, Hakama, Jinbei.

11_Derjenige, der es anziehen möchte.

12_Wenn die Atmosphäre der Kleidungsstücke vermittelt wird, ist mir alles recht.

Richa Risbaud, 23

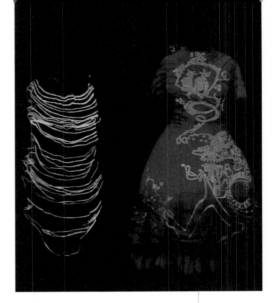

01_India Indien, New Delhi Neu-Delhi
02_India Indien, New Delhi Neu-Delhi
03_Pearl Academy of Fashion,
National Institute of Fashion Technology
04_M.A. 2004
05_
06_Surface/fabric development, designing for
womenswear and fashion illustrations
Oberflächen- und Stoffentwicklung, Damen-
bekleidungsdesign und Modeillustrationen

07_Academic fashion design in India is an area that poses a large platform for experimentation. India, primarily being a hub for production, has come up with many design academies that are collaborating with design schools overseas. This trend has impacted fashion to grow out of the boundaries of cultural influences, and gradually be recognized as a professional academic subject. Thus with this positive outcome, this profession has a wide scope as it is still unexplored in its full capacity. Academics in the field of fashion have to be backed by simultaneous, parallel involvement with product development in the industry. This ensures delivery of updated inputs and creates perspectives.

08_Though India is an example of an amalgamation of cultures, there is a vast number of elements found in the whole population. However, one of the most prominent features is the wedding. Here a wedding is more of a social gathering, involving the community as a whole. It is an almost week-long festival, where one witnesses everything: feast, clothing, jewelry, rituals, fulfilling social obligations, entertainment, and high expenses. It is a moment in a lifetime for every household when it displays economic affluence and social status.

09_Traditional garments are an integral part of this country that demonstrates various cultural influences. The garments not only narrate a rich history but also share an emotional interaction with the mindsets. The most acknowledged traditional garment is the sari, worn by women, both in the urban and the rural environment. The Salwar-kameez, which is another traditional outfit, in its modern interpretation is a regular feature on Indian streets. An elegant, highly functional garment for most women. Yet traditional garments are diverse in nature according to region and climate.

07_Das akademische Modedesign bietet in Indien eine große Plattform für Experimente. Indien, in erster Linie ein Produktionszentrum, hat viele Designakademien hervorgebracht, die mit Designschulen in Übersee zusammenarbeiten. Dieser Trend hat die Mode dahingehend beeinflusst, dass sie über die Grenzen der kulturellen Einflüsse hinausgewachsen ist und allmählich als professionelle akademische Disziplin anerkannt wird. Dank dieser positiven Entwicklung bietet der Beruf viele Möglichkeiten, die in ihrer Bandbreite noch unerforscht sind. Akademiker im Bereich der Mode müssen unterstützt werden durch gleichzeitige, parallele Beteiligung an der Produktentwicklung dieses Industriezweigs. Das garantiert die Zulieferung von neuesten Ideen und schafft Perspektiven.

08_Obwohl Indien das Beispiel eines Schmelztiegels von Kulturen ist, gibt es eine große Anzahl von Elementen, die für die gesamte Bevölkerung gelten. Dabei ist die Hochzeit eines der auffälligsten Phänomene. Eine Hochzeit ist hier mehr als eine gesellschaftliche Zusammenkunft, die Gemeinschaft als Ganzes ist daran beteiligt. Es ist ein Fest, das sich fast eine Woche lang hinzieht, bei dem alles zu sehen ist: Feier, Kleidung, Schmuck, Rituale, Einlösen sozialer Verpflichtungen, Unterhaltung – und hohe Kosten. Es ist ein einmaliges Ereignis für jeden Haushalt, bei welchem dieser wirtschaftlichen Wohlstand und sozialen Status demonstrieren kann.

09_Traditionelle Kleidung ist ein wichtiger Aspekt dieses Landes, um die verschiedenen kulturellen Einflüsse aufzuzeigen. Die Kleidungsstücke erzählen nicht nur von der reichen Geschichte, sie spiegeln auch die unterschiedlichen Mentalitäten. Das am weitesten verbreitete traditionelle Kleidungsstück ist der Sari, der von den Frauen im städtischen wie im ländlichen Umfeld getragen wird. Sal-

10_The sari. An ethnic garment that is probably the oldest still to survive in the history of clothing. A typical item for women that is seen as work wear, daily wear, evening wear, cocktail wear, party wear, and most important during occasions like weddings or festivals.

11_A person who is open to experimentation and highly appreciates quality design, has an eye for details, and is definitely proud of carrying his/her body, adorned with the best in town.

12_In the long run, my objective is to be placed at a stand where research merges with design innovation. To form or be a leading part of a dedicated group that emphasizes design innovation/exploration parallel to research. I would like the displaying of my work to bring out the key features of my design, like the use of light-sensitive dyes.

war-kameez, ein weiteres traditionelles Kleidungsstück, ist in der modernen Interpretation häufig auf den Straßen Indiens zu sehen. Ein elegantes und höchst funktionelles Kleidungsteil für die meisten Frauen. Jedoch variieren die Kleidungsstücke je nach Region und Klima.

10_Der Sari. Ein ethnisches Kleidungsstück, das vermutlich das älteste noch existierende in der Geschichte der Kleidung ist. Eine typische Bekleidung für Frauen, zur Arbeit, im Alltag, als Abendkleid, als Cocktailkleid, bei Partys und am wichtigsten zu Anlässen wie Hochzeiten oder Festen.

11_Jemand, der offen für Experimente ist und Qualitätsdesign hoch schätzt, ein Auge für Details hat und eindeutig stolz auf seinen Körper ist, der mit dem Besten der Stadt geschmückt ist.

12_Auf längere Sicht ist mein Ziel, mich an einem Ort zu sehen, wo Forschung mit innovativem Design verschmilzt. Ich möchte eine engagierte Gruppe gründen oder leiten, welche innovatives Design und Experimente parallel zur Forschung betont. Ich möchte, dass die Hauptmerkmale meines Designs, wie der Einsatz von lichtempfindlichen Farbstoffen, bei der Präsentation herausgestellt werden.

Lubov Sultanova, 35

01_Uzbekistan Usbekistan, Tashkent Taschkent
02_Uzbekistan Usbekistan, Tashkent Taschkent
03_Tashkent Institute of Textile and Light Industry
04_Shoe design Schuhdesign
05_Graduated Abschluss 1994
06_Design of shoes with application of local materials
Schuhdesign unter Verwendung
von einheimischen Materialien

07_I think that the fashion development in Uzbekistan will have some specifically national features. It will hardly be an industry but I hope there will be a lot of small studios where young designers can cooperate to achieve their professional purposes.

08_I consider the most typical situation for our social environment to be the traditional wedding ceremony and our customs of hospitality.

09_The traditional garments still exist in our region though they are not worn as often as they used to be. Now they are worn mostly in distant regions. And most people wear contemporary items.

10_Traditional national shoes Mahsy worn by both men and women in the country.

11_As I have got a number of customers who want to wear the shoes designed by me, I don't need to imagine them, I see them every day. In general these are people who want to have an individual look.

12_It should be presented conveniently for the viewers, according to the opportunities of the organizers.

07_Ich glaube, dass die Modeentwicklung in Usbekistan einige landestypische Züge haben wird. Es wird wohl kaum eine Industrie sein, aber ich hoffe, es wird zahlreiche kleine Studios geben, in denen die Designer zusammenarbeiten können, um ihre beruflichen Ziele zu verwirklichen.

08_Als typischste Situation in unserem gesellschaftlichen Umfeld sehe ich die traditionelle Hochzeitszeremonie und unsere Gebräuche rings um die Gastfreundschaft.

09_Traditionelle Kleidungsstücke gibt es noch in unserer Region, auch wenn sie nicht so häufig wie früher getragen werden. Heute werden sie meist in abgelegenen Gebieten getragen, und die Mehrheit der Leute trägt moderne Kleidung.

10_Mahsy, die landesüblichen Schuhe, die auf dem Land sowohl von Männern wie von Frauen getragen werden.

11_Da ich eine Reihe von Kunden habe, die von mir entworfene Schuhe tragen möchten, brauche ich sie mir nicht vorzustellen, ich sehe sie jeden Tag. Im Allgemeinen sind es Leute, die einen individuellen Look möchten.

12_Meine Arbeiten sollten so präsentiert werden, dass es für die Betrachter angenehm ist, je nach den Möglichkeiten der Organisatoren.

Saida Tashlanova, 23

01_Uzbekistan Usbekistan, Tashkent Taschkent
02_Uzbekistan Usbekistan, Tashkent Taschkent
03_Kamoliddin Bekhzod
National Institute of Fine Arts and Design
04_Fashion Design Mode Design
05_4 th year 4. Jahr
06_Design of contemporary garments with
national traditional elements
Design von zeitgenössischen Kleidungsstücken
mit traditionellen nationalen Elementen

07_I suppose fashion designers in my country will integrate more and more national elements into their works. I do hope fashion design will be a big industry in my country, but it's also very desirable to keep the opportunity for alternative development. National culture can be a good source of inspiration for designers.
08_I think the most typical thing for our environment is a portrait of our typical resident. He doesn't look very smart but he is friendly by nature. He is frank and very human.
09_Yes, traditional garments are still worn in our region. For example the Beshma, a gown with golden embroidery worn by brides during the wedding ceremony. Different kinds of kerchiefs, Rumol. Special head garments, Tubiteyka, with embroidery. They are worn both by men and by women on special occasions. In some distant regions there are everyday variants.
10_Chapan, a sort of overcoat for men, which is worn with a special belt/kerchief, Kiikchi.
11_I think these are young men in general.
12_I'd prefer them to be presented on a mannequin.

07_Ich vermute, dass Modedesigner in meinem Land zunehmend mehr nationale Elemente in ihre Arbeiten integrieren werden. Ich hoffe sehr, dass Modedesign zu einer starken Industrie in meinem Land wird, aber es ist auch sehr wünschenswert, sich alternative Entwicklungsmöglichkeiten offen zu halten. Die nationale Kultur kann für Designer eine gute Quelle der Inspiration sein.
08_Ich glaube, der typischste Gegenstand in unserem Umfeld ist ein Porträt eines repräsentativen Einwohners. Er sieht nicht sehr klug aus, aber ist von Natur aus freundlich. Er ist offen und sehr menschlich.
09_Ja, traditionelle Kleidung wird in unserer Region noch getragen. Beispielsweise das Beshma, ein Kleid mit goldener Stickerei, das die Bräute bei der Hochzeitszeremonie tragen, verschiedene Arten von Tüchern, Rumol, besondere Kopfbedeckungen, Tubiteyka, mit Stickerei. Diese werden von Männern wie von Frauen bei besonderen Anlässen getragen. In manchen Gegenden gibt es auch Varianten für den Alltag.
10_Der Chapan, eine Art Mantel für die Männer, der mit einem speziellen Gürtel/Tuch getragen wird, dem Kiikchi.
11_Ich nehme an, das sind im Allgemeinen junge Männer.
12_Ich würde es vorziehen, meine Entwürfen an einer Kleiderpuppe präsentiert zu wissen.

Natsumi Toyama, 24

01_Japan, Kanagawa
02_Japan, Kanagawa
03_Musashino Art University;
College of Art and Design
04_Department of Scenography,
Display, and Fashion Design
05_Graduated Abgeschlossen
06_

07_It depends on the designer himself/herself.

08_For one thing, designers tend to adopt excellent techniques and ideas which have penetrated people's lives, superficially and temporarily, only as a fashionable style.

09_The kimono, for example, twenty-year-old girls wear Furisode at the coming-of-age ceremony.

10_Jeans, T-shirts.

11_From children to grandfathers/grandmothers.

12_I consider clothing as something that wraps the soul and the body, from inside and outside, in the area of food, clothing, and shelter.

07_Das hängt von dem Designer/der Designerin selbst ab.

08_Eine Sache ist, dass Designer dazu neigen, hervorragende Techniken und Ideen, welche im Leben der Leute verankert sind, oberflächlich und vorübergehend als rein modischen Stil zu übernehmen.

09_Der Kimono zum Beispiel, 20-jährige Mädchen tragen den Furisode anlässlich der Feier zu ihrer Volljährigkeit.

10_Jeans, T-Shirts.

11_Von Kindern bis zu Großvätern/Großmüttern.

12_Ich sehe meine Kleidung als etwas, das die Seele und den Körper umhüllt, von innen und von außen, in den Bereichen Nahrung, Schutz und Kleidung.

Frances Yiu Ying Mui, 23

01_China, Hong Kong Hongkong
02_China, Hong Kong Hongkong
03_School of Design,
Hong Kong Polytechnic University
04_School of Design
05_3rd year, B.A. (Hon) 3. Jahr, B.A. (Hon)
06_

07_An academic fashion designer should try hard to have a breakthrough in the future, otherwise we all will just be swallowed by the overwhelming fashion industry. And I believe those designers having a strong belief will survive and succeed.

08_A busy hub with loads of ants working in the same routine/path every day without knowing what they want and they treat life as hell. While, at the same time, there are other groups of ants wanting to have a breakthrough in this situation and, most importantly, they are having dreams and they will go for it.

09_The Chinese collars. They appeared in both menswear and womenswear fifty to sixty years ago. This is a traditional detail still seen in today's clothing.

10_T-shirt.

11_Pina Bausch.

12_My work evokes a dark and sorrowful feeling, it is as if a heavy burden weighs down from the pieces. Therefore, my work should be hanging from a string and the whole garment should flow in the air.

07_Ein akademischer Modedesigner sollte alles versuchen, um in naher Zukunft den Durchbruch zu schaffen, sonst werden wir alle von der übermächtigen Modeindustrie einfach geschluckt. Und ich bin überzeugt, dass jene Designer überleben und erfolgreich sein werden, die einen starken Glauben an sich selbst haben.

08_Ein geschäftiges Zentrum mit Massen von Ameisen, die jeden Tag im gleichen Trott arbeiten und ihren Weg gehen, ohne zu wissen, was sie wollen, und die das Leben als Hölle betrachten. Während zur selben Zeit in dieser Situation andere Ameisenvölker auf ihren Durchbruch warten und, was wohl am wichtigsten ist, Träume haben und diesen nachjagen.

09_Die chinesischen Kragen. Diese tauchten vor 50 oder 60 Jahren in der Herren- wie in der Damenmode auf. Es handelt sich dabei um ein traditionelles Detail, das in der zeitgenössischen Kleidung noch immer zu sehen ist.

10_Das T-Shirt.

11_Pina Bausch.

12_Meine Arbeiten beschwören ein dunkles und trauriges Gefühl herauf, es ist, als würde ein schweres Gewicht von den einzelnen Stücken ausgehen. Daher sollten meine Arbeiten von einer Schnur herabhängen, und das ganze Kleidungsstück sollte in der Luft schweben.

Uny Chin Yuet Ling, 21

01_China, Hong Kong Hongkong
02_China, Hong Kong Hongkong
03_School of Design, Hong Kong
Polytechnic University
04_B.A. (Hon) Fashion design B.A. in Modedesign
05_3rd year 3. Jahr
06_Fashion design Modedesign

07_It depends. Most graduates work as a design assistant at first, as a fashion designer later. Surely most of us would like to establish our own brands one day. Actually the fashion industry is developing quickly in China because of the rising standard of living. As we all know, the population in China offers us a great market, in big cities like Shanghai and Beijing people search for products of high quality and they are able to pay a lot for life-style products as well. Therefore, fashion designers should play a more important role in the future and may have an influence in Asia.

08_In my environment there is a struggle concerning our social identity. We are used to the colonial environment of the past, but now we have to govern our own city, we find ourselves somewhat ambivalent whether we are Chinese or we are Hong Kong Chinese. Some people are afraid that we will lose our freedom if we listen to orders from mainland China, so objecting to the government's decisions is gradually becoming the norm. At the moment we still lack a sense of belonging. So basically people lose faith and some of us do not want to have children as they think our city is still in chaos. Aging is an important issue. Generally people become more sensitive to the social and political environment. On the other hand, people are crazy about following trends, we are especially influenced by trends from other Asian countries, say, people went crazy for Japanese idols a few years ago, now Korean trends are hot topics in Hong Kong. However one thing in common is that all trends come quickly and fade quickly.

09_Basically we Hong Kong Chinese do not have traditional garments and no one wears them, but because we are a part of China, some people do wear a traditional Chinese garment, Qipao. They wear Qipao mainly for work-

07_Das kommt darauf an. Die meisten Absolventen arbeiten zuerst als Designassistenten, dann später als Modedesigner. Sicher möchten die meisten von uns eines Tages ihr eigenes Label haben. Tatsächlich entwickelt sich die Modeindustrie aufgrund des ansteigenden Lebensstandards in China schnell. Wie wir alle wissen, bietet uns die Bevölkerung in China einen enormen Markt, in großen Städten wie Schanghai und Peking suchen die Leute nach Produkten von hoher Qualität, und sie können auch viel für Lifestyle-Produkte bezahlen. Daher sollten Modedesigner in Zukunft eine wichtigere Rolle spielen und könnten in Asien Einfluss haben.

08_In meinem Umfeld gibt es einen Kampf um unsere soziale Identität. Wir sind an das koloniale Umfeld der Vergangenheit gewöhnt, aber jetzt müssen wir unsere Stadt selbst regieren, wir sind etwas unsicher, ob wir Chinesen sind oder Hongkong-Chinesen. Manche Leute fürchten, dass wir unsere Freiheit verlieren, wenn wir auf die Befehle vom chinesischen Festland hören, und so wird der Widerstand gegen die Entscheidungen der Regierung allmählich zur Norm. Momentan fehlt uns noch ein Zugehörigkeitsgefühl. Daher verlieren die Leute grundsätzlich ihren Glauben, und einige von uns wollen keine Kinder haben, weil sie meinen, dass unsere Stadt sich noch immer im Chaos befindet. Älterwerden ist ein wichtiges Thema. Allgemein werden die Leute aufmerksamer gegenüber dem sozialen und politischen Umfeld. Andererseits sind die Leute auch verrückt, wie sie sich Trends unterwerfen; wir sind besonders beeinflusst von anderen asiatischen Ländern. Vor ein paar Jahren waren die Leute bei-

ing only, like some waitresses in Chinese restaurants, but they will never wear it in their daily life.

10_Jeans. Denim is a popular choice of people in my country.

11_People who enjoy life. I believe that when people enjoy life, all things become possible to wear. They are curious to try on different items by all kinds of designers as they admire the way I work and explore the excitement in my garments. Fashion is a language without boundaries, only when you strive for a high lifestyle will you find a way to wear my garments and feel good.

12_I am thinking of a dummy made from wires imitating the shape of a pregnant woman. Beside the dummy is my styling photo presented in a frame. I hope it is presented in the middle of a space as the back of my garments are the parts that I want to expose to the audiences as well.

spielsweise verrückt nach japanischen Idolen, jetzt sind koreanische Trends der letzte Schrei in Hongkong. Immerhin haben sie eines gemeinsam: Alle Trends kommen schnell und verschwinden auch wieder schnell.

09_Eigentlich haben wir Hongkong-Chinesen keine traditionelle Kleidung und niemand trägt etwas dieser Art. Aber da wir ein Teil von China sind, tragen manche Leute die traditionelle chinesische Bekleidung, Qipao. Sie tragen sie hauptsächlich zur Arbeit, wie etwa manche Kellnerinnen in chinesischen Restaurant, aber sie würden sie nie einfach so im Alltag tragen.

10_Jeans. Jeansstoff ist sehr beliebt bei den Leuten in meinem Land.

11_Leute, die das Leben genießen. Ich glaube, wenn die Leute das Leben genießen, kann man alles tragen. Sie sind dann neugierig, verschiedene Stücke von allen möglichen Designern anzuprobieren, und sie bewundern die Art, wie ich arbeite, und sie suchen das Aufregende in meinen Entwürfen. Die Mode ist eine Sprache ohne Grenzen, nur wenn du einen hohen Lebensstil anstrebst, wirst du einen Weg finden, meine Kleidung zu tragen und dich gut zu fühlen.

12_Ich denke an eine Kleiderpuppe aus Draht in der Form einer schwangeren Frau. Neben der Puppe sollte mein Stylingfoto in einem Rahmen gezeigt werden. Ich hoffe, das Kleidungsstück wird mitten im Raum präsentiert, denn auf der Rückseite meiner Modelle sind gerade die Stellen, die ich den Zuschauern auch zeigen möchte.

Saidakhon Yunusova, 25
"Saidaamir"

01_Uzbekistan Usbekistan, Tashkent Taschkent
02_Uzbekistan Usbekistan, Tashkent Taschkent
03_Kamoliddin Bekhzod National Institute
of Fine Arts and Design;
The Republican Art College named after P. P. Benkov
04_Fashion Design/Costume Art
Modedesign/Kostümbild
05_3rd year 3. Jahr/4th year 4. Jahr
06_Fashion designer/theater costume designer
Modedesigner/Kostümbildner am Theater

07_I don't understand the question.
08_Han-Atlas silk.
09_By women on traditional holidays.
10_Kuylak—women's dress
Lozim—women's trousers
Duppi—men's headwear
Chapan—men's robe
11_A woman (Turkish or Arabian type).
12_Prêt-à-porter deluxe.

07_Ich verstehe die Frage nicht.
08_Han-Seidenatlas.
09_Von Frauen an traditionellen Feiertagen.
10_Kuylak – Frauenkleid
Lozim – Frauenhosen
Duppi – Kopfbedeckung für Männer
Chapan – Männermantel
11_Eine Frau (türkischer oder arabischer Typ).
12_Als Luxuskonfektion.

Paris oder Melbourne?

Kleider als Botschafter der australasiatischen Modekultur

Juliette Peers

Als Beispiele aktueller Mode – bemerkenswert sind hier vor allem der eigenwillige, geradezu modernistisch sexuelle Pragmatismus der Bademode von Georgie Renkert und die Hotpants von Cynthia Lau, die elegant raffinierte Machart Celine Tius und Melissa Kritsotakis' oder Emma Greens Anleihen bei Punk-Revival und Peergroup-Lifestyles – werden die Modelle der Modeschülerinnen und -schüler aus Auckland und Sydney, die für die Ausstellung *Generation Mode* ausgewählt wurden, nicht nur etwas fürs Auge bieten. Man wird, einmal abgesehen von Renkerts Bademode oder Andy Smiths stilisierten Schuluniformen – eine klassisch angelsächsische Bekleidungsform, die in vielen europäischen Länder nicht zum gewohnten Straßenbild gehört –, vielmehr überrascht sein, dort kaum typisch australasiatische Elemente zu finden (Abb. S. 141, 147, 159, 160, 161 und 163). Illustrative Einflüsse eines klischeehaften Lokalkolorits sind höchstens andeutungsweise erkennbar. Touristische Stereotype, die Australien und Neuseeland anhaften, – sei es das der aufregenden, exotischen Wildnis und der unberührten Landschaften, sei es das der beherzten, zupackenden Männer,

seien es die exotischen Tiere und Vögel oder was immer man dem Land oder zumindest den Kulturen der weißen Siedler Australiens und Neuseelands sonst noch gern andichtet – sind hier kaum auszumachen. Interessanterweise nannten sowohl die in der Ausstellung vertretenen Neuseeländer wie auch die Australier in den Interviews die Flipflops als das typische Kleidungsstück der Region. Allerdings kämen nur wenige der hier gezeigten Modelle mit Sandalen richtig zur Geltung, es sei denn, sie wären à la Bollywood mit Perlen besetzt. Dies legt den Schluss nahe, dass die unvermeidlichen nationalistischen Stereotype nicht unbedingt mit dem Stilempfinden eines Designers korrespondieren müssen.

Im Kontext der Ausstellung *Generation Mode* unterscheiden sich diese australasiatischen Modelle deutlich von Entwürfen aus anderen Regionen, bei denen man sich ganz offensichtlich von Trachten und Kunstgewerbe inspirieren ließ. Selbst die Angehörigen der Arbeiterklasse unter den zumeist weißen Siedlern, die nach dem Ende des Zeitalters der Aufklärung von Europa nach Australien kamen, waren visuell von einer dominierenden, nivellierenden urbanen Kultur geprägt. Schon früh

Paris or Melbourne?

Garments as Ambassadors for Australasian Fashion Cultures

Juliette Peers

The garments from Auckland and Sydney fashion students selected for the exhibition *Generation Mode* may not only please the eye as examples of contemporary fashion, notable for their forthright and quasi modernist sexual pragmatism in Georgie Renkert's bathers and Cynthia Lau's hotpants, the delicate and intricate handling in the case of Celine Tiu and Melissa Kritsotakis or Emma Green's reference to punk revival and peer group lifestyles, but they may equally surprise as it is difficult to trace anything tangibly of the Australasian region— apart from Renkert's swimwear or Andy Smith's manipulated school uniform—a dress form that is virtually invisible in the street life of many European countries, but also strongly Anglocentric (figs. pp. 141, 147, 159, 160, 161, and 163). The illustrative influences of a clichéd "spirit of place" are diffuse at best. There is hardly a trace of touristic stereotypes of Australia and New Zealand as singular and dramatic natural wildernesses, unspoiled landscapes, bold masculine endeavor or strange animals and birds whatever narrative one may wish to append to the nation or at least the white settler cultures of Australia and New

Zealand. One notes that in their interviews both New Zealand and Australian contributors to *Generation Mode* describe thongs as the quintessential regional dress, yet few of the garments seen here would look at their best with thongs, unless they were a bejeweled Bollywood version, suggesting that the obligatory rhetoric of nationalism and a designer's personal choice and instinct don't necessarily match.

In the context of the *Generation Mode* exhibition, these Australasian garments stand in contrast to designs contributed from other regions which make obvious reference to folkloric costumes and crafts. Settled by predominantly white settlers after the European Enlightenment, the visual experience of even working-class arrivals to Australia from Europe was a dominant and unifying urban culture. Detailed knowledges and awareness of Northern Hemisphere trends emerged at an early date and Australians, who were enthusiastic consumers and wearers of fashion, soon developed a complex Eurocentric sensibility around fashion. A superficial audience may be disappointed in the lack of "local" or ethnic color, but these Australasian garments express a vital and idio-

war man genauestens über die Trends der nördlichen Erdhalbkugel informiert, und die Australier, die sich seit jeher für Mode begeisterten, entwickelten bald ein differenziertes Modeempfinden, das sich weitgehend an europäischen Vorbildern orientierte. Ein oberflächlicher Betrachter mag enttäuscht sein über den Mangel an »örtlicher« und ethnischer Färbung, doch sind diese australasiatischen Modelle Ausdruck einer lebendigen, eigenwilligen Modekultur, die erst jetzt das Interesse eines breiteren internationalen Publikums findet. Die hier gezeigten Exponate eröffnen die Möglichkeit, in eine umfassendere kulturelle Debatte über den wahren Charakter der australischen und neuseeländischen Siedlerkulturen (das heißt der nichtidigenen Kulturen dieser beiden Länder) und die bedeutende Rolle, die der Mode bei der Identitätsfindung dieser Siedlerkulturen zukommt, einzutreten. Zwar sprechen Design, Styling und Gestaltung dieser Modelle als schöpferische Werke junger australischer und neuseeländischer Designerinnen und Designer für sich selbst, darüber hinaus kommt ihnen jedoch eine zusätzliche Bedeutung zu, nämlich die Rolle eines Botschafters für das Modeschaffen ihrer Herkunftsregion.

Nationalistische Tendenzen in der australischen Mode

Noch bis vor kurzem stellte der Nationalismus eine ständige Bedrohung innerhalb der (weißen) australischen Kultur dar. Dieser (weiße) kulturelle Nationalismus weist im Einzelnen sehr spezifische Züge und einen starken Lokalbezug auf, und in Australien war es häufig die Linke, die für das Entstehen eines chauvinistischen, selbstbezogenen Nationalismus verantwortlich war, während die Rechte England und Amerika gegenüber besonders aufgeschlossen war und sich nach außen und zur nördlichen

Erdhalbkugel hin orientierte. Dennoch sind seine wesentlichen Triebkräfte – Supremat der weißen Rasse, Männlichkeitswahn und Militarismus – die gleichen wie in vielen anderen Ländern. Der viel zitierte Begriff »Mateship«, der die sozialen Beziehungen in der legendären Geschichte der weißen australischen Gesellschaft treffend charakterisiert, umfasst viele jener vielschichtigen Assoziationen, die man mit dem deutschen Wort »Gemeinschaft« verbindet. Im Unterschied zu Malerei und Literatur – zwei Kunstformen, in denen nationalistische Gesinnungen vielfach thematisiert und nicht selten sogar zum beherrschenden Thema wurden – war die Haltung der Designdisziplinen gegenüber dem Nationalismus in Australien im Allgemeinen durch ein gewisses Unbehagen und Distanz gekennzeichnet. Zwar gab es in der Geschichte des australischen Designs Perioden, in denen Motive vorherrschten, die auf die Flora, Fauna und Vogelwelt Australiens Bezug nahmen oder sich Elemente der visuellen Kultur der Aborigines zu eigen machten – eine Tendenz, die beispielsweise um 1900 sowie in den 1950er und 1960er Jahren zu beobachten war –, zu anderen Zeiten jedoch zeugten die Bildbezüge – und somit auch die kulturellen Ambitionen – im australischen Design von Weltoffenheit und orientierten sich an Ländern jenseits des Äquators wie England, Europa und Nordamerika, die in Australien in punkto Qualität und Modernität als richtungweisend galten. Aus postmoderner Sicht deutet vieles darauf hin, dass sich die (weiße) australische Gesellschaft gegenwärtig in einer Phase des Übergangs, des Wandels, der Hybridisierung und des Transnationalismus befindet. Die Kultur des weißen Australien ist durchlässig, die Ängste der sozialen Randgruppen haben sich auch auf sie übertragen – und damit auch die Intension, die kulturellen Schwerpunkte nach

The exhibition Ausstellung *Generation Mode*_Sydney

syncratic fashion culture that is only now gaining the attention of a wider international audience. Moreover the *Generation Mode* garments are a portal to wider cultural debate about the very nature of settler cultures in Australia and New Zealand (i.e. not the indigenous cultures of these two countries) and the important role that fashion plays within the self-construction of the identity of this settler culture. Whilst the design, styling, and construction aspects of these garments speak for themselves as the original work of young designers from Australia and New Zealand, these garments assume a further level of significance when we consider their ambassadorial role for fashion experiences in their region.

Nationalism in Australian Fashion

Nationalism was until relatively recently a regular and habitual danger in (white) Australian cultural life. Although the details of (white) Australian cultural nationalism are very specific and local, chauvinistic, and navel-gazing nationalism in Australia was frequently generated from the left—whereas the right was Anglophile and U.S.-phile and looking outwards and upwards—the overriding impetus towards whiteness, masculinism, and militarism is the same as in many other nations. "Mateship"—the legendary term that has defined social relations in white Australian mythic social history encompasses many of the complex associations of *Gemeinschaft*. Unlike painting and literature—two artforms that have frequently foregrounded or even obsessed

Normen, die von diesen Randgruppen diktiert werden, neu zu definieren.

Diejenige Designsparte, die sich in Australien in dem vielfältigen Bemühen darum, sowohl landestypische als auch internationale Elemente einzubeziehen und beidem gerecht zu werden, besonders engagierte, ist die Mode. Die Modebranche verfolgt seit mehr als 150 Jahren Veränderungen in Übersee stets mit größerer Aufmerksamkeit als andere Sparten und war stets außerordentlich interessiert an und aufgeschlossen für Neuheiten, egal woher sie kamen. Bereits seit dem 19. Jahrhundert veröffentlichten die australischen Printmedien detaillierte Beschreibungen der überseeischen Mode – ein Trend, der sich durch die Bebilderung mit Fotografien noch verstärkte. Doch die Anziehungskraft, die »das Fremde« ausübt, liegt nicht allein in der Ironie der die indigene Kultur verdrängenden Siedlerkultur oder des Wunsches, Vertrautes aus einer fernen Heimat zu reproduzieren. Seit 1788, dem Beginn der Besiedlung Australiens durch die Weißen, war es zumeist Paris, das international den Ton in Sachen Mode angab. Die Unsicherheit, die Australien auf dem Gebiet der Mode an den Tag legte und die aus der paradoxen Situation resultierte, dass es sich um einen europäischen »Ableger« handelte, entsprang lediglich dem intensiven Wunsch, in Paris ein verlässliches Vorbild und einen Mittelpunkt zu finden – ein Wunsch, den man mit vielen anderen Ländern teilte. Die Auffassung, einzig Paris sei der unangefochtene Führer in Sachen Mode, sollte sich in den australischen Kolonien ab 1858, dem Jahr, in dem der Modeschöpfer Charles Frederick Worth die Modeszene betrat, die er in der zweiten Hälfte des 19. Jahrhunderts mit seinen fortschrittlichen Ideen rund um Werbung und Produktion revolutionierte, schon bald mehr und mehr durchsetzen. Worths große

Zeit, in der er den Grundstein für die heutige Struktur unserer Modebranche legte, fiel genau in jene Zeit, zu der sich die Kolonien zu einer bundesstaatlichen Organisation, dem 1901 gegründeten Australischen Bund, zusammenschlossen. Beide Entwicklungen können als Zeichen des Vertrauens in das Neue und eines Expansionsstrebens gewertet werden, von denen das gesamte 19. Jahrhundert geprägt war.

So kommt es, selbst wenn sie sich des Dilemmas nicht bewusst sind, unter den jungen australischen Designerinnen und Designern immer wieder zu Auseinandersetzungen über die visuelle Kultur Australiens. Während im Laufe der Generationen internationale und lokale Einflüsse in der Mode ständig wechselten, hat sich das Gewicht in den vergangenen 15 Jahren mehr und mehr zugunsten der Internationalität verschoben. Begünstigt wurde diese Entwicklung (ungeachtet der bislang ungelösten Urheberrechtsfrage) nicht zuletzt durch die Vereinfachung und Beschleunigung der Bildübermittlung durch die elektronische Datenübertragung. So dauert es heute nicht einmal mehr Stunden, sondern nur noch Minuten – ganz zu schweigen von den wochenlangen Seereisen, die das weiße Australien im 19. Jahrhundert von seinen kulturellen Vorbildern trennten –, und wir sind im Bilde darüber, was man gerade auf den europäischen Laufstegen präsentiert. Denn während die Besucher einer Pariser Modenschau den Veranstaltungsort eben erst verlassen, können die Bilder bereits via E-Mail nach Australien übertragen werden.

Wesentlich dazu beigetragen, dass sich das Gewicht mehr und mehr zugunsten der Internationalität verlagerte, hat die minimalistische Mode der frühen 1990er Jahre. Befreite sie sich doch von den expressionistischen, hyperbolischen, theatralischen und individualistischen

over nationalist sentiments, design-related disciplines in Australia have generally sat in a slightly uneasy and distanced relationship to nationalism. Whilst there are periods in the history of design in Australia in which nationalist motifs making reference to such images as Australian flora, fauna, and birdlife or appropriating elements of Australian indigenous visual culture predominated e.g. the nineteen-hundreds, nineteen-fifties, and nineteen-seventies, at other periods in Australian design the visual referents—and therefore the cultural ambitions—were cosmopolitan, looking to lands above the equator such as England, Europe, and North America which were regarded as setting directions of quality and newness for Australia to follow. In post-modernist terms the state of (white) Australianness can indicate transition, translation, hybridity, and transnationalism. White Australian culture is informative, infected by the anxieties of the margins, and also the cultural ambition to overwrite, to reinterpret the center on terms set by the periphery.

Amongst all Australian design media, fashion has been most keenly enmeshed in the divergent rips of the desire to embody/live up to the local and global. For over a century and a half, fashion was always more alert than other Australian design media to changes from overseas, unceasingly hungry for and responsive to news from elsewhere. From the nineteenth century onwards, the Australian press carried detailed textual narratives of fashion overseas and the addition of photographs to print media merely expanded this tendency. Yet the tidal pull of "elsewhere" is not only the irony of the settler culture overwriting the indigenous or the desire to replicate the familiar elements of a distant homeland. For most of the period of white settlement in Australia from 1788

onward, internationally fashion looked outwards to Paris as the source of correct instruction. In fashion Australia's specific anxieties drawn from the ironies of its local situation as transplanted Europe merely paralleled a deep longing for the credibility of Paris as guide and center felt across many nations. With the emergence of Charles Frederick Worth as couturier from 1858 onwards and his innovations around the promotion and production of fashion throughout the second half of the nineteenth century, the concept of Paris as the inescapable leader in fashion grew apace with the Australian colonies. The reign of Worth and his foundation of today's fashion system entirely matched in time period the Australian expansion from colonies to federated nation in 1901. Both can be seen as expressions of the nineteenth-century confidence in newness and will towards expansion.

Thus young designers in Australia—even if they do not consciously acknowledge the dilemma—step into perennial debates in Australian visual culture. In the swing of influence from global to local down the generations in fashion, emphasis in the last fifteen years or so has shifted towards global rather than local as predominant. Among the factors that have made global rather more dominant than local is the ease of electronic transmission of images (even despite the problems around the protection of copyright) which means that knowledge of European parades is only minutes rather than hours away—let alone the weeks of sea voyages that separated white Australia from its cultural models in the nineteenth century. Images can be e-mailed to Australia whilst the guests in Paris are still leaving the building.

Important in tipping the balance in favor of global rather than local was early nineteen-

Elementen der 80er-Jahre-Mode, die in Australien nicht selten zum Nationalistischen tendierte. Dieses Element fand seinen Ausdruck dabei vor allem in deutlichen narrativen Bezügen zu australischen Landschafts- und Naturphänomenen (Linda Jackson). Eine andere fruchtbare Quelle nationalistischer Motive war das soziale Leben in den australischen Städten (Mambo). Nationalismus war hierbei eine Erscheinungsform des Aktionismus, von dem die australische Modeszene in den 1980er Jahren geprägt war. Immer und immer wieder griff man auf nationalistische Motive zurück – und tut dies, etwa in Webereien, Schneidereien und bei der Herstellung von Haushaltswaren, noch heute –, bis sie schließlich jeder Bedeutung entbehrten. Australische Vögel aus Satin oder Leder auf übergroße Windjacken appliziert, sackartige, überlange T-Shirts mit Abbildungen australischer Blumen, das Halsband aus verzierten Eukalyptusblättern, Nüsse und Beeren aus dem australischen Busch waren aus der Alltagsmode der 1980er Jahre nicht wegzudenken. Modeaufnahmen, die in der Wüste oder im Busch entstanden und auf denen die Models wie post-präraffaelitische Elfen wirken, die die bösen Geister aus dem Eukalyptusbaum vertreiben sollten – auch dies ist ein Klischee, bei dem man sofort an die australische Mode der 1980er Jahre denkt und an den Nationalstolz, der darin zum Ausdruck kam. In den 1990er Jahren empfanden die Studierenden an den australischen Akademien für Mode und Textildesign – soweit ich dies in Tutorien und Vorlesungen beobachten konnte – derartige Accessoires entweder als peinlich oder sie erschienen ihnen einfach nur unwichtig für ihre Zwecke und Ziele.

Wie man zu solch offensichtlich nationalistischen Elementen steht, ist im Allgemeinen ein Indikator dafür, ob man in der Mode eher einem volkstümlichen Massengeschmack oder aber kulturell anspruchsvolleren Trends zuneigt, wobei sich Designer mit Hochschul- und Collegeabschluss eher an internationalen als an nationalen oder regionalen Vorbildern orientieren. Dabei suchen sie entweder die Sicherheit und die hervorragenden Verkaufszahlen der führenden Haute-Couture-Häuser oder aber die kreative künstlerische Nische. Zwar ließ sich in den 1980er Jahren auch die internationale Mode überwiegend von früheren Modestilen inspirieren, in Australien erwies sich die Renaissance bestimmter, für die damalige Zeit besonders typischer nationalistischer Elemente allerdings als problematisch, weil sich die Einstellung dazu verändert hatte. Stellte man überkommene nationalistische Überzeugungen, denen der Makel des Rassismus und eines kolonialistischen Überlegenheitsdenkens anhaftete, inzwischen doch infrage, und der Nationalismus gilt nicht länger als Ausdruck der Überlegenheit und Unabhängigkeit, sondern als Zeichen der Unreife – eine Differenzierung, die uns immer auch dort begegnet, wo blinder Nationalismus als Zeichen eines geringeren Bildungsniveaus, die Offenheit gegenüber Einflüssen von außen und für die Probleme der Nichtaustralier dagegen als Ausdruck eines wachen, kritischen Verstandes gewertet werden. Deshalb stehen heute eine ganze Reihe von Institutionen und Mythen der australischen Kultur, die ehemals ausgesprochen nationalistisch geprägt waren, auf dem Prüfstand.[1]

Der Mode bewusst einen »australischen« Touch zu geben, ist auch mit der Rhetorik der öffentlichen Selbstinszenierung (man gibt der Fassade der staatlich geförderten Schwülstigkeit, die die Dada-Bewegung schon vor 90 Jahren anprangerte, nur einen neuen, zeitgemäßen Anstrich) und einer grotesken, mani

nineties minimalist fashion. It purged the expressionist, hyperbolic, dramatic, and individualistic elements of eighties fashion, which in Australia frequently extended to a nationalistic edge. The nationalist expression in Australian fashion was played out especially in strongly narrative references to Australian landscapes and natural phenomena (Linda Jackson). Another strong source of nationalist content was the social life of the Australian urban environment (Mambo). Nationalism was part of the hyperactivity of the eighties fashion experience in Australia and nationalist motifs were repeated endlessly to the point of meaninglessness—and still are—in such disciplines as fibercrafts, wearable textile arts. and domestic craft. The appliqué of Australian birds in satin and leather on oversized windcheaters, puff painting of Australian flowers on baggy, mid-thigh-length T-shirts, the necklace of tooled leather gum leaves and found nuts and berries from the bush were ubiquitous in everyday fashion in the eighties. Likewise the fashion shoot in the desert or the bush with the model as a sort of post-pre-raphaelite nature spirit against the limbs of the gum tree is another cliché that immediately evokes eighties Australian fashion and its pride in its local origin and impetus. By the nineties, Australian tertiary students in fashion and textiles—from my observation of them in tutorials and lectures—found such elements either embarrassing or simply irrelevant to their aims and intentions.

Attitudes towards such obvious nationalist elements currently indicate a demarcation between populerist/vernacular taste and a more culturally ambitious tendency in fashion, where university- and college-trained designers look towards international referents rather than national/regional. They seek either

Fashion show at the Modenschau am Whitecliffe College of Arts and Design, Auckland_"Emma Trilby" Emma Green

the suavity and best trade practice of mainstream elite fashion houses or the conceptual edge of art practice. Even though internationally the eighties have become modish through quotation, revival of the Australian nationalist elements characteristic of that era is problematicized by changes in attitudes where the former certainties of nationalism are now seen as suspect and tainted by racism and a colonial supremacy. Nationalism is now seen as immature rather than rounded and independent. The same demarcation occurs where an unquestioning nationalism is read as a sign of lower and popular culture and a sensitivity to outside influences and the dilemmas of the non-Australian is seen as a sign of a thoughtful, questioning mind. The future of many Australian cultural institutions and myths that were previously strongly defined by nationalism has become less clear-cut.[1]

Inserting a consciously "Australian" color into fashion is also associated with the rhetoric of public celebration (an updating of the

rierten Ästhetik mit einer überstrapazierten, abgedroschenen Symbolik verbunden. Kleider, die plakativ einen Australienbezug herstellen wollen, disqualifizieren sich durch die bizarre Intension des Designs und das Gefühl der Peinlichkeit, das sie bei vielen Betrachtern auslösen, geradezu selbst davon, als Mode gelten zu dürfen. In diese Kategorie fällt auch jene Art von Kleidung, mit der man versucht, eine australische Nationalbekleidung oder Tracht einzuführen. Aber auch die zahllosen Paradeuniformen, die für Olympische und Commonwealth-Spiele kreiert wurden, oder die Uniformen der australischen Fluggesellschaft sind nichts anderes als der Versuch, ein Stück der Geschichte, der Geografie oder des australischen »Nationalcharakters« – nicht selten wirklichkeitsgetreu – widerzuspiegeln. Es ist nicht verwunderlich, dass, wie die für diese Ausstellung ausgewählten Entwürfe zeigen, derart patriotisch motivierte Manipulationen in den Arbeiten von Studierenden der Modeakademien kaum auszumachen sind.

Australische Modegeschichte(n)

Bereits Jahrzehnte vor anderen kreativen Medien verstand es die australische Mode, wissenschaftliche Methoden und die Medien für ihre Zwecke zu nutzen. Mit großem Erfindungsreichtum und beträchtlichem Energieaufwand versuchte man, genau zu analysieren, welche der europäischen Trends sich auf den heimischen Märkten durchsetzen würden, was ein Flop werden könnte und welche Trends so erfolgreich wären, dass sie eine eigene, landestypische Interpretation erfahren würden. Die Kostümhistorikerin Marion Fletcher stieß auf eine Reihe hoch interessanter Briefe – der erste datiert aus den 1850er Jahren –, in denen ein Londoner, der im ländlichen Victoria als Vertreter für das Kaufhaus Bright and Hitchcock

arbeitete, die aktuellen Modestile glossiert und zeigt, dass bei Kaufentscheidungen meist London und Paris als Vorbild dienten.[2] Bereits zur damaligen Zeit machten die Australier jede Mode begeistert mit, egal mit welchen Schwierigkeiten dies aufgrund der räumlichen Distanz und des noch wenig ausgeprägten sozialen Lebens verbunden war.

Gleichzeitig – fast könnte man es visionär nennen – beginnt die australische Mode in einer gegenläufigen Tendenz, ein eigenes Profil zu entwickeln. Nahezu ein Jahrhundert lang scheint sie kurz davor zu stehen, den internationalen Durchbruch zu schaffen, sich zu emanzipieren und sich endlich vom Ruf der vermeintlichen Zweitklassigkeit gegenüber Europa zu befreien. Neuseeland hingegen gelang nach einhelliger Auffassung 1999 bei der Londoner Fashion Week ein fulminanter internationaler Durchbruch.[3] In den 1920er Jahren vermeldete das Sydney Technical College nicht ohne Stolz, qualitativ besonders hochwertige australische Modelle seien ebenso gefragt wie irgendein Import, und 1932 fragte der Myer Store in Melbourne seine Kunden herausfordernd: Paris oder Melbourne? Wobei man sich sicher war, dass sie diese Frage nicht würden beantworten können. »Französische Originale? Nein! Australisch vom Entwurf bis zum fertigen Modell« war im ansprechend illustrierten Werbeprospekt des Kaufhauses zu lesen. Lucy Secor aus Melbourne behauptete von sich, allein sie beherrsche die Kunst des Modedesigns in ihrer höchsten Vollendung – Paris wurde nicht einmal erwähnt.[4] Das Modehaus The Ladies' Paradise ließ schon durch die Namensgebung erkennen (der Name war Emile Zolas 1883 erschienenem Roman *Zum Paradies der Damen* entliehen), dass man in der neuseeländischen Mode zur damaligen Zeit durchaus auch frankophile Bezüge akzeptierte und sogar als wün-

façade of state-sponsored pomposity that was targeted nine decades ago by the Dada movement), and a ludicrous forced aesthetic of overworked and tired symbolism. Self-consciously Australian-inflected items of dress by their grotesquerie of design content and the embarrassment that they evoke in many viewers almost disqualify themselves from being considered as fashion. In such classes of garments one can count attempts to invent and/or prescribe an Australian national costume or *Tracht,* countless marching-on uniforms from the Olympics and Commonwealth Games meetings, and airline uniforms that also seek to express—often in literal terms—aspects of Australian history, geography, or "character." It is not surprising that we can find hardly a trace of such patriotic manipulations in the work of tertiary fashion students as evidenced by the chosen work of *Generation Mode.*

Australian Fashion Histories

Australian fashion was discourse and media-savvy decades before other creative media. Considerable ingenuity and energy was put into seeking to pinpoint what of Europe's directions would be taken up by local markets, what would fall flat, and what would become extremely popular and acquire a local inflection different to that of the center. Costume historian Marion Fletcher found a remarkable series of letters beginning in the eighteen-fifties where the London agent for the large Bright and Hitchcock department store in rural Victoria glosses current styles and explains the choices of goods in relation to how they were being used and worn in London and Paris.[2] Even at this date, fashion was keenly followed in Australia, whatever the difficulties imposed by distance and makeshift social life.

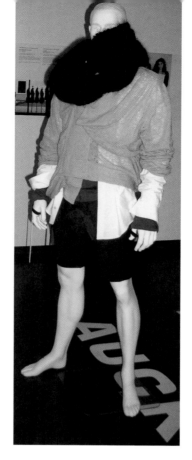

Kristin Trousers, Displaced Cardigan, Christine Scarf, Blanc Shirt, Strap Long Sleeve by von Andrew Smith _Whitecliffe College of Arts and Design, Auckland

At the same time as it could be characterized as a history of forecasting, in a counter-tendency Australian fashion history falls into line as a series of epiphanies. For nearly a century Australian fashion seems to teeter on the point of "breaking through" to truly international significance and thus "coming of age" or finally shedding its supposed "second-rate" status in comparison to Europe. Conversely, by common consensus New Zealand is considered to have had a single and unforgettable break-through point into international esteem at London Fashion Week 1999.[3] In the nineteen-twenties Sydney Technical College proudly boasted that the best Australian fashion design

schenswert betrachtete. Die neuseeländische Modeszene, wie wir sie heute kennen, etablierte sich etwa Mitte bis Ende der 1970er Jahre. Modedesign im eigentlichen Sinn fand man davor in der Regel lediglich im Bereich der einem wohlhabenden Kundenkreis vorbehaltenen Maßanfertigung. Die breite Masse der Neuseeländer beschied sich dagegen mit Konfektionsware oder schneiderte ihre Kleider selbst.[5]

1941 konstatierte der Modeschöpfer Mavis Ripper, Australien sei nun im Begriff, einen eigenen unverwechselbaren Stil zu entwickeln.[6] Bilder hochwertiger, sorgfältig gearbeiteter australischer Modelle, die in den Jahren zwischen den beiden Weltkriegen in den Printmedien erschienen, waren die Vorboten einer Modekultur, die sich in den 1950er Jahren entwickeln sollte. Dieses gut organisierte System, das Fertigung, Werbung und Präsentation von Haute Couture umfasste (und sich stark an europäische Vorbilder anlehnte), wartete mit einigen antipodischen Besonderheiten auf. Die glanzvolle jährliche Verleihung der Haute-Couture-Preise – die Gown of the Year Parade – wurde von einer Gewerkschaft organisiert. Zwei der aufregendsten Designer, die der fünfte Kontinent in den Nachkriegsjahren hervorbrachte, der gebürtige Neuseeländer Hall Ludlow und der in Sydney geborene Beril Jents, waren nie in Paris gewesen, hatten weder ein College besucht noch eine Schneiderlehre absolviert und waren im Grunde Autodidakten. Beide stammten aus bescheidenen Verhältnissen und versuchten, einem Impuls folgend, in jungen Jahren ein Idealbild von Haute Couture und Kultiviertheit in die Realität umzusetzen, das mit dem Milieu, in dem sie aufgewachsen waren, nichts gemein hatte.

Dass in Australien eine eigene Modekultur entstand, ist allerdings nicht allein dem Blick nach Norden oder einem Traum zu verdanken. Es waren vielmehr die Emigranten, die die weiße australische Modeszene seit jeher durch die besonderen Fähigkeiten, die sie mitbrachten, bereicherten. Aus dem jüdischen »schmatte business«, dem Lumpenhandel, entwickelten sich in den zumeist anglophilen australischen Städten florierende, multikulturell geprägte Produktions- und Handelszentren. Eines jener Modeviertel, in dessen Straßen seit jeher ein reges, stark von jüdischen Immigranten geprägtes Treiben herrschte, ist seit dem 19. Jahrhundert Flinders Lane in Melbourne. Mit den Fachkenntnissen, die sich viele der Neuankömmlinge in Europa erworben hatten, trug die jüdische Diaspora entscheidend zur Weiterentwicklung der Konfektionsindustrie im weißen Australien bei. Zudem kamen nach dem Zweiten Weltkrieg Europäer ins Land, die bereits in den renommiertesten Modehäusern gearbeitet hatten, so zum Beispiel das ehemalige Dior-Model Paule Paulus und die Stickerin Nellie Van Rysoort.

Als Jenny Kee und Linda Jackson in den 1970er Jahren ihre Flamingo Park Boutique eröffneten und damit für eine wachsende Verbreitung australischer Motive sorgten, die auch noch in den folgenden anderthalb Jahrzehnten andauern sollte, sprach man neuerlich davon, dass Australien im Begriff sei, sich zu emanzipieren. In einem Interview, das sie für das Video *Design Identifiably Australian*[7] gab, stellte Kee die ausgesprochen patriotische Ausrichtung ihrer Arbeit in Zusammenhang mit der Rückbesinnung auf die nationale Eigenständigkeit Australiens und der Loslösung des Landes von britischen und amerikanischen Vorbildern unter der Labor-Regierung von Premierminister Gough Whitlam. Der Einsatz australischer Motive als Ausdruck des Vertrauens in die eigene Nation war in den 1970er

and construction was as sought-after as any imports and in 1932 the Myer Store in Melbourne cheekily posed a question that it felt sure that its customers could not answer: Paris or Melbourne? "French originals? No! Australian from conception to completion" declared its well-illustrated advertisement. Lucy Secor of Melbourne claimed that she represented the highest art of costume design—Paris was not even mentioned.[4] The Ladies' Paradise couture house indicated by name alone (drawn from a novel by Zola *Au Bonheur des dames,* 1883) that New Zealand likewise saw Francophile references as expected, natural, and desirable in fashion during the same era. "Fashion Design" in New Zealand prior to the foundations of the current fashion scene in the mid- to late-nineteen-seventies mostly situated itself at a bespoke level, addressing a wealthy clientele. The bulk of New Zealand customers made do with mass market apparel or home dressmaking.[5]

Couturier Mavis Ripper claimed in 1941 that a distinct Australian style was just emerging.[6] In the interwar years images of elaborate, well-made Australian fashions in the press were the harbingers of a fashion culture which developed during the nineteen-fifties. This well-organized system of producing, promoting, and wearing high-end fashion (strongly derivative of European models) included a few antipodean surprises. The annual gala high-fashion awards—the Gown of the Year parade—was organized by a trade union. Two of the most compelling regional designers of the postwar era, New Zealand-born Hall Ludlow and Sydney-born Beril Jents had not travelled to Paris, had not attended college or been formally apprenticed to a skilled dressmaker, and were substantially autodidacts. Both came from poor backgrounds and as young people instinctively sought to replicate a dream of high fashion and elite culture that was beyond their immediate family circumstances.

However the development of Australian fashion was not only a story about Australia looking northwards and dreaming, the white Australian fashion scene has always been enhanced by skills brought in by emigrants. The Jewish "schmatte business" or rag trade established booming and cosmopolitan manufacturing and warehouse precincts in the generally Anglophile Australian cities. Flinders Lane in Melbourne was a fashion sector with a strong immigrant Jewish flavor in its bustling streetlife from the nineteenth century onwards. The Jewish Diaspora expanded white Australia's literacy in the apparel industry due to the professional European training of many new arrivals. Postwar immigration further brought Europeans with direct experience of the highest echelons of fashion to Australia including former Dior model Paule Paulus and embroiderer Nellie Van Rysoort.

Australian fashion was again said to come of age in the nineteen-seventies with the opening of the Flamingo Park boutique of Jenny Kee and Linda Jackson which catalyzed the Australiana motifs that proliferated for the next decade and a half. Kee in an interview in the video *Design Identifiably Australian*[7] linked the strongly patriotic outlook of her design practice to the left-wing nationalist rebirth of Australia as independent from British and U.S. models under the Prime Ministership of Gough Whitlam. This use of Australian motifs to express confidence in the Australian nation was seen in many design media of the nineteen-seventies era and the patriotic elements of Flamingo Park tallied with the Australian zeitgeist.

In the seventies the emergence of Flamingo Park as must-have label indicated a significant

Jahren im Design vielfach zu beobachten, und die patriotischen Elemente von Flamingo Park waren durchaus typisch für den damaligen australischen Zeitgeist.

Mit der Entwicklung von Flamingo Park zum Kultlabel begann sich in den 1970er Jahren in der gesamten australischen Mode ein deutlicher Aufschwung abzuzeichnen. Australische Modehäuser erlangten auch international einen Bekanntheitsgrad, wie sie ihn in den 1950er Jahren lediglich im eigenen Land besessen hatten. Es gab eine ganze Reihe erfolgreicher Designer, deren Kollektionen man häufig aufwändig gestaltete Fotobände widmete und die immer wieder in den australischen Modemagazinen gefeiert wurden. In den frühen 1980er Jahren präsentierte der Fashion Design Council of Melbourne junge Designtalente mit einer fantastischen Mischung aus Musik, Clubbing und Mode der Öffentlichkeit und warb an besonders beliebten Jugendtreffpunkten mit kunstvoll inszenierten Subkultur-Modenschauen und -Performances für sie. All diese Initiativen sollten auch international Wirkung zeigen. 1982 sah man Prinzessin Diana, die als eine der bestgekleideten Frauen des ausgehenden 20. Jahrhunderts gilt, in Kleidern von Flamingo Park, und 1983 orderte Karl Lagerfeld Stoffe von Jenny Kee für seine Chanel-Kollektionen. Fiona Scanlen, die mit ihrem in Melbourne ansässigen Label Scanlen and Theodore stets für die eher intellektuelle Seite der australischen Mode stand, präsentierte sich 1989 im Rahmen einer Talentschau für Jungdesigner in der Cour Carée des Pariser Louvre. Ebenfalls 1989 widmete das Londoner Victoria and Albert Museum unter dem Titel *Australian Fashion: the Contemporary Art* der australischen Mode eine eigene Ausstellung, die von der australischen Modekuratorin Jane de Teliga organisiert wurde. Dass 1984 das neuseeländische Label Expozay die Titelseite der amerikanischen »Branchenbibel« *Woman's Wear Daily* zierte, ließ darauf schließen, dass der Glamour der 80er-Jahre-Mode seine Wirkung auch jenseits von Tasmanien nicht verfehlte.

In den 1990er Jahren war wiederum zu hören, die australische Mode sei im Begriff, sich zu emanzipieren. Hatten doch eben erst einige in Australien lebende Designer ihr Debüt in der Modeszene gegeben, die auf dem internationalen Parkett länger bestehen sollten als ihre Vorgänger. Paradoxerweise hat das Ansehen, das die heutige Generation international anerkannter Designerinnen und Designer aus Australasien genießt, dazu geführt, dass sich das ursprünglich ausgewogene Verhältnis nationaler und internationaler Einflüsse mehr und mehr zugunsten der Internationalität verschob. Die Entwürfe, die für die Ausstellung *Generation Mode* ausgewählt wurden, spiegeln in hohem Maße eine visuelle Sprache wider, die charakteristisch ist für die Verlagerung von einem bildhaften, national geprägten zu einem internationalen Stil. Diese Internationalität beruht zum Teil auf Auswahlkriterien der Kuratorin, zum anderen hat sie jedoch auch etwas mit dem Ausstellungstermin zu tun. Denn lokale und nationale Einflüsse treten in der Regel in Wellen auf, und möglicherweise nehmen Neuseeland und Australien innerhalb eines solchen Zyklus von lokalen und regionalen Einflüssen zur Zeit leicht unterschiedliche Positionen ein. Neuere neuseeländische Quellen behaupten nach wie vor pauschalisierend, in Neuseeland sei eine deutliche Tendenz zur (weißen) Kultur festzustellen: »Lange hat sich die neuseeländische Mode fast ausschließlich an Europa orientiert [...] Inzwischen sind wir nicht mehr so britisch, sondern eher neuseeländisch – wir haben begonnen, uns darüber klar zu werden, was es heißt, Neu-

upswing in the general context of Australian fashion. Local fashion houses became as high-profiled as they had been in the fifties to a local community. Many designers met with public success and were frequently celebrated in lavish published albums of their collections and in local fashion magazines. During the early eighties the Fashion Design Council of Melbourne highlighted young design talent in a delirious fusion of music, clubbing, and fashion, promoted through elaborate subcultural parades/performances at favored youth venues. All this activity inevitably had an impact on an international stage. In 1982 Diana, Princess of Wales, regarded as one of the best-dressed women of the last decades of the twentieth century, was seen wearing Flamingo Park, and Karl Lagerfeld sourced Kee's fabrics for Chanel collections in 1983. Fiona Scanlen, whose Melbourne-based Scanlen and Theodore label has always appealed at an intellectual edge of Australian fashion, exhibited in Paris at the Cour Carée du Louvre as part of a showcase of young designers in 1989. Australian fashion was celebrated by an exhibition at London's Victoria and Albert Museum in 1989 *Australian Fashion: the Contemporary Art* curated by Australian fashion curator Jane de Teliga. The appearance of New Zealand label Expozay on the cover of the North American trade "Bible" *Woman's Wear Daily* in 1984 suggested that the magic luster of eighties fashion was also valid across the Tasman.

Once more in the nineties, it was (yet again) claimed that Australian fashion was just coming of age heralded by the arrival of Australian-based designers whose reputation in an international context has persisted for a longer period than their predecessors. Ironically the secure reputation of the current generation of internationally viable designers from Australasia has firmly shifted the balance between local and international influences towards the international. The designs selected for *Generation Mode* from Australasia strongly reference a visual vocabulary that marks this swing to international rather than illustratively regional taste. This internationalism is partly curatorially-based choice and partly a matter of timing as local and national influences tend to operate in waves. It is possible that New Zealand and Australia are at slightly different positions in a cyclical swing between local and regional. Recent sources from New Zealand still make the essentializing claim that there is a distinct sensibility about (white) culture in New Zealand. "For a long time New Zealand fashion was pretty Eurocentric. … We have become less English and more New Zealand—we've started to recognize what being a New Zealander means."[8] Even at an official level the New Zealand Government claims that "New Zealand garments have a style unique from Australian designers."[9]

The current international popularity of demi-couture and customizing has made a feasible entry point for young designers in Australia and New Zealand who are starting up personal businesses—but do not want the expense or the complexity of running a large and traditional company. It is easy to imagine most of the selected exhibits as being part of the stock of a small signature boutique. A skill shortage in the New Zealand fashion industry[10] makes it difficult to grow businesses up from a personal workshop where the designer may be responsible for much of the production or supervising much of the production. Demi-couture and customization offers a viable opening for young designers, as larger mass-market companies increasingly manufacture overseas and only maintain senior

seeländer zu sein.«[8] Und selbst in Regierungskreisen stellt man fest, dass sich »der Stil der neuseeländischen Mode deutlich von dem australischer Designer unterscheidet.«[9]

Dass sich Demi-Couture und Maßanfertigung derzeit international so großer Beliebtheit erfreuen, erleichtert jungen australischen und neuseeländischen Designern, die die hohen Kosten und den Verwaltungsaufwand scheuen, die ein großes traditionelles Unternehmen verursacht, den Einstieg in die Selbstständigkeit. Und so liegt es auf der Hand, dass es sich bei den meisten der hier präsentierten Modelle um Designerstücke aus kleinen Boutiquen handelt. Ein Mangel an Fachkräften in der neuseeländischen Modeindustrie[10] erschwert es kleinen Schneiderwerkstätten, sich zu vergrößern. Müsste der Designer doch selbst einen Großteil der Produktion oder deren Überwachung übernehmen. Demi-Couture und Maßanfertigung bieten jungen Designern aussichtsreiche Chancen, da größere Firmen, die für den breiten Markt produzieren, ihre Produktion mehr und mehr nach Übersee verlagern und nur noch das Management in Australien verbleibt.[11] Der australische Markt wird vor allem von Massenimporten aus China überschwemmt. Allerdings hat diese Flut importierter Mode auch ihre positiven Seiten. Denn obwohl es sich bei vielen dieser Kleidungsstücke um exakte – mitunter sogar illegale – Kopien europäischer Designs handelt, beschränken sich die chinesischen Hersteller nicht allein auf die Fertigung von Kleidung, die für jedermann tragbar ist. Gehen sie vielfach doch auch das Risiko ein, avantgardistische Stile zu kopieren, und sorgen so für eine optische Bereicherung der australischen Alltagsmode, die dadurch zunehmend vielfältiger und exotischer wird. Tonangebend bei dieser preiswerten, aber recht verrückten asiatischen Mode ist der Harajuku-Look, der sich sowohl bei den jungen Australierinnen und Australiern wie bei den asiatischen Austauschstudierenden großer Beliebtheit erfreut. Die asiatischen Studierende waren es auch, die dazu beitrugen, dass australische Teens und Twens heute häufiger Haute-Couture-Modelle und Kleider namhafter Designer tragen, die früher in der Regel nur von Erwachsenen gekauft wurden.

Der Nationalgeist verliert an Bedeutung

Den australasiatischen Designern, denen es gelungen ist, den internationalen Markt vom fünften Kontinent aus zu erobern, ist übertriebener Nationalstolz fremd. Der Verzicht auf die Zurschaustellung wie auch immer gearteter Zeichen ihrer nationalen Herkunft hat ihnen, ähnlich wie vielen australasiatischen Filmstars und Musikern, in den zurückliegenden zwei Jahrzehnten zu einer breiteren Akzeptanz verholfen. Ihr Erfolg lässt sich nicht mit selbstverherrlichenden nationalistischen Phrasen von der Einzigartigkeit und dem Geist des weißen Australien erklären, sondern vielmehr mit der Differenziertheit und Weltoffenheit, durch die sich die australische Kultur seit den 1990er Jahren auszeichnet – eine Entwicklung, die seit nunmehr anderthalb Jahrzehnten unvermindert anhält.

Viele der Kunden, die überall auf der Welt die Produkte der Dessoushersteller Berlei und Bendon kaufen, wissen vermutlich gar nicht, dass sie aus Australien beziehungsweise Neuseeland stammen. Im Unterschied zum Flaggschiff der Firma Bendon – eine Kollektion, die nach dem australischen Model Elle McPherson benannt ist – weist bei ihren Erzeugnissen kaum etwas darauf hin, dass sie einen anderen Ursprung haben als andere Weltmarken mit weit verzweigten Führungsstrukturen, ausgelagerter Produktion und weltweiten Vertriebs-

executive staff in Australia.[11] High-volume imports of garments from China in particular are flooding the Australian market. There are some positive aspects in this stream of imported fashions. Whilst many of these garments are direct—sometimes even illegal—clones of European designs, Chinese manufacturers are not afraid to copy avant-garde styles, rather than staying with middle-of-the-road staples, thus creating a visual environment where everyday fashion, in Australasia is increasingly more edgy. Leading on from this cheap but wild Asian fashion, the Harajuku look is popular amongst both young Australian and visiting Asian university students. Asian students have made high-fashion and named designer items more visible amongst the teen and twenty-year-old age group in Australia than they were in previous generations when mostly mature customers bought iconic couture.

Misfits by von "Emma Trilby" Emma Green_Whitecliffe College of Arts and Design, Auckland

The Disappearing National Spirit

The Australasian designers who have penetrated the international market from the antipodes are not particularly nationalist in their outlook. Like Australasian film stars and music performers in the last two decades, shedding any strident signs of regional origins has facilitated wider acceptance for designers. Their success cannot be justified in self-praising nationalist terms of white Australian uniqueness and spirit, but rather in terms of the sophistication and cosmopolitanism of Australasian culture since the nineteen-nineties, a movement that so far for a decade and a half has not lost its impetus.

Many of the everyday customers of lingerie firms Berlei and Bendon around the world could be unaware of the geographical origins in Australia and New Zealand respectively. Other than a flagship line of Bendon, a range bearing the name of Australian model Elle McPherson, there are few indications that these companies have origins that are different to those of other multinational megabrands with diverse chains of command, off-shore production, and global sales. Berlei, founded by Mabel Mobberly in Sydney in 1907, later joined by the eponymous Fred Burley, made a rare Australian impact on mainstream fashion history when it instituted one of the first academic research projects around everyday fashion in any country, a mass-sizing survey of Australian women undertaken with assistance from the University of Sydney in 1926.[12] Data from this survey was used as a guide for sizing garments for many decades internationally.

Colette Dinnigin's aesthetic does not eulogize the white Australian ethos but speaks of how her chosen fabrics haunt the imagination. Her referencing of the belle époque and the twenties evening wear in the early nineteen-

netzen. Die Firma Berlei wurde im Jahr 1907 von Mabel Mobberly in Sydney gegründet. Später stieg dann Fred Burley, der Namensgeber, in das Unternehmen ein. Die Firma initiierte eines der ersten wissenschaftlichen Forschungsprojekte, das sich dem Thema »Konfektionskleidung« widmete. Die groß angelegte Studie unter australischen Frauen, die 1926 mit Unterstützung der Universität Sydney durchgeführt wurde,[12] diente der Ermittlung der unterschiedlichen Konfektionsgrößen. Es war dies einer der seltenen Fälle in der Geschichte der Mode, in denen Australien Einfluss auf die Alltagsmode nahm. Sollten die Ergebnisse dieser Untersuchung doch über Jahrzehnte auf der ganzen Welt als Größennorm dienen.

Die Ästhetik Colette Dinnigins zielt nicht auf eine Glorifizierung des weißen australischen Ethos ab, sondern zeugt davon, wie ihre edlen Stoffe die Kreativität beflügeln können. Die Bezüge zur Abendmode der Belle Epoque und der 1920er Jahre sowie die Rückbesinnung auf Eleganz und Glamour mit einer unübersehbaren erotischen Komponente, die bereits in ihren Modellen aus den frühen 1990er Jahren erkennbar waren, wurden im Lauf der Jahre noch deutlicher. Die herrlichen Kleider Akira Isogawas spiegeln ein »neues« Australien-Bild wider, das seit den 1990er Jahren vorherrscht und mit dem Australien eine Brücke nach Südostasien zu schlagen versucht. Die Tatsache, dass er seine Ausbildung in Sydney absolvierte und erstmals in Australien als Designer in Erscheinung trat, weisen Isogawa als Australier aus. Er lässt sich ebenso von alten japanischen Stoffen wie von den Tapetenmustern Florence Broadhursts inspirieren, einer australischen Tapetendesignerin, die in den 1960er und 1970er Jahren mit ihren unkonventionellen Entwürfen Furore machte und die es

stets geschickt verstand, internationale Trends aufzugreifen und für den heimischen Markt zu adaptieren. Isogawas Partnerin und Mitarbeiterin ist die deutsch-australische Künstlerin Christiane Lehmann, auch sie ein Beispiel für die Mobilität und Internationalität innerhalb der kreativen Berufe und der Jugendkulturen, die unsere Zeit kennzeichnen. Die Entwürfe, die für *Generation Mode* ausgewählt wurden, sind Teil des Lebens dieser mobilen Gemeinschaft kreativer junger Menschen. Dass wir in den Arbeiten der australischen Jungdesigner nicht ein einziges springendes Känguru, keinen kuscheligen Koalabären und auch keine Fee aus dem Eukalyptusbaum zu sehen bekommen, könnte – betrachten wir den australischen Nationalismus als etwas, dem das Odium des Provinzialismus und der Engstirnigkeit anhaftet, wohingegen Weltoffenheit in der australasiatischen Region als Zeichen von Reife und Weltläufigkeit gilt – ein Ausdruck von Glaubwürdigkeit und Erfolg sein.

Zu den hier vorgestellten Kollektionen, die eindeutig Bezüge zu namhaften Designern erkennen lassen, zählen etwa die romantischen Kleider von Celine Tiu und Melissa Kritsotakis. Lassen die zarten, verspielten asymmetrischen Besätze mit ihren Falten und Rüschen, die sorgfältige Verarbeitung und der raffinierte Schnitt, ja selbst die luftig ballerinenhafte Romantik, die neben eher offensichtlich zur Schau gestellten Stereotypen, die sowohl auf Australien wie auf Neuseeland zutreffen – etwa die knappe, auf den Hüften sitzende Jeans und Surfkleidung oder die noch knappere, auf den Hüften sitzende Jeans und Surfkleidung oder die extrem knappe … – in den vergangenen Jahren zu einem wichtigen Element der australasiatischen Mode geworden ist,[13] doch Anklänge an Isogawa, Nicola Finetti, Alannah Hill, Tea Rose und Empire Rose oder auch Tre-

nineteen and her invocation of elegance and glamour, tempered by an identifiable sensuality, has become even more significant as the years have passed. Akira Isogawa's beautiful clothes resonate with a "new" vision of Australia current since the nineties in which Australia seeks to align itself regionally with South East Asia. Isogawa's training in Sydney and emergence as a designer in an Australian market marks him as Australian. He finds inspiration equally in antique Japanese fabrics or the patterns circulated by Australia's sixties and seventies wallpaper maverick, Florence Broadhurst, herself a deft reader of international trends who repackaged them for a local market. His partner and collaborator is a German-Australian artist, Christiane Lehmann, again marking the current mobility and globalism of creative industries and youth cultures. The designs chosen for *Generation Mode* exist in today's reality of this mobile community of creative youth. That we cannot see a single leaping kangaroo, cuddly koala, or gumnut fairy on the work by Australian young designers could itself represent credibility and success, if we read Australian nationalism as having a provincial and limited appeal, or if we regard cosmopolitanism as the sign of maturity and currency in the Australasian region.

One of the clear references in the *Generation Mode* collection to named designers are romantic dresses by Celine Tiu and Melissa Kritsotakis in which one can track elements of Isogawa, Nicola Finetti, Alannah Hill, Tea Rose, and Empire Rose as well as Trelise Cooper, a New Zealand designer who is equally admired in Australia and in her homeland, in the delicacy and escapism of the fluted, frilled asymmetrical trimming, the detailed attention to surface, and intricate cutting—even the avian, ballerina-like romance that has in recent years

become an important element in regional fashion[13] along with more immediately celebrated stereotypes that can be attached to either Australia or New Zealand such as the micro low-waisted jeans or surfwear or the deconstructive micro low-waisted jeans or surfwear or the deconstructive, questioning approach to dress. ... Dresses by Tiu and Kritsotakis have thus a local influence in styling directions, but in content suppress the legibly symbolized narrative of earlier regionalist references (figs. pp. 159 and 163).

However merit alone has not won international recognition. In the last decade Australian and New Zealand designers and their advocates have learned to adapt to overseas practices and become more effective in addressing wholesale buyers and trade partners on terms that are congruent with international audiences. The various fashion weeks and festivals established in Australia over the last decade, beginning with the Mercedes Australian Fashion Week in Sydney founded in 1996, have made headway in directing international buyers towards fashion from the Australasian region. Other fashion festivals have been established, including a second Mercedes Fashion Week in late spring, Melbourne, and L'Oreal New Zealand Fashion Week, founded in 2001. After New Zealand made an impressive entrée to the international scene at the 1999 London Fashion Week it also has been exposed to a wider international audience at Australian fashion showcases. Whilst fashion from the Australasian region has penetrated the edgy "early adapter" retail scene and has found enthusiastic international champions, secure placement within a mainstream retail environment, especially in Europe, has eluded Australians and New Zealanders, partly because of the challenge for relatively small, customized, designer-led firms (a spirit that is

lise Cooper erkennen, eine neuseeländische Designerin, die man in Australien ebenso schätzt wie in ihrer Heimat. Auf diese Weise werden Tiu und Kritsotakis mit ihren Kleidern zwar zu Trendsettern der heimischen Modeszene, verzichten dabei jedoch auf die augenfällige narrative Symbolik früherer lokalpatriotischer Bezüge (Abb. S. 159 und 163).

Doch Können allein ist noch kein Garant für internationale Anerkennung. In den vergangenen zehn Jahren haben die australischen und neuseeländischen Designer und ihre Vertreter gelernt, sich den Gepflogenheiten der überseeischen Modekultur anzupassen und mit Großhandelskunden und Handelspartnern erfolgreicher und zu Bedingungen, die einem internationalen Publikum angemessen sind, zu verhandeln. Die zahlreichen Modewochen und anderen Modeevents, die – angefangen mit der Mercedes Australian Fashion Week in Sydney, die erstmals 1996 stattfand – in den letzten zehn Jahren in Australien ins Leben gerufen wurden, haben dazu beigetragen, dass sich das Interesse der internationalen Käufer heute mehr und mehr auch auf Mode aus der australasiatischen Region richtet. Daneben gibt es inzwischen noch eine Reihe weiterer Präsentationsplattformen, etwa eine zweite Mercedes Fashion Week im späten Frühjahr in Melbourne und seit 2001 die L'Oreal New Zealand Fashion Week. Nach dem eindrucksvollen Debüt auf dem internationalen Parkett anlässlich der London Fashion Week 1999 hatte Neuseeland auch Gelegenheit, sich bei verschiedenen australischen Modenschauen einem breiteren internationalen Publikum zu präsentieren. Zwar konnte sich die australasiatische Mode einen Platz in der umtriebigen Einzelhandelsszene erobern, die stets auf der Suche nach den allerneuesten Trends ist, und fand überall auf der Welt begeisterte Anhänger, eine dauerhafte Platzierung bei führenden Einzelhandelsunternehmen blieb Australiern und Neuseeländern insbesondere in Europa bislang allerdings verwehrt. Dies ist zum Teil darauf zurückzuführen, dass es für relativ kleine, von Designern geleitete Firmen, die für einen ganz bestimmten Kundenkreis produzieren (eine Geschäftsphilosophie, die bei den hier gezeigten Exponaten eindrucksvoll umgesetzt wurde), schwierig ist, britische und andere europäische Modemagazine[14] auf sich aufmerksam zu machen, vor allem aber die nicht unbeträchtlichen Werbemittel aufzubringen, die dafür erforderlich wären. Und auch die europäischen Anhänger der australasiatischen Mode stehen selbst oft an jenem Ende des Spektrums, das sich durch Risikofreudigkeit und den Wunsch nach Originalität fernab des Konventionellen auszeichnet.[15]

Und noch eine weitere Erscheinung unserer globalisierten Welt hat dazu beigetragen, dass die australasiatische Mode inzwischen überall präsent ist. Denn das Talent der heimischen Designer reicht allein nicht aus, damit sich ein Label im Gedächtnis der Öffentlichkeit einprägt. Eine wesentliche Rolle spielt dabei heute vielmehr das so genannte »celebrity watching«, denn die Bilder der Stars, die um die ganze Welt gehen, bescheren auch dem Designer, der für ihre Kleidung verantwortlich ist, einen Vertrauensvorschuss. Das berühmteste Beispiel dafür sind Madonna und die Kultdesignerin Karen Walker. Allerdings sah man Madonna, ebenso wie Britney Spears, auch schon in Kleidern von Sass and Bide aus Sydney. Als Liv Tyler während der Dreharbeiten zu dem Dreiteiler *Herr der Ringe* in Neuseeland weilte, kaufte sie Starfish-Modelle. Madonna, Nicole Kidman und Anastasia zählen zu den Käufern von Hayley Allens Accessoirekollektion *Skipping Girl*. Darüber hinaus gelten Australier

effectively engaged in these *Generation Mode* exhibits) to make an impression on British and European fashion print media[14] and especially muster the large advertising budgets that would assist in making an impact. European supporters of Australasian fashion are themselves often at the speculative, original-thinking end of the spectrum away from the conventional.[15]

Another aspect of internationalism has assisted in maintaining the visibility of Australasian fashion. Labels from the region are not kept before the public eye by the talent of local designers per se, but by celebrity watching, which has become an important factor in bringing fashion from the region to new international audiences. As images of stars are flashed around the world, instant credibility is bestowed upon the designer responsible for her garments. The most famous example is Madonna and iconic New Zealand designer Karen Walker, but she has been seen wearing Sass and Bide of Sydney, as has Brittney Spears. When filming the *Lord of the Rings* trilogy in New Zealand, Liv Tyler bought Starfish. Hayley Allen's Skipping Girl range of accessories includes Madonna, Nicole Kidman, and Anastasia amongst her customers. Conversely Australians are now seen as credible wearers of high-profiled international labels, such as the longstanding link between Dolce & Gabbana and Kylie Minogue or Nicole Kidman filmed for Chanel perfumes—elected to the gala pantheon of Lagerfeld's "ideal" women. Australian swimmer Ian Thorpe has become a fashion icon in Japan, as much as David Beckham has in an Anglo-European context. Such linkages are not trivial but come from the very center of the current modus operandi of fashion. The regulated system of celebrities is highly formalized and elite, but also inflected by a post-modernist randomness of happenstance that swings the spotlight onto a hitherto unknown designer including Australians and New Zealanders. Certainly these young designers start their careers in a market where the ultimate chance to "make it big" may lie in wait for the babe that is wise—or lucky.

inzwischen auch als glaubwürdige Präsentatoren für renommierte internationale Marken. Dies zeigen etwa die längjährige Zusammenarbeit von Dolce & Gabbana mit Kylie Minogue oder die Werbespots für Chanel-Parfüms mit Nicole Kidman – die sich damit in den erlauchten Kreis von Karl Lagerfelds »Chanel-Gesichtern« einreihen konnte. Der australische Schwimmer Ian Thorpe wurde, ähnlich wie David Beckham im angloeuropäischen Raum, in Japan zu einer Modeikone. Derartige Verbindungen sind nicht unwichtig und ergeben sich unmittelbar aus dem gegenwärtig in der Mode vorherrschenden Modus Operandi. Die geordnete Welt der Prominenten ist streng reglementiert und elitär, unterliegt mitunter aber auch einer postmodernistischen Zufälligkeit, und so will es mitunter ein glücklicher Zufall, dass ein bislang unbekannter Designer – und das kann auch ein australischer oder neuseeländischer sein – plötzlich selbst im Rampenlicht steht. Allerdings beginnen diese Jungdesigner ihre Laufbahn auf einem Markt, wo die Chance, groß herauszukommen, möglicherweise nur darin besteht, clever zu sein oder einfach Glück zu haben.

Anmerkungen

1 Zur Problematik des australischen Nationalismus in der visuellen Kultur seit den 1990er Jahren und nach dem 11. September 2001 vgl. meinen Essay »Grasping the Gecko's Tail« in Roger Butlers in Kürze erscheinender Anthologie *Radical Revisionism* (2005).

2 Marion Flechter, *Costume in Australia 1788–1901*, Melbourne 1984, S. 84, 112/113, 120.

3 Stacy Gregg, *Undressed: New Zealand Fashion Designers Tell their Stories*, Auckland 2003, S. 9.

4 Zitiert in: Margaret Maynard, *Out of Line: Australian Women and Fashion*, Sydney 2001, S. 30, 72, 75.

5 Paul Blomfield, *The Designer Fashion Industry in New Zealand: A scoping study commissioned by Industry New Zealand*, 2002 [online] http://www.nzte.govt.nz/common/files/designer-fashion-scoping.pdf [eingesehen im Juli 2005], S. 17.

6 Maynard 2001, S. 82.

7 Produziert von der Charles Sturt University for Open Learning, Australien, ca. 1994.

8 Gregg 2003, S. 147, Zitat der Designerin Doris de Pont.

9 Blomfield 2002, S. 46.

10 Ebd., S. 36.

11 Martin Webber und Sally Weller, *Refashioning the Rag Trade*, Sydney 2001, erörtert die allgemeinen Auswirkungen einer globalen, überseeischen Versorgungskette für die australische Textil- und Bekleidungsindustrie.

12 Karen W. Bressler, Karoline Newman und Gillian Proctor, *Dessous: Die Geschichte der Dessous von 1900 bis 2000*, Wien 1999, S. 106.

13 In der Tat hat das Australische Ballett ein Projekt ins Leben gerufen, bei dem 17 prominente australische Modedesigner gebeten wurden, die Ballerina und den Zauber des klassischen Tanzes in Szene zu setzen. Die Aufführung, die 2001 in der Oper von Sydney stattfand, bildete die Grundlage für die Ausstellung *Tutu: Designing for Dance*, die 2004 in der National Gallery von Victoria gezeigt wurde.

14 Patty Huntington, »Rag Time«, in: *The Bulletin*, 7. Mai 2003 [online] http://www.bulletin.ninemsn.com.au/bulletin/EdDesk.nsf./All/1BDF936FC2BBE2BBCA256D01002824CB [eingesehen im Juli 2005].

15 Ebd.

Notes

1   See my essay "Grasping the Gecko's Tail" in Roger Butler's forthcoming anthology *Radical Revisionism* (2005), for the problematicization of Australian nationalism in visual culture since the nineteen-nineties and post-9/11.

2   Marion Fletcher, *Costume in Australia 1788–1901* (Melbourne, 1984), pp. 84, 112–113, 120.

3   Stacy Gregg, *Undressed: New Zealand Fashion Designers Tell their Stories* (Auckland, 2003), p. 9.

4   Reproduced in Margaret Maynard, *Out of Line: Australian Women and Fashion* (Sydney, 2001), pp. 30, 72, 75.

5   Paul Blomfield, *The Designer Fashion Industry in New Zealand: A scoping study commissioned by Industry New Zealand,* 2002 [online] http://www.nzte.govt.nz/common/files/designer-fashion-scoping.pdf [viewed July 2005] p. 17.

6   Maynard 2001 (see note 4), p. 82.

7   Produced by Charles Sturt University for Open Learning Australia ca. 1994.

8   Gregg 2003 (see note 3), p. 147 quoting designer Doris de Pont.

9   Blomfield 2002 (see note 5), p. 46.

10   Blomfield 2002 (see note 5), p. 36.

11   Martin Webber and Sally Weller, *Refashioning the Rag Trade* (Sydney, 2001) discusses the overall effect of an overseas and global supply chain on Australia's textile and clothing industries.

12   Karoline Newman and Karen Bressler, *A Century of Lingerie* (London, 1998), p. 106.

13   Indeed the Australian Ballet instituted a project which asked seventeen prominent Australian fashion designers to celebrate the ethos of the ballerina and the "magic" of classical dance in performance at the Sydney Opera House in 2002 which formed the basis of the exhibition *Tutu: Designing for Dance,* 2004, seen at the National Gallery of Victoria.

14   Patty Huntington, "Rag Time," *The Bulletin* (May 7, 2003) [online] http://bulletin.ninemsn.com.au/bulletin/EdDesk.nsf/All/1BDF936FC2BBE2BBCA256D01002824CB [viewed July 2005].

15   Huntington 2003 (see note 14).

Auckland

Whitecliffe College of Arts and Design
Fashion Design Department
Since Seit: 1983
Number of students Anzahl Studierende: 350
(22 Fashion design Modedesign)
Graduates per year Abschlüsse pro Jahr: 65–70
(5–7 Fashion design Modedesign)
Professors and lecturers Professoren und Lehrbe-
auftragte: Belinda Watt, Elizabeth MacDonald,
Giles Peterson
Designers on display Designer in der Ausstellung:
Emma Green, Andrew Smith

Studio Atelier_Whitecliffe College of Arts and Design

Sydney

University of Technology Sydney
Faculty of Design, Architecture & Building
Since Seit: 1964
Number of students Anzahl Studierende: ca. 300
Graduates per year Abschlüsse pro Jahr: ca. 50
Professors and lecturers Professoren und Lehrbeauftragte: Prof. Douglas Tomkin, Alison Gwilt, Alana
Clifton-Cunningham, Eric Hagen, Cecilia Heffer, Val Horridge, Dr. Vicki Karaminas, Philip Inwood,
Milena Ratkovic
Tuition fees Studiengebühren: 8 700 $ (ca. 5 575 €) per academic year pro Studienjahr
Designers on display Designer in der Ausstellung: Melissa Maria Kritsotakis, Cynthia Lau,
Georgie Renkert, Celine Tiu

Name Name, **Age** Alter

01_Place of birth (country, city) Geburtsort (Land, Stadt)
02_Place of residence (country, city) Wohnort (Land, Stadt)
03_Academy/college Akademie/Schule
04_Class of Klasse von
05_Semester/year of degree Semester/Jahr des Abschlusses
06_Personal emphasis Persönliche Schwerpunkte

07_What future does the profession academic fashion designer have in your country?

08_Which object, element, or situation would you consider as being typical of your social and demographic environment?

09_Do traditional garments of your region exist, what are they, and when and by whom are they worn?

10_Name a typical clothing item worn in your country.

11_Who could you imagine wearing fashion designed by you?

12_In which way should your work be presented, in accordance with your personal objectives?

07_Welche Zukunft hat der Beruf des akademischen Modedesigners in deinem Land?

08_Gibt es einen Gegenstand oder Umstand, der typisch für deine demografische und gesellschaftliche Umgebung ist, welchen?

09_Gibt es in deiner Region traditionelle Kleidung, woraus besteht sie und bei welchen Anlässen und von wem wird sie getragen?

10_Nenne ein Kleidungsstück, das in deinem Land häufig getragen wird.

11_Wer sollte von dir entworfene Kleidung tragen?

12_In welchem Rahmen würdest du deine Arbeit in Zusammenhang mit deinen persönlichen Zielen am liebsten präsentieren?

Emma Green, 23
"Emma Trilby"

01_New Zealand Neuseeland, Auckland
02_New Zealand Neuseeland, Auckland
03_Whitecliffe College of Arts & Design
04_2004
05_Fashion design Modedesign
06_2004

07_I believe there is a prominent future in New Zealand for talented designers who approach their work with great passion and dedication and who are willing to persevere. Studying fashion design at Whitecliffe not only provided me with a nurturing creative environment, but gave me an important introduction to industry networking, as well as a fundamental knowledge of the skills required to succeed in the industry.

08_Turntables and overly loud music courtesy of a super cool DJ, quirky personalities with great style all mixed together in a dark, dingy hole that really comes alive—but only when most normal people are tucked up in bed, far from consciousness—an underground Auckland night-club.

09_Historically and traditionally, the Maori—who are our native people—wore feather cloaks and flax skirts. Other adornment included greenstone and bone carvings often worn around the neck and feather headdresses. Decorative facial and body tattoos were also typical of Maori culture. These days, however, traditional Maori dress would only be worn by in customary ceremonies or celebrations.

10_Jandals (flip-flops). I think these are a Kiwi (New Zealand) style icon, which typify our laid-back and casual nation.

11_Kate Moss followed by Sienna Miller. FYI: Typical Trilby clients wouldn't think it strange to tuck their T-shirt into their jeans. They would step outside the boundaries set by what is deemed "in fashion," tailoring trends to suit their individual style. They would take pride in setting their wardrobes apart from the rest, in becoming style icons in their own right.

07_Ich glaube, dass es in Neuseeland eine hervorragende Zukunft für talentierte Designer gibt, die ihre Arbeit mit großer Leidenschaft und Hingabe angehen und bereit sind, Ausdauer zu zeigen. Das Modedesignstudium am White-cliffe College hat mir nicht nur ein förderndes, kreatives Umfeld geboten, sondern auch eine wichtige Hinführung in die Industrie und Kontakte zu ihr sowie das grundle-gende Wissen über Fähigkeiten, die für einen Erfolg in die-sem Geschäft erforderlich sind.

08_Plattenteller und überlaute Musik dank eines super-coolen DJ, kuriose Persönlichkeiten mit ausgeprägtem Stil, alle untereinander gemischt in einem dunklen, schmud-deligen Loch, das wirklich zum Leben erwacht – jedoch erst dann, wenn die meisten normalen Leute schon im Bett sind, weit entfernt vom Bewusstsein: ein unterirdi-scher Nachtklub in Auckland.

09_Historisch und traditionell trugen die Maori – unsere ursprünglich Bevölkerung – Federumhänge und Bast-röcke. Anderer Schmuck bestand aus geschnitzten grünen Steinen und Knochenstücken, die oft um den Hals getra-gen wurden, und Federkopfputz. Auch dekorative Ge-sichts- und Körpertätowierungen waren typisch für die Maori-Kultur. Heutzutage jedoch wird die traditionelle Maori-Bekleidung nur zu traditionellen Zeremonien und Feiern getragen.

10_Flipflops. Ich glaube, das sind für die echten Kiwis (Neuseeländer) geradezu Abzeichen, denn sie sind Sym-bole für unsere lockere und saloppe Nation.

11_Kate Moss, gefolgt von Sienna Miller. Zu Ihrer Infor-mation: Typische Trilby-Kunden würden es nicht seltsam finden, ihre T-Shirts in ihre Jeans zu stecken. Sie würden die Grenzen dessen überschreiten, was als »modisch« angesehen wird, und sich die Trends so zurechtschnei-

12_Extroverted and quirky, non-conventionally styled cat-walk shows, intuitively themed with the collection on show. Overly loud music, models with too much attitude, hair and makeup to match—that is very now and bright lights all focused on making a bold fashion statement. The majority targeted would be bold, youth-driven people who identify with having strong, individual fashion sense and style. The event would have an evident link with street culture.

dern, dass sie zu ihrem individuellen Stil passen. Sie wären stolz darauf, dass ihre Garderobe sich vom Rest unterscheidet, somit selbst zu Stil-Ikonen zu werden.

12_Extrovertierte und ausgefallene, unkonventionell gestylte Laufstegshows, intuitiv mit der gezeigten Kollektion thematisch verbunden. Überlaute Musik, Models mit Arroganz und dazu passendem Haar und Make-up – alles ganz zeitgemäß und mit einer hellen Beleuchtung, die darauf abzielt, ein kühnes Modestatement abzugeben. Die anvisierten Kunden würden mehrheitlich mutige, jugendliche Leute sein, die sich damit identifizieren, einen starken, individuellen Sinn für Mode und Stil zu haben. Das Event sollte eine klare Verbindung zur Straßenkultur haben.

Melissa Maria Kritsotakis, 22

01_Australia Australien, Sydney
02_Australia Australien, Sydney
03_University of Technology Sydney
04_Graduation 2004 (started 2001)
Abschluss 2004 (begonnen 2001)
05_
06_Fashion design Modedesign

07_The academic fashion designer has a growing future in Australia as our fashion industry is getting stronger every year. Australia is really starting to support and encourage its own designers.

08_The beach is a strong element of my lifestyle and environment. There is a strong beach culture in Australia especially along the northern coastline of Sydney where I live. Going out for coffee or drinks in the late afternoon/night by the water is a typical situation in my area.

09_No traditional garments exist in my region.

10_Jeans, T-shirts, and thongs.

11_Celebrities, red-carpet stars, socialites. My designs are geared more towards European and American markets.

12_I target a glamorous and high-end market so it should be presented in a stylish and sophisticated way. Evening lighting. Sexy and feminine.

07_Der akademische Modedesigner hat in Australien eine immer bessere Zukunft, da unsere Modeindustrie jedes Jahr stärker wird. Australien beginnt wirklich, seine eigenen Designer zu unterstützen und zu ermutigen.

08_Der Strand ist ein wichtiges Element in meinem Lebensstil und in meiner Umgebung. Es gibt in Australien eine ausgeprägte Strandkultur, besonders entlang der Küste nördlich von Sydney, wo ich lebe. Auszugehen auf einen Kaffee oder einen Drink am späten Nachmittag oder in der Nacht in der Nähe des Meeres, ist eine typische Situation in meiner Umgebung.

09_Es gibt in meiner Region keine traditionelle Kleidung.

10_Jeans, T-Shirts und Flipflops.

11_Promis, Weltstars, Persönlichkeiten. Meine Designs sind mehr nach europäischen und amerikanischen Märkten ausgerichtet.

12_Ich sehe meine Zielgruppe als den glamourösen Markt oben auf der Preisskala, daher sollten meine Arbeiten stilsicher und gepflegt präsentiert werden. Bei abendlicher Beleuchtung. Sexy und feminin.

Cynthia Lau, 22

01_Australia Australien, Sydney
02_Australia Australien, Sydney
03_University of Technology Sydney
04_2004
05_Spring Frühjahr 2004
06_Innovative fashion and jewelry design
Innovatives Mode- und Schmuckdesign

07_I think the profession academic fashion designer is not quite evident in Australia. The profession of fashion design does not really emphasize the academic aspect but experience, innovation, creative expression, and skills.

08_Barbecues are typical of the Australian social environment. It is a typical occasion where family and friends gather together to socialize, eat, and drink. It can be held in the backyard or in a park, it is a very versatile element of the Australian culture.

09_Australia does not have any traditional garments as the country was colonized and is now very multicultural.

10_Thongs.

11_People who enjoy exploring new things out of the norm and want to show their colorful personality through such fashion. Someone who is not afraid to stand out and express individuality through the clothes worn.

12_My work should be presented on a mannequin, preferably one where the plastic bodice would fit over the bust area.

07_Ich glaube, der Beruf des akademischen Modedesigners steht in Australien nicht stark im Vordergrund. Der Beruf Modedesign betont nicht besonders den akademischen Aspekt, sondern Erfahrung, Innovation, künstlerischen Ausdruck und handwerkliches Können.

08_Eine Grillparty ist bezeichnend für das soziale Leben in Australien. Sie ist ein typischer Anlass, zu dem sich Familienmitglieder und Freunde treffen, um zusammen zu sein, zu essen und zu trinken. Man kann sich im Hinterhof oder in einem Park treffen, es ist ein sehr vielseitiges Element der australischen Kultur

09_Australien kennt keine traditionelle Kleidung, da das Land kolonialisiert wurde und nun sehr multikulturell ist.

10_Flipflops.

11_Leute, die gern neue Dinge ausprobieren, die von der Norm abweichen, und die ihre bunte Persönlichkeit durch eine entsprechende Mode zeigen wollen. Jemand, der sich nicht davor fürchtet, aufzufallen und seine Individualität durch die getragene Kleidung auszudrücken.

12_Meine Arbeiten sollten an einer Kleiderpuppe präsentiert werden, am liebsten an einer, bei der die Plastikkorsage über die Brustregion passt.

Georgie Renkert, 23

01_Australia Australien, Sydney
02_Australia Australien, Sydney
03_University of Technology Sydney
04_2004
05_Degree now completed Abschluss erreicht
06_Swimwear and digital textiles
Bademode und digitale Textilien

07_Academic fashion designers have a very strong future in Australia. Their role is to stimulate, excite, and inspire. It is up to these designers to make people question not only their attitudes towards beauty, expression, and identity, but also to themselves.

08_The climatic conditions and wonderful beaches we enjoy in Sydney are conducive to a lifestyle where our leisure activities are enjoyed outdoors. This strongly influences our social lives, our hobbies, and our fashions.

09_Traditional garments/textiles do exist in Australia and are worn traditionally by the Aboriginals. Today, these garments would be worn by the indigenous people for special occasions and to commemorate historical events. The colors, ecology, and paintings of the Aborigines have influenced many of our designers, and can be seen in many fashion garments today.

10_A swimming costume!

11_Girls and women with a love for color and a strong sense of femininity.

12_My work should be presented in a way which is simple, fun, and feminine.

07_Akademische Modedesigner haben in Australien sehr gute Zukunftsaussichten. Ihre Rolle ist es zu stimulieren, zu schockieren und zu inspirieren. Es liegt an diesen Designern, die Menschen dazu zu bringen, nicht nur ihre Haltung gegenüber Schönheit, Ausdruck und Identität, sondern auch gegenüber sich selbst zu hinterfragen.

08_Die klimatischen Bedingungen und die wundervollen Strände, die wir in Sydney genießen, führen zu einem Lifestyle, bei dem wir unsere Freizeit vor allem im Freien verbringen. Diese Tatsache hat großen Einfluss auf unser soziales Leben, unsere Hobbys und unsere Mode.

09_Es gibt traditionelle Kleidung und Textilien in Australien, und sie werden der Tradition nach von den Aborigines getragen. Heutzutage werden diese Kleidungsstücke von den Nachfahren der Ureinwohner nur für besondere Anlässe getragen und, um historische Ereignisse zu feiern. Die Farben, die natürliche Umgebung und die Malereien der Aborigines haben viele unserer Designer beeinflusst, und das kann man heute in vielen modischen Kleidungsstücken erkennen.

10_Ein Badeanzug!

11_Mädchen und Frauen, die Farben lieben und eine starkes Gespür für Weiblichkeit haben.

12_Meine Arbeiten sollten in einer Weise präsentiert werden, die einfach, amüsant und feminin ist.

Andrew Smith, 26

01_New Zealand Neuseeland, Warkworth
02_New Zealand Neuseeland, Auckland
03_Whitecliffe College of Arts and Design
04_Graduate Abschluss 2006
05_2nd semester, 3rd year 2. Semester, 3. Jahr
06_Menswear Herrenbekleidung

07_New Zealand has a market of four million people, therefore economically we must look not only locally, but towards a global audience to sustain conceptual or idea-centered design.
08_A "bach" [bachelor].
09_New Zealand is a pioneering nation, colonized in the early eighteen-hundreds with a diverse cultural makeup. In contrast to other nations, New Zealand is a young country of around two hundred years, our collective national identity is still formulating, as this increases, so will the formulation of culturally significant garments.
10_Jandals.
11_Regardless of the wearer, the main objective is to create a sense of subtle elegance in men. It would be an honor if not only men but women used my garments to create new shapes and volumes for their bodies, whilst still alluring with a sense of elegance.
12_In a stark antique environment, the clothes dominating the model.

07_Neuseeland hat einen Käufermarkt von vier Millionen Menschen, daher müssen wir uns aus wirtschaftlichen Gründen nicht nur auf den lokalen Absatzmarkt konzentrieren, sondern auf eine globale Kundschaft abzielen, um unsere Ideen im Modedesign verwirklichen zu können.
08_Der Single.
09_Neuseeland ist eine Pioniernation, die im frühen 18. Jahrhundert kolonisiert wurde und verschiedene kulturelle Gesichter zeigt. Im Unterschied zu anderen Staaten ist Neuseeland ein junges Land von nur etwa 200 Jahren. Unsere kollektive nationale Identität ist noch in der Entwicklung, sobald sie sich verfestigt, werden auch kulturell aussagekräftige Kleidungsstücke entstehen.
10_Flipflops.
11_Unabhängig vom Träger der Kleidung besteht das Hauptziel darin, in den Männern ein Gespür für subtile Eleganz zu erzeugen. Es wäre mir eine Ehre, wenn nicht nur Männer, sondern auch Frauen meine Kleidungsstücke dazu benutzen würden, für ihren Körper neue Formen und Dimensionen zu schaffen, gleichzeitig mit einem attraktiven Sinn für Eleganz.
12_In einem schlichten, altmodischen Ambiente, in welchem die Kleidung vor dem Model Vorrang hat.

Celine Tiu, 21

01_Australia Australien, Sydney
02_Australia Australien, Sydney
03_University of Technology Sydney
04_
05_4th year 4. Jahr
06_B.A. of Fashion & Textiles design
B.A.-Abschluss in Mode- und Textildesign

07_The launch of one's own fashion label or fashion magazine, as a costume designer in theater or film, a fashion stylist, or a buyer.

08_A bamboo stick. Hollow and empty on the inside yet strong and solid on the outside, it is indecisive as to whether it is either. I exist in this same state of "in between," brought up with Chinese heritage but living amongst Australian culture.

09_Being such a young country, Australia does not really have any strongly traditional garments.

10_Colorful summer dresses and flip-flops.

11_Someone with the artistic craziness of Björk and the calm beauty of Princess Arwen in Lord of the Rings.

12_I would like my work to be presented in a very sculptural way, hung up high, floating, moving and spinning, almost dancing to the rhythm of soft chimes in the background so my dresses simply become a vision of color and movement.

07_Ein eigenes Modelabel zu lancieren oder ein Modemagazin, als Kostümbildner/in beim Theater oder Film, als Modestylist/in oder Einkäufer/in.

08_Ein Bambusstab. Hohl und leer im Innern, aber stark und solide von außen, es ist unklar, ob das oder das. Ich lebe in derselben Situation von »zwischendrin«, aufgewachsen mit chinesischem Erbe, aber in der australischen Kultur lebend.

09_Als ein so junges Land kennt Australien keine wirklich aussagekräftigen traditionellen Kleidungsstücke.

10_Bunte Sommerkleider und Flipflops.

11_Jemand mit einer künstlerischen Verrücktheit wie Björk und der stillen Schönheit von Prinzessin Arwen in Herr der Ringe.

12_Ich möchte, dass meine Arbeiten auf eine sehr skulpturale Weise präsentiert werden, hoch aufgehängt, schwebend, sich bewegend und drehend, fast tanzend im Rhythmus eines zarten Glockenspiels im Hintergrund, sodass meine Kleider zu einer Vision von Farbe und Bewegung werden.

Konventionell

Uta Brandes

Eines ist ziemlich klar: Die Zukunft liegt außerhalb Europas. Auch wenn wir noch nicht ermessen können, ob und wenn ja, welche Qualität sie zu bieten haben wird. Die quantitativen Fakten jedenfalls dokumentieren dies bereits heute in Form drastischer Ungleichzeitigkeiten. Vergleichen wir unterschiedliche Teile der Welt miteinander, so wird das auf den ersten Blick ersichtlich: Jenseits von Europa stehen die großen Prozentzahlen an erster und die sehr kleinen an zweiter Stelle; das gilt zum Beispiel für Afghanistan (45:2 Prozent), Burkina Faso (46:3), Bhutan (42:4), Ägypten (36:5) – diese Reihe ließe sich problemlos fortsetzen. In Europa dagegen liegen die Prozentrelationen nah beieinander, und in vielen Fällen steht die kleinere Prozentzahl an erster Stelle. Italien ist davon am gravierendsten betroffen (außereuropäisch nur noch vergleichbar mit Japan – beide Länder 14:19 Prozent), dicht gefolgt von Spanien (14:17), Deutschland (15:17), Portugal (16:17). Eine geringfügig positivere Bilanz weisen lediglich Länder wie Russland (16:13), Finnland (18:16), England oder Frankreich (je 19:16) auf.

An dieser Stelle sei das Zahlenrätsel aufgelöst: Es handelt sich um demografische Daten.

Die jeweils erste Prozentzahl erfasst die unter 15-Jährigen, und damit alle, die, großzügig ausgelegt, noch als Kinder durchgehen. Die zweite Zahl benennt alle Menschen über 65 Jahre, also die »Alten«. Und während die Bevölkerung in solchen wie den oben genannten außereuropäischen Ländern laut Prognose bis zum Jahr 2050 zwischen 70 und 300 Prozent zunehmen wird, schrumpfen die Bevölkerungszahlen etwa in Deutschland (von 82,6 auf 75,1 Millionen), Italien (von 57,8 auf 52,3 Millionen), Russland (von 144 auf 119 Millionen) und Finnland (von 5,2 auf 4,8 Millionen).[1]

Solche Zahlen verdeutlichen auf wahrscheinlich für beide Extreme (ungestüme Verjüngung versus enorme Überalterung) erschreckende Weise, welche Probleme diese Welt erwarten. Zugleich – und damit sind wir unmittelbar beim Thema – dienen die zitierten Bevölkerungsstatistiken als Beispiel und Indikator für meine Hypothese, dass Modetendenzen jüngerer Designerinnen und Designer sich keinesfalls universell oder global, sondern radikal unterschiedlich entwickeln werden. Nicht zur Debatte stehen hier Marktstrategien großer Modeunternehmen und Brands; die funktionieren selbstverständlich global. Nike

Conventional

Uta Brandes

One thing is pretty clear: The future does not take place in Europe. Even if at this point we cannot judge which qualities it will have to offer, and if at all, quantitative facts already document this shift in the form of drastic unsimultaneities. If we compare various parts of the world, it becomes obvious at first glance: Outside of Europe, the large percentages are in first place and the very small ones in second place; this applies, for example, for Afghanistan (45:2 percent), Burkina Faso (46:3), Bhutan (42:4), Egypt (36:5)—the series could easily be continued. In Europe, by contrast, the percentage relations are close, and in many cases the smaller percentage comes first. Here Italy has the most serious situation (outside Europe comparable only to Japan—both countries 14:19 percent), followed closely by Spain (14:17), Germany (15:17), Portugal (16:17). A slightly more positive balance is shown only by countries like Russia (16:13), Finland (18:16), England and France (both 19:16).

Now let us solve the numerical mysteries-riddle: These are demographic values. The first percentage is the percentage of the population under fifteen, all of whom may for our purpose still be considered children. The second number includes all persons over sixty-five, in other words, the "elderly." And whereas the population in countries like the non-European ones mentioned above is projected to increase by between 70 and 300 percent by 2050, the population is projected to shrink, for example, in Germany (from 82.6 to 75.1 million), Italy (from 57.8 to 52.3 million), Russia (from 144 to 119 million), and Finland (from 5.2 to 4.8 million).[1]

Numbers like these make it possible to clearly show, in a way that is likely terrifying at both extremes (an average population very rapidly growing younger versus an enormous overaging), the problems that await this world. At the same time—and to move directly to our topic—the cited population statistics serve as an example and as an indicator for my hypothesis that tendencies in fashion among young designers will certainly not develop universally or globally, but rather in a radically varying way. The discussion here is not one of the marketing strategies of major fashion firms and brands, which of course function on a global level. Nike or Adidas, Prada or Louis Vuitton, Chanel or Armani, Benetton or Esprit: They

oder Adidas, Prada oder Louis Vuitton, Chanel oder Armani, Benetton oder Esprit: Sie finden sich von New York bis Düsseldorf, von Moskau bis Schanghai und von Helsinki bis Dubai oder Kapstadt.[2] Im Kontext jungen Modedesigns hingegen kommen ganz andere, kulturspezifische Merkmale zum Tragen. In Rückbesinnung auf die demografischen Diskrepanzen zwischen dem »alten« Europa und den »jungen« Ländern anderer Kontinente könnte nun der zweifellos logisch erscheinende Schluss gezogen werden, dass in den »jungen« Ländern junges Modedesign, in Europa Mode für die Älteren und Alten entworfen würde. Das ist aber keinesfalls der Fall. Vielleicht wäre es übertrieben zu behaupten, es verhielte sich geradezu umgekehrt. Zumindest aber lässt sich beobachten, dass auch europäische junge Modemacherinnen und -macher eine Zielgruppe avisieren, die ihrer Generation eindeutig näher steht als jener ihrer Eltern oder gar Großeltern. Unter marktstrategischen Gesichtspunkten ist das eigentlich erstaunlich, denn womöglich ließe sich Erfolg – zumindest, was dessen ökonomische Seite betrifft – mit interessanten Angeboten für die Älteren besser und schneller erreichen. Nun könnte eingewandt werden – und da ist ja etwas Realistisches dran –, dass Mode, so wie jegliches andere Design, nur wirklich funktioniert, wenn eine einigermaßen generative Konkordanz besteht; dies schlicht aus dem Grund, weil Erfahrungen, Vorstellungen, Inspirationen und Antizipationen an die eigene Altersschicht und damit auch Peergroup geknüpft sind. Diese Überlegung allerdings strafen wiederum alle berühmten älteren Modedesigner Lügen – Karl Lagerfeld, Rei Kawakubo, Issey Miyake, Wolfgang Joop (und wie immer sie heißen mögen) entwerfen überwiegend für eine Zielgruppe, die (weniger als) halb so alt wie sie selber ist.

Die Tendenzen, die sich im jungen europäischen Modedesign herauskristallisieren, manifestieren (wenngleich nicht intentional) noch expressiver als bei den Etablierten den Tatbestand gesellschaftlicher Überalterung durch Verkehrung ins Gegenteil oder dessen Überhöhung: Auffällig sind – eben unbewusste – Formen der Verkindlichung, des Historisch-Märchenhaften oder Naturhaft-Reinen. Dies schlägt sich schon seit geraumer Zeit erstaunlich insistent und gegen andere Konzepte resistent am offensichtlichsten in den weiblichen Oberteilen nieder: eng, kurz, bauchnabelfrei. Die Tops wirken wie zu heiß gewaschen und dadurch eingelaufen oder so, als ob nicht genügend Geld vorhanden gewesen wäre, für »das Kind« etwas Neues zu kaufen, wenn es aus dem alten Teil herausgewachsen ist. Was hier geschieht, ist eine Verweigerung des Konzepts »Erwachsensein«: die potenziell unendliche Verlängerung von Kindheit und Pubertät – und damit verbunden die Ablehnung der Übernahme von Verantwortung, wie sie im richtigen Leben ab einem bestimmten Alter (bisher noch) droht.[3]

Das trifft besonders, aber nicht nur, auf die Mode der Frauen-als-Girlie-Verkleideten zu. Aber auch bei den Männern, jedoch rigider eingeschränkt auf eine bestimmte Alters- und Szenegruppe (HipHop zum Beispiel), finden sich solche Kindchenschemata – nur mit umgekehrten Altersvorzeichen: Hier schlägt das Image zu, als habe der kleine Junge heimlich die Hosen und T-Shirts seines größeren Bruders angezogen. Nun hängt der Schritt der Hose in den Kniekehlen, und das T-Shirt schlabbert über der heruntergerutschten Hose.

Und so müssen die europäischen Gesellschaften offenbar unvermeidlich mit einem wahrhaften Paradoxon leben: Eine Gesellschaft, die dabei ist, rasant zu altern und immer

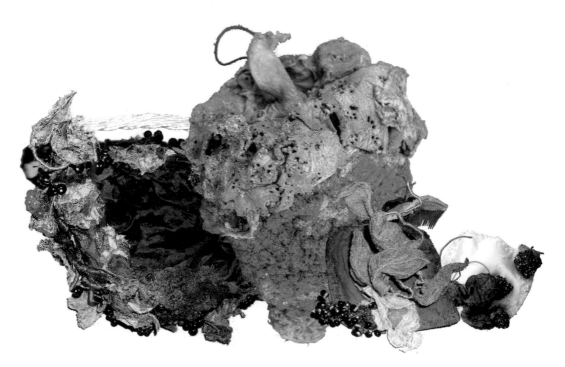

Blackberry Basket, Strawberry Handbag, Strawberries and Cream Headpiece by von Fiona Graham_National College of Art & Design, Dublin

show up everywhere from New York to Düsseldorf, from Moscow to Shanghai, from Helsinki to Dubai or Capetown.[2] In the context of young fashion design, on the other hand, characteristics appear that are altogether different, as well as culture-specific. Recalling the demographic discrepancies between "old" Europe and the "young" countries of other continents, the conclusion could now be drawn, and which would doubtless seem logical, that "young" countries create young fashion design, and that Europe designs fashions for the elderly and the old. Yet this is not the case at all. Though it might be exaggerated to say that the exact opposite is true, one may observe at least that young European designers are themselves aiming at a target audience clearly closer to their own generation than to that of their parents or grandparents. This is an astounding marketing strategy, since it might be possible to attain success—at least economic success—faster and better by creating interesting offers for older clienteles. One could object to this—and this would be realistic—that fashion, like any other kind of design, only really functions when there exists a certain degree of generative concordance, and this is simply so because experience, ideas, inspirations, and anticipations are connected to one's age and peer groups. Showing the falsity of this position, on the other hand, are all the famous older fashion designers—Karl Lagerfeld, Rei Kawakubo, Issey Miyake, and Wolfgang Joop (and whatever their names might be) design predominantly for a target audience (less than) half as old as they themselves are.

The tendencies which crystallize out of young European fashion design manifest (though not intentionally) the facts of social aging even more expressively than do the tendencies of the established designers. These manifestations appear through the reversal to the

Shoes by Schuhe von **Lubov Sultanova, students of the Moscow National University for Design and Technology** Studierenden der Moskauer Staatlichen Universität für Design und Technologie **and** und **Munhjargal Byambayargal**

weniger Nachwuchs zu gebären, bewundert ebenso vermessen wie sehnsüchtig und neidvoll die süße Jugend. Dies macht es nicht leichter für die wenigen, die tatsächlich jung sind. Das – zugegebenermaßen etwas hysterisch überhöhte – Szenario könnte aus der Perspektive der Jungen folgendermaßen aussehen: umzingelt von missgünstigen, auf ihren Rollator gestützten alten Menschen, die ihre Jobs nicht räumen, aber alle staatlichen Gelder verzehren; Finanzierung von potenziell zwei alten durch einen jungen Menschen, obwohl Letzterer doch selber tendenziell arbeitslos ist, mindestens aber freiberuflich »Jobhopping« betreiben muss; permanentes Aufpassen im öffentlichen Raum, damit die Alten nicht über-

fahren, angerempelt, umgeworfen werden; dementsprechende Verlangsamung des öffentlichen Verkehrs bei gleichzeitig notwendiger Beschleunigung der Arbeitsvorgänge. Ein Ende der Ungleichzeitigkeiten ist nicht abzusehen. Denn daneben und dazwischen tummeln sich zusätzlich die neuen »jungen Alten«: Die machen Abenteuerurlaub, leihen sich den iPod ihrer (wenigen) Nachkommen aus, verstopfen die Fitnessstudios, tragen hin und wieder (die Frauen zumindest) bauchnabelfreie Hemdchen und Stilettos … Ist es da nicht verständlich, wenn die Jungen lieber ganz jung bleiben möchten?

Für die weibliche Perspektive deutet sich in den literarischen und filmischen Bildern von der »infantilen Frau« und der »Kindfrau« Ähnliches an. Und dennoch sind die beiden Images kontrovers besetzt: Die infantile Frau »ist als eine Version der Verknüpfung von Weiblichkeit und Kindlichkeit zu lesen. […] Die infantile

opposite, the opposite raised to an extreme: There are striking—and likewise unconscious—forms of infantilization, of the historical-fairy-tale-like, or of the natural-pure. For some time, the expression of this that is the most obvious, and in a manner astoundingly insistent and resistant to other concepts, has been women's tops: tight, short, showing navels. The tops seem to have been washed too hot and to have shrunk, as though there weren't enough money to buy something new for "the child" after it had grown out of its old clothes. What is taking place here is a rejection of the concept of "being grown-up": the potentially infinite extension of childhood and puberty—and, connected to this, the refusal to accept the responsibility that, in real life, threatens (or in the past has threatened) to appear at a certain age.[3]

This is particularly, though not exclusively, applicable to the fashions of women-dressed-as-girlies. Yet these child schemata also show up among men, though more rigidly limited to a certain age group and scene (hip-hop, for example)—and with the age signifier reversed: Here the image suggests that a little boy has secretly donned the trousers and T-shirts of his older brother. The trousers' crotch hangs down

Boots by Stiefel von students of the Moscow National University for Design and Technology Studierenden der Moskauer Staatlichen Universität für Design und Technologie, Lubov Sultanova and und "Saidaamir" Saidakhon Yunusova

around his knees, and the T-shirt bags down over the sliding-down trousers.

And so European societies inevitably seem to have to live with a true paradox: A society swiftly aging and having fewer and fewer children has a great admiration, full of longing and envy, for the sweetness of youth. This does not make things any easier for the few who are actually young. From the perspective of young people, the scenario—somewhat hysterically exaggerated, to be sure—might look something like this: surrounded by resentful old people leaning on their rollators, refusing to vacate their jobs but eating up all of the state's resources; each young person potentially supporting two old people, although the former will tend to be unemployed, or at best forced into "job hopping" as a freelancer; permanent watching-out in public spaces not to run over, collide with, or knock down old people; a corresponding slowing of public transportation alongside the simultaneously necessary accel-

Frau verkörpert einen regressiven Entwurf, ein regressives Bild von Weiblichkeit, als sie eine naive, geistlose Frau darstellt, deren Denken und Handeln ebenso wenig beachtet wird und ebenso wenig Relevanz hat wie das der Kinder.«[4] Dagegen rekurriert die Kindfrau »gerade auf die Infragestellung der traditionellen Diskurse um die Frau *und* um das Kind, und um deren Vermischung oder Annäherung, die zwar nicht verschwunden, aber doch brüchig geworden sind. [...] Die Kindfrau erscheint als eine neuartige Fusion einer ›neuen‹ Weiblichkeit und einer ›neuen‹ Kindlichkeit, die nur auf der Basis einer wenigstens theoretischen oder vorgestellten Emanzipation der Frau vom Kind, des Kindes von der Frau (als Mutter), der Frau vom Mann entstehen kann.«[5] Interessant ist, dass diese Denkfigur eindeutig weiblich konnotiert ist – für den männlichen Part sind solche »Kind«-Bestimmungen nicht thematisiert. Ob – wie hier beschrieben – die regressive oder partiell emanzipatorische Typologie eher auf die gegenwärtigen Jugendphänomene zutrifft, muss an dieser Stelle nicht entschieden werden. Es bleibt die Tatsache: Der Körper ist ebenso wichtig wie zutiefst ambivalent besetzt.

Auf der einen Seite nämlich erfährt er eine ungemeine Aufwertung bis zum Kult: Nun ist es nicht mehr schicksalhaft gegeben, in welchem Körper jemand steckt – und insbesondere die jungen Körper sind von dem Drang beseelt, sich expressiv abzuheben von den dicklichen, allmählich verfallenden der Alten. Nicht ausschließlich den Jungen, aber diesen in spezifischer und geradezu gnadenloser Weise, ist ihr Körper ein zu modellierendes Konstrukt geworden. Und somit besteht für jene, die es sich leisten können, die Pflicht zur guten Erhaltung (gesunde Ernährung), Verbesserung (Sport) und Ästhetisierung (Mode, kosmetische Chirurgie) des eigenen Körpers: »[...] nirgends

äußert sich der Geschmack unmittelbarer als am eigenen Körper. Die Art und Weise, wie er gestaltet ist, wie er sich bewegt, wie er ›spricht‹, [...] schafft Distinktion und Nähe. Habitus und Körper verschmelzen im Blick des anderen.«[6]

Auf der anderen Seite wird der Körper verdrängt oder tendenziell zum Verschwinden gebracht. Verdrängt wird er da, wo er mit dem Körperkult-Image in Konflikt gerät, sich ihm nicht unterordnen lässt – dann nämlich, wenn trotz (beziehungsweise selbstverständlich wegen) des Modellierungszwangs insbesondere der junge Körper sich nicht ins Schöne, Schlanke fügen will: wenn er dick oder sogar fett ist. Und dies ist umso gewaltiger und häufiger der Fall, je unerbittlicher die schöne schlanke bis dünne Körperform gefordert ist. Dies provoziert wiederum den Wunsch nach Minimierung (bis hin eben zum Verschwinden – durch Tod): Anorexie und Bulimie waren noch nie so ausgeprägt und verbreitet wie heute. Damit verbunden gebärdet sich der humane Körper der Tendenz nach auch deshalb verschwindend, weil er sich als naturhafte Einheit aufzulösen beginnt und stattdessen mit neuen Bio- und Technologieprothesen oder virtuellen Phantasmagorien verschmilzt.

Der Körper ist Dreh- und Angelpunkt für alles, was – mehr oder minder körperfern – auf ihm aufgebracht wird. Die Auseinandersetzung mit dieser zweiten Haut ist angesichts der beschriebenen kulturellen und demografischen Entwicklungen komplementär kompliziert und widersprüchlich – so, wie die europäischen Körper es eben auch sind. Das Interface zwischen erster und zweiter Haut auf der einen und den körperlosen, medialen Prozessen der Information, Kommunikation und Virtualisierung auf der anderen Seite ist noch nicht ausgelotet. Die erste Welt und in ihr vornehmlich

eration of work processes. An end to the unsimultaneities is not in sight. This is because mingling with these old people there are also the new "young old people": They go on adventure trips, borrow an iPod from their (few) children, fill up the fitness studios, go around wearing (the women, anyway) stilettos and short tops revealing their navels. . . . Isn't it understandable that young people prefer to stay extremely young?

From the female perspective, images in literature and film hint at the "infantile woman" and the "child woman." And yet both images are controversial: The infantile woman "is to be read as a version of the joining of femininity and infantilism. . . . The infantile woman embodies a regressive design for, a regressive image of, femininity, femininity representing a naive woman without spirit, whose thoughts and actions are as little noticed and irrelevant as those of children."[4] The child woman, by contrast, makes reference "precisely to questioning the traditional discourse of woman *and* child, and to the mixing or drawing together of the two, which certainly have not disappeared, though have begun to crumble. . . . The child woman appears as a new kind of fusion of a 'new' femininity and a 'new' infantilism,' one which can only emerge on the basis at least of a theoretical or imagined emancipation of the woman from the child, and of the child from the woman (as mother)."[5] It is interesting to note that this mental construction has a clear female connotation—these sort of "child" determinations are not addressed for the male role. It need not be decided at this point which typology—the regressive, as described here, or the partially emancipated—is more applicable to the current youth phenomena. One thing is certain: The body is at once important and profoundly ambivalent.

On the one hand, the body is undergoing an immense revaluation, up to the level of a cult: The body one occupies is now no longer something to be left to fate—and young bodies in particular are animated by the drive to distinguish themselves expressively from the plump, gradually deteriorating bodies of the old. The body has become a construct to be modeled, not just for the young, though for them in a particular and in an all but merciless manner. And thus there are, for those who can afford it, duties of good maintenance (a healthy diet), improvement (sports), and aestheticization (fashion, cosmetic surgery) for one's body. "… taste is nowhere more directly expressed than on the individual body. The way in which it is shaped, how it moves, how it 'speaks,' … create distinction and proximity. Habitus and body merge in the eyes of the others."[6]

On the other hand, the body is suppressed or generally made to disappear. The body is suppressed when it comes into conflict with the image of the cult of the body and does not submit—specifically when, despite (or of course precisely because of) the compulsion to model the body, and the young body in particular, does not wish to fit in with the beautiful, the thin: when the body is chubby, even fat. And the more unsparing the demand for thin-to-emaciated body forms, the more forcefully is this the case, and the more often. This once more produces the wish for minimization (right to the point of disappearing—through death): Anorexia and bulimia have never been as marked and widespread as today. In connection with this, the human body, following this tendency, also acts as though disappearing because it begins to dissolve as a natural unit, instead merging with new biological and technological prostheses or virtual phantasmagorias.

die Jüngeren befinden sich wahrscheinlich in einer transitorischen Phase, in der die Haut und die auf ihr applizierten Hüllen Hilfskonstruktionen, »Übergangsobjekte« darstellen.[7] Die Rekonstruktion von – überwiegend egozentrischer oder autoerotischer – Berührung zwischen dem eigenen Körper und seiner ihn umgebenden Modehülle geht einher mit der Dekonstruktion des physikalischen Körpers und seiner Neukonstruktion im virtuellen Körper. Dieses neue Hautpaar verspricht, was der alte, reale Modekörper nicht halten konnte: Berührung, Sinnlichkeit, Ganzheitlichkeit.

Die Mode von jungen Modedesignerinnen und -designern für junge – wie sie ja gern bezeichnet werden – Fashion Victims sieht sich in Europa also großen Zumutungen und Anforderungen ausgesetzt: Wie soll man den Weg finden zwischen Omi- und Opi-, Mama- und Papa-, Kinder-, Mädels- und Jungs-Mode?

Der Ausweg aus diesem nahezu unlösbaren Dilemma in – so ist mir aufgefallen – insbesondere westeuropäischen Ländern scheint im Trend des Konventionellen zu liegen. Denn wenn einerseits die Insignien (wie Hipsters, bauchnabelfreie T-Shirts und nur unter dem Busen geknöpfte Blusen) und Brands der als jung geltenden Mode von den Älteren heimgesucht und -geholt werden, andererseits die junge Klientel vom Aussterben bedroht ist und die alten Alten als Zielgruppe ohnehin nicht infrage kommen, dann bleibt als Ausweg vielleicht tatsächlich nur die Flucht – nicht nach vorn, sondern – in Konventionalität. Denn das ist angesichts der entworfenen Szenarien und eingedenk der gegenwärtig noch transitorischen, passageren Phase des Dazwischen wahrscheinlich das Radikalste, das aktuelles Modedesign entwerfen kann. Die Regeln des Umgangs miteinander – also die gesellschaftlichen Konventionen – sind brüchig, diffus,

verwischt geworden. Soziales Verhalten wird eher in unterschiedlichen Communities gelebt, als dass noch gesellschaftliche Verbindlichkeiten definiert würden. Wobei diese parzellierten Kleingemeinschaften Paralleluniversen bilden, zwischen denen je nach Aktivität oder Stimmung hin- und hergewechselt wird. Und da ist durchaus verständlich, wenn das Konventionelle zum Ungewöhnlichen, zum Neuen geadelt wird. In einer disparaten Gesellschaft der Generationenkonflikte führt Konvention, in ihrer wörtlichen Bedeutung, zu innovativen Verträgen und Übereinkünften: Die »Generation Mode« versammelt sich zu einem Konvent, in dem jene tagen, denen die Konvention konveniert – die ihr zusagt, zugleich passend für diese Gruppe gemacht als auch abgrenzend sich verhält gegen die sich ausbreitenden älteren Populationen. Dass im Konventionellen möglicherweise eine Art Sprengkraft verborgen sein kann, wird etwa deutlich, wenn der radikale Dadaist (und der Dadaismus wurde zweifellos immer für eindeutig unkonventionell gehalten) Raoul Hausmann 1922 ein »Lob des Konventionellen« anstimmt: »Unsere (modernen) Häuser sind scheußlich, sagen Sie? Gewiss, sie sind konventionell, aber mehr wünsche ich nicht; ich liebe und habe konventionelle Möbel, es wäre wohl interessant, andere zu haben, aber es muss doch nun einmal nicht alles interessant sein. […] Ich bin so konventionell, dass ich für die Gotik verdorben bin. Für alles Interessante bin ich verdorben, denn ich frage zuerst nach seinem praktischen Sinn. Ich bin gegen […] alle Versuche, das praktische Leben interessant zu machen, es geistig aufzupolieren: ich bin für jederlei alten oder neuen Expressionismus zu konventionell. […] Ich trete für die konventionelle Fantasie ein, die des Maurers oder des Friseurs, in denen die Selbstverständlichkeit liegt, die die Zeit beeinflusst.«[8]

The body is the key element for everything that—however more or less distant from the body—is applied to it. In view of the cultural and demographic developments described above, dealing with this second skin is thus complicated and contradictory—as are European bodies. Yet to be fully explored is the interface between first and second skin, on the one hand, and the incorporeal, medial processes of information, communication, and virtualization on the other. The First World, and its younger generations in particular, is probably in a transitional phase where the skin and the coverings applied to it represent auxiliary constructions, "transitional objects."[7] The reconstruction of—predominantly egocentric or autoerotic—contact between the individual body and its surrounding fashionable covering is accompanied by the deconstruction of the physical body and its reconstruction as a virtual body. This new pair of skins promises what the old, real fashionable body could not provide: contact, sensuality, integration.

Fashion by young fashion designers for young "fashion victims"—as we like to call them—is thus confronted in Europe by great impositions and demands: How to find a way between grandma and grandpa fashion, mom and dad fashion, children's fashion, girls' and boys' fashion?

The way out of this all but insoluble dilemma lies, in Western European countries in particular (so it seems to me), in the trend towards the conventional. When, on the one hand, older people seek out and take on the insignia and brands of what is thought to be young fashion (such as hipsters and T-shirts showing navels) and, on the other hand, the young clientele is threatened with extinction, and when the elderly are not considered a target group, then escape may in fact be the only

way out—escape not toward a new trend but rather into conventionality. In view of the scenarios sketched above, and mindful of the currently still transitory, passing phase of interstitiality, this is probably the most radical thing that contemporary fashion design can create. The rules for dealing with others—hence the social conventions—are crumbling, diffuse, blurred. Social obligations are no longer so much defined as lived in different communities. These parceled-out little communities form parallel universes which can be selected according to one's activity or mood. And there it is altogether understandable that the conventional is ennobled to the unusual, to the new. In a disparate society of generation conflicts, convention, in its literal sense, leads to innovative contracts and agreements: The *Generation Mode* (fashion generation) meets to hold a convention where the convention, in the figurative sense, suits them and is made to fit this group while at the same time distinguishing it from the growing older population. That a kind of explosive power can be hidden in the conventional is made clear, for example, by the radical Dadaist (and Dadaism has doubtless always been seen as clearly unconventional) Raoul Hausmann singing a "Lob des Konventionellen" (Praise of the Conventional) in 1922: "Our (modern) houses are dreadful, you say? They are conventional, to be sure, but I desire no more; I love and own conventional furniture, and though it would be interesting to have different furniture, not everything has to be interesting all the time. ... I am so conventional that I am ruined for the Gothic. I am ruined for everything interesting, since I ask first and foremost about practical use. I am against ... all attempts at making practical life interesting, at polishing it up spiritually: I am too conventional for any kind of old or new Expression-

Das Selbstverständliche an dieser konventionellen Fantasie ist das, was Selbstbewusstsein
verheißt, das es nicht nötig hat, sich mit hyste-
rischen Hypes zu verschwistern oder zu ver-
brüdern, denn die sind ja in der Gegenwart viel
gewohnt-gewöhnlicher als das Konventionelle.

Die europäische »Generation Mode« zeigt
dieses Konventionelle in einem durchaus breiten Spektrum erlesener oder naturhafter Materialien und Formen, tragbarer oder braver Tops
und »fruchtbarer« Accessoires (Abb. S. 167).
Und wird das auf die Spitze getrieben, dann
erscheinen Anklänge an die Mode des Biedermeier. Insgesamt balanciert das Design der
»Generation Mode« auf schmalem Grat zwischen selbstverständlich-radikalem Konventionellen und biederlicher Konvention. Hoffen
wir, dass die erste Variante sich durchsetzt.
Gerade im männlichen Modedesign hat sich
etwas getan, sodass Raoul Hausmanns Eindruck, wenn auch nur für die wenigen Jungen,
partiell korrigiert werden kann: »Dass der
Deutsche beim Militär war, wird man sehen,
nicht aber, dass er sich bewegen kann. [...] Vor
allem ihm sei gesagt: Mode ist kein Blödsinn,
Mode ist die sichtbar gemachte Körperfunk-
tion – und angezogen sein heißt, ein Körperbewusstsein haben. [...] Aber man sieht Frauen
mit Körperbewusstsein, [...] sie sind der einzige Gegenpol zur deutschen Innerlichkeit, die
in Quadratlatschen und Bierbäuchen ihren
höchsten Ausdruck findet.«[9]

Anmerkungen

1 Deutsche Stiftung Weltbevölkerung: DSW-Datenreport
   2004, www.dsw-online.de.

2 Wobei die Frage der Globalisierung etwa durch Brands in
   gewisser Weise unter falscher Perspektive gestellt wird:
   Zwar sind die Marken überall bekannt und (fast) überall
   zu kaufen. Viel wichtiger aber ist, dass die symbolische
   Bedeutung und die Art des Gebrauchs sehr wohl kulturelle Unterschiede aufweisen. Ein Beispiel: Espresso,
   ursprünglich Inkarnation italienischer Kultur, gibt es
   mittlerweile in allen Städten dieser Welt. Wie dieses
   Getränk allerdings genossen wird und welche Aura es
   umgibt (von normal-alltäglich bis außergewöhnlich-
   extravagant reicht das Spektrum), differiert kulturell und
   geografisch vollkommen.

3 Es ist nicht überaschend, dass in einer außereuropäischen
   Gesellschaft, die die gleichen demografischen Probleme
   plagt wie die am stärksten überalterten europäischen,
   nämlich Japan, in der Jugendsubkultur des »kawai« oder
   »cutie style« sich noch weit radikalere Verweigerungsstra-
   tegien als in Europa Ausdruck verschaffen. Vgl. auch
   Robert Bly, *Die kindliche Gesellschaft*, München 1997;
   Frank Schirrmacher, *Das Methusalem-Komplott*, München 2004.

4 Andrea Bramberger, *Die KindFrau*, München 2000,
   S. 145.

5 Ebd., S. 147.

6 Gabriele Klein, »Der Körper als Erfindung«, in: Gero von
   Randow (Hrsg.), *Wie viel Körper braucht der Mensch?*,
   Hamburg 2001, S. 61. Vgl. auch Pierre Bourdieu, *Sozialer
   Sinn. Kritik der theoretischen Vernunft*, Frankfurt am
   Main 1987; ders., *Die feinen Unterschiede. Kritik der
   gesellschaftlichen Urteilskraft*, Frankfurt am Main 1987.

7 Vgl. Donald W. Winnicotts Begriff des »Übergangs-
   objekts«, zum Beispiel in: »Übergangsobjekte und Über-
   gangsphänomene«, in: *Psyche*, 9, 1969.

8 Raoul Hausmann, »Lob des Konventionellen«, in:
   Michael Erlhoff (Hrsg.), *Raoul Hausmann – Sieg Triumph
   Tabak mit Bohnen, Texte bis 1933*, 2 Bde., München 1982,
   Bd. 2, S. 48 f.

9 Raoul Hausmann, »Mode«, in: Erlhoff 1982 (wie Anm.
   8), Bd. 2, S. 103 f.

ism. … I stand up for conventional imagination, that of the mason or hairdresser, which is the matter of course that influences time."[8] The matter of course in this conventional imagination is that which promises self-confidence which does not need to join or ally itself with hysterical hypes, since today these are far more normal-usual than the conventional.

The European *Generation Mode* shows this conventionality in a very broad spectrum of exquisite or simply natural materials and forms, wearable or plain tops and "fruity" accessories (fig. p. 167). And, taken to the extremes, there are echoes of Biedermeier fashion. Taken as a whole, the design of *Generation Mode* balances on the edge between the matter of course-radical conventional and stolid convention. Let us hope that the first variant wins out. In men's fashion in particular, something has happened that permits a partial correction of Raoul Hausmann's impression, even if it only applies to a few young designers of today: "It will become obvious that a German has been in the army, but not that he can move. Tell him above all: Fashion is not nonsense, fashion is the function of the body made visible—and wearing clothes means being body-conscious. … But one sees women with body-consciousness, … and they are the only opposite pole to the German inwardness that finds its highest expression in worn-out slippers and beer bellies."[9]

Notes

1 Deutsche Stiftung Weltbevölkerung: *DSW-Datenreport 2004*, www.dsw-online.de.

2 Here it should be remarked that the question of globalization through brands is in a way being looked at through the wrong perspective. The brands are, to be sure, known everywhere, and may be bought (almost) everywhere. It is far more important, however, that significant cultural differences appear in the symbolic meaning and the form of use. An example: Espresso, originally an incarnation of Italian culture, is now available in every city on the globe. How this drink is enjoyed, however, and the aura which surrounds it (the spectrum runs from normal-quotidian to extraordinary-extravagant), are areas of total cultural and geographical differentiation.

3 It is not surprising that, in a non-European society, Japan, which is plagued by the same demographic problems as those of the most severely overaged European societies, the youth subculture of "kawai," or "cutie style," provides expression for strategies of refusal far more radical yet than those in Europe. See also Robert Bly, *The Sibling Society* (Reading, 1996); Frank Schirrmacher, *Das Methusalem-Komplott* (Munich, 2004).

4 Andrea Bramberger, *Die KindFrau* (Munich, 2000), p. 145.

5 Ibid., p. 147.

6 Gabriele Klein, "Der Körper als Erfindung," in Gero von Randow (ed.), *Wie viel Körper braucht der Mensch?* (Hamburg, 2001), p. 61. See also Pierre Bourdieu, *The Logic of Practice* (Stanford, 1990); id., *Distinction: A Social Critique of the Judgement of Taste* (London, 1986).

7 See Donald W. Winnicott's concept of the "transitional object," as for example in "Transitional Objects and Transitional Phenomena," in *Through Pediatrics to Psycho-Analysis* (New York, 1958).

8 Raoul Hausmann, "Lob des Konventionellen," in Michael Erlhoff (ed.), *Raoul Hausmann—Sieg Triumph Tabak mit Bohnen, Texte bis 1933*, 2 vols. (Munich, 1982), vol. 2, pp. 48f.

9 Raoul Hausmann, "Mode," in Erlhoff 1982 (see note 8), vol. 2, pp. 103f.

Modus Mode

Modulare Modalitäten der Gegenwart

Michael Erlhoff

1. Allgemein

Mode ist grotesk, absurd, kleidsam, provokativ, sinnlich oder auch merkwürdig. Ein Tollhaus, zweifellos, und eben deshalb ganz normal.

Nun ist aber über Mode eben deshalb recht schwierig zu schreiben, weil sie stets so geschwind und gegenwärtig ist. Jenes »Dunkel des gelebten Augenblicks« (Ernst Bloch) wird stets versuchshalber von Mode gefüllt, in der Absicht, darin Licht und Wahrnehmung zu entfachen. Dabei müssen wir am Ende erkennen, dass wir erst im Nachhinein (etwas, das Modedesigner gar nicht mögen) beurteilen können, was denn da geschah und gesehen wurde. Alles andere ist bloß Lesen im Kaffeesatz.

Dennoch: Immerhin ist Mode so flink im steten Wandel des Neuen, dass andere Gestaltungsformen – obwohl oder weil sie so oft gegen Mode als zu modisch opponieren – sich gerade dort einige Konturen ihrer Ideen holen, Mode als Trendsetter schon mögen. Nun kann man bezweifeln, ob heute wirklich noch Trends existieren (noch mehr Kaffeesatzleserei), aber davon später mehr. Spannender wäre ja zu untersuchen, wo denn diejenigen, die als avan-cierte und auch sehr junge Stars Mode machen, aufmerksam hinschauen, um ihre Vorlagen und Muster zu finden – gewiss, sie wandern weltweit durch die Modeschulen und womöglich noch mehr einfach so auf den Straßen dieses Globus herum, um nach neuen Gestalten Ausschau zu halten.

Eines insbesondere im Umgang mit Mode und in Gesprächen mit Modedesignern beeindruckt oft: wie empirisch sie vorgehen, mit welch offenen und wachen Augen sie durch die Welt laufen (oder Scouts laufen lassen). Anders nämlich als etliche Vorurteile mutmaßen, werden doch gerade bei der Gestaltung von Mode (und verblüffenderweise häufig – leider – anders als im Industrie- oder Kommunikationsdesign) ganz sensibel aktuelle gesellige Bewegungen und Ausdrucksformen, neueste Produktionstechniken und Materialkompetenzen und gar digitale Interaktivität erforscht, begriffen und adaptiert. Dies gilt für Issey Miyake ebenso wie für Comme des Garçons, Bless oder Karl Lagerfeld, Dolce & Gabbana und die meisten anderen (wenn auch auf verschiedenen und für unterschiedliche Niveaus).

Beispielsweise: Bei der wichtigsten Auszeichnung für die Abschlussprojekte von

Fashioning Fashion

The Modular Modalities of the Present

Michael Erlhoff

1. General

Fashion is grotesque, absurd, attractive, provocative, sensuous, and sometimes downright weird. A madhouse undoubtedly, and hence perfectly normal.

Being so fleet of foot, so much a product of the present, however, fashion is also difficult to write about. It brightens up what Ernst Bloch called the "darkness of the lived moment" in hopes that its light will facilitate perception. Yet it is only with hindsight (something to which fashion designers have an inborn aversion) that we can judge what actually happened and what we actually saw. Anything else would be no more—and no less—worthwhile than reading tea leaves.

The fact remains, however, that fashion is so adept at redefining the new that other forms of creativity—although or perhaps even because they so often accuse fashion of being too fashionable—often turn to it for inspiration and actually appreciate fashion's role as trendsetter. Whether there really is such a thing as a trend these days is of course open to doubt (reading tea leaves again), but we will return to that conundrum later. For surely it would be far

more interesting to ask where fashion's star designers—both the upstarts and the old hands—turn when they themselves need inspiration. They all pass through the world's fashion schools, of course, although they probably spend even more time scouting around for ideas on the street.

For one of the most impressive things about fashion designers is their empiricism—the way in which they (or their scouts) saunter through the world with their eyes wide open, always on the alert, always ready to snap up whatever they find. For contrary to what is generally assumed, fashion (unlike design in other fields such as industrial design or communications) really does have its finger on the pulse of the latest social currents and forms of expression and is quick to explore and adapt to its own ends the latest production techniques, the latest materials, and these days even digital interactivity. And this is just as true of Issey Miyake as it is of Comme des Garçons, Bless, or Karl Lagerfeld, Dolce & Gabbana, and most of the others, too, (even if at—and for—different levels).

The jury of the Raymond Loewy Foundation's Lucky Strike Junior Designer Award, for example, which is one of the most important

Designstudierenden, dem Lucky Strike Junior Designer Award der Raymond Loewy Foundation, fällt der Jury immer wieder auf, dass die Beiträge aus dem Modedesign im Material, technisch und ebenso sozial und kulturell am avanciertesten sind – höchst empirisch und gegenwärtig, medienbewusst und radikal sozial, intelligent und ansehnlich. Da kommen neue Studien zu Materialien oder Entwürfe für die Kleidung von Avataren (jene virtuellen Wesen digitaler Welten, Lara Croft zum Beispiel), wie man etwa über Internet kollektiv Mode entwerfen kann, welche Metaphern oder Symbole transformierbar sind, wie Mode Geselligkeit fördern kann, welche Zeichen Menschen durch Mode setzen und dergleichen mehr. Gewiss, diese empirische, alltägliche, aufgeschlossene Bewusstheit allgemeinen So-Seins und globaler Kulturprozesse hat nachvollziehbare Gründe: Das Tempo, mit dem man jede sechs Monate mindestens eine neue Kollektion entwerfen und sich dabei noch sich selbst, den Mitbewerbern und dem Markt gegenüber als eigensinnig, wegweisend und originell erweisen muss, erfordert permanent, Generierungsmaschinen, Ideengeber, Vorbildwelten neu herbeizuzaubern oder diese in Alltagsprozessen (noch so kleiner, aber provokativer Gruppierungen) zu entdecken, aufzuspüren und sie zu vermitteln. Da genügt eben nicht das eine System, das alles hervorbringen soll an Konzeption, vielmehr braucht es viele und vor allem dynamische. Deshalb bietet es sich an, diesseits rigider Normalität wirkliche soziale Prozesse klug zu beobachten und zu interpretieren. Das nämlich macht Mode – und das macht Mode so radikal sozial (was nichts mit hohen Preisen zu tun hat: Schnäppchen sind kein Ausweis für Sozialität).

2. Jugendlich

Fraglos bieten gerade dabei die jungen Modedesignerinnen und -designer noch größere Nähe zu dem, was modisch so geschieht – wenn sie über genügend Selbstbewusstsein und somit sensible und offene Aufmerksamkeit wie auch Neugier gegenüber ihrer Umwelt verfügen. Denn sie können die Chuzpe entwickeln, sich durchaus parasitär (aber jede Gestaltung und vieles andere ist irgendwie vergnügt parasitär) und dabei gar noch kritisch in die Gegenwart zu stürzen, aus ihr je neue Ideen für Entwürfe herauszuholen; und sie sind näher dran an jenen jungen Menschen, die (zumal in einer alternden Gesellschaft) recht hektisch ihren eigenen Identitäten zuliebe stilbildend wirken.

Das mag jene jüngeren Menschen zwar nerven, da sie doch alle versuchen, so unbedingt eigen zu sein und imaginäre Authentizität zu bilden – und dabei stets verzweifeln werden, da alle heftig wirklichen und irgendwie intelligenten Novitäten von eben der Mode (Späher laufen überall herum) sofort aufgenommen, interpretiert, womöglich qualifiziert und in Mode umgesetzt werden (Punk könnte davon trostlose Lieder singen, ebenso HipHop, aber auch all die anderen). Jede Ausstellung, jegliche Kommunikation und Perspektive (sei es von Design, Kunst, Musik oder auch Naturwissenschaften etc.) steht allemal in dem seltsamen Konflikt zwischen Ausbeutung des alltäglichen Geschehens und neuer Motivation, Verbesserung und eben Verallgemeinerung. Empirie und Empathie (jene enthusiastische und profitable Wahrnehmung) verbrauchen, erhöhen (qualifizieren) und vermitteln zugleich all das, worauf sie sich stützen, unweigerlich, so wie das einst der Philosoph Hegel für die dreifache Bedeutung des deutschen Wortes »aufheben« präzise beschrieb. Gewinn und Verlust, Fortschritt und Niederlage bilden eben immer zwei

prizes a young designer fresh out of college can win, has frequently remarked on how it is invariably the fashion designers who seem to be the most advanced—and not just in respect of the techniques and materials they use, but in social and cultural terms as well. Their designs are to a high degree empirical, contemporary, media-savvy, radically social, intelligent, and impressive. They are as fearless in their search for new materials and outfits for avatars (the inhabitants of virtual worlds such as Lara Croft, for example) as they are in their exploration of how the Internet can be used for collective fashion design, of the transformability of metaphors and symbols, of how fashion can promote social harmony, and the statements people make with what they wear—to name but a few. Of course there are good reasons for this openness to and hyperawareness of the general this-ness of things and of global cultural processes: To be able to bring out at least one new collection every six months and at the same time prove oneself to be both more original and inventive than one's competitors, one naturally has to have an inexhaustible source of ideas and inspiration, a machine capable of conjuring up one new world after another or of discovering such worlds in the humdrum routines of our everyday lives and communicating them accordingly. A single system is not enough. What is needed is rather several—and above all else dynamic—systems. Which is why it is worth taking a closer look at the here and now, at the social processes at work on this side of normality. For these are the processes that define fashion and that make fashion such a radically social phenomenon (social in this case having nothing to do with price, a "bargain" being no more social than a designer dress).

From Aus *Kira-kiai* by von Sophie Boutel_Akademie Mode & Design, Düsseldorf

2. Youthful

There can be no question that young designers in particular are much closer to the origins of fashion—at least if they are endowed with sufficient self-confidence to be curious and both sensitive and alert to the world around them. After all, it is above all these young designers who are most likely to develop the chutzpah needed to latch on to the present in a way that is certainly not uncritical, but is definitely parasitic (all design is of course unashamedly parasitic in one way or another—and not just design either) and to tease out of it the ideas they need for their creations; and they are much closer to the epicenter than are those other young people whose hectic stylistic innovations (especially in an ageing society) serve only the shaping of their own identities.

This must be very annoying for all those young people who try so hard to be original and unique and to develop an imaginary authenticity—and who are bound to despair

Seiten derselben Medaille, ebenso Nostalgie und Träume von der Zukunft, Melancholie und zornige Verzweiflung oder Glück, Leidenschaft und Schmerz.

Selbstverständlich hat genau dies alles fruchtbar viel mit Mode zu tun. Denn dies bitte ist doch im Dialog mit Mode allemal zu bedenken: Da wir die Mode in den entwickelten Industrie- und Dienstleistungsländern nur noch begrenzt als pure Protektion gegen Wind, Wetter und Kälte nutzen und verstehen, soll sie ja zwei – in sich höchst komplexe – Aspekte ihrer Realisierung und des Gesprächs darüber berücksichtigen. Sie verleiht den Menschen eben jene Façon, mit der sie die innere Überzeugung und gar Sicherheit erringen, sich (übrigens auch ganz praktisch) bewegen, auftreten, glänzen und sich ein Bild geben zu können: ein Selbstbild für sich selbst, um sich wohl zu fühlen, sicher zu sein, auftreten zu vermögen in dieser Welt und dabei besonders oder eigen zu sein. Einsichtige Menschen sorgen dabei stets für Bewegungsfreiheit, für Selbstgewissheit, für eine Sicherheit im Inneren, sich zu äußern. Mag man dies »Performance« nennen, so bezieht diese sich zuallererst auf sich selbst (was allzu oft unterschätzt wird, auch leider von denen, die sich anziehen). Hier spielt nämlich Narziss eine denkwürdig große Rolle. Und dies verweist hinterrücks selbstverständlich darauf, dass die Eigenheit sich entäußern mag. Zugleich setzt Kleidung, allemal also Mode, Zeichen nicht nur nach innen, viel bewusster noch nach außen. Man kommuniziert ständig über die Kleidung, sucht, den anderen Menschen zu erläutern, dass man ist und wie man ist und was man will. Man teilt sich und Intentionen mit, schließt sich ab (stets gestützt – so wichtig für Mode – durch Gestik, Mimik und Gebär-

den), sucht Anziehung (wundervolles deutsches Wort, dieses »anziehen«), provoziert, will auffallen, eigene Besonderheit demonstrieren.

Wenn denn die äußerliche Welt eine Bühne ist – und dem kann man noch in der alltäglichsten Reaktion nicht widersprechen –, dann produziert die Kleidung (so funktioniert also Mode) die Zeichen, die je nach spezifischem Anlass und Ort von allen gesehen werden sollen. Auf diese Weise, in all diesen Vernetzungen, lebt Modedesign, mit all dem ist es konfrontiert – und dann noch mit den üblichen kapitalen Banalitäten wie Kosten, Umsatz und Gewinn, eben den riesigen Schwierigkeiten, die es bereitet, selber Kollektionen ganz unter eigenem Label durchzusetzen oder wenigstens an einer berühmten Labelkollektion zu partizipieren oder notfalls und, wenn geglückt, wegweisend mit einem kleinen eigenen Laden mit Intentionen aufzufallen und sich allmählich zu profilieren.

Man sieht, wie auf- und anregend es ist, über Mode nachzudenken, insbesondere über die Jüngeren, die sich in diesem Metier tum-

Cathy Pill_La Cambre, Brussels Brüssel

when they see how all real and halfway intelligent innovations are seized upon, reinterpreted, and qualified where necessary before being transformed into fashion (whose scouts are legion). Punk is a case in point, as is hip-hop—to name but two of fashion's many "victims." Every exhibition, all forms of communication, every new perspective (whether in design, art, music, or even the sciences etc.) is snared by the same strange dilemma between the exploitation of the mundane on the one hand and the desire for motivation, improvement, and universality on the other. Empiricism and empathy (enthusiastic and profitable perception) consume, elevate, (qualify) and at the same time communicate all that upon which they themselves rest—inevitably so, as the philosopher Hegel once described in his threefold definition of the German word *aufheben* (which means to preserve, to elevate, *and* to cancel). Profit and loss, progress and setback are always two sides of the same coin, as are nostalgia on the one hand and dreams of the future on the other, melancholy and raging despair, happiness, passion, and pain.

It goes without saying that all this naturally has a lot to do with fashion. For one thing that must be borne in mind in our dialogue with fashion is this: Because clothes in the industrialized West are understood to mean more than just protection against the elements, there are in fact two—intrinsically complex—aspects of their realization and of our discourse concerning them that must be taken into account. For on thing, fashion lends people a style from which they can derive the confidence and security they need to shine, to be mobile (quite literally), and to give themselves an image—a self-image that makes them feel good about themselves and that enables them to present themselves to the world as special or in some

way unique. Insightful people invariably make for freedom of movement, for self-assurance, for the security that comes from within and for self-expression. Call it "performance" if you will, it relates first and foremost to the self (a fact that is all too often overlooked, even—unfortunately—by those who do the dressing). Narcissus has a leading role to play here. All of which also goes to show that individuality can be self-effacing too. What we wear, and hence fashion, conveys something not only to ourselves, but—much more forcefully—to the world around us as well. We are constantly communicating via the medium of clothing, are constantly trying to convey to others the fact of our existence, who we are and what we want. We communicate both ourselves and our intentions, cocoon ourselves at times (always with the aid of a certain amount of posturing—which is also crucial to fashion), seek to attract (the German word *anziehen* means both to dress and to attract), to provoke, to be noticed, and above all else to demonstrate our own specialness.

If all the world's a stage—which is apparent even in the most banal reactions—then clothes (which is how fashion works, after all), like costumes, can indeed be said to transmit signals that are there for all to see and will be variously interpreted depending on the occasion and the venue. Fashion designers have to grapple with these interrelationships, just as they have to grapple with such down-to-earth matters as costs, sales, and earnings and, of course, with the Herculean task of launching an entire collection under their own label, or of at least contributing to someone else's label, or even, if they are lucky, of opening a small but exclusive boutique with which to slowly sharpen their own profile on what is undoubtedly an overcrowded market.

By this time, we can be in no doubt of how exhilarating and stimulating it is even just to

meln. Denn hinter all den so vordergründig schlichten Modellen und Entwürfen verbergen sich äußerst spannende und komplexe Handlungs- und Denkformen, Enthusiasmen und Krisen und ohnehin uns alle bewegende Gebilde. Aber das erörtern Ausstellung und Katalog ja ohnehin.

3. Spezifisch

Sollte nun noch nach spezifischen Aspekten deutschen oder gar europäischen Modedesigns gefragt werden, so kann man eigentlich bloß Vielfalt, interkulturelle Präsenz und gespannte Hektik feststellen oder womöglich ein schier groteskes Nomadisieren zwischen biederer Bravheit und radikaleren Ausbrüchen.

Sicher, Vielfalt kann stets auch bloß auf die Fiktion nur imaginierter Supermarktdemokratie verweisen, eben sich in trivialer Allgemeinheit verlaufen; und unaufmerksame Wahrnehmung und Bearbeitung der Umwelt und der eigenen Erfahrungen verleiten gelegentlich zu blankem Opportunismus, der jede günstige Gelegenheit nutzt, sich irgendeinem Zeitgeist an den Hals zu werfen. Dazu tendiert gerade Mode in ihrer so eilfertigen Adaption des jeweils Vorstellbar-Realen. Allerdings versiegt sie dann meist ebenso schnell als je bloß aufgesetzter und somit allein flüchtiger Trend. Nur wer wirklich Perspektiven aufweist, wer überlebt und beeindruckt, schafft selber Trends und wird zur Marke, zum von allen ersehnten Wegweiser, sodass die Klamotten nicht gleich wieder hingeschmissen werden müssen.

Und dies übrigens betrifft schon die jungen Modedesigner. Der Modemarkt läuft vielschichtig dahin, und auf der Seite der Käuferinnen und zunehmend auch Käufer sieht das womöglich folgendermaßen aus: Da gibt es jene, die aus realen (meist einkommensadäquaten) oder auch nur tumben (Geiz oder dergleichen) Gründen immer billig einzukaufen suchen und meist ohnehin lediglich dann kaufen, wenn sie meinen, etwas zu brauchen (im Oktober den Wintermantel und im Mai das Sommerkleid …). Bei den Angehörigen dieser Gruppe findet im Normalfall ein erstaunlich rasender Verschleiß statt. Denn sie kaufen nicht allein meist mindere Stoff- und Verarbeitungsqualität, vielmehr sind gerade sie diejenigen, die sich saisonal jeweils auf den angeblich neuesten Trend stürzen, oft einfältig sowieso nur verzweifelten Vorbildern und Verlautbarungen etlicher Journale folgen und immer wieder reinfallen, da sie je blitzartig alter und, um dies zu vermeiden, der nächsten – möglichst billig einkaufbaren – »Mode« nachjagen. Womit sie letztlich, meist ohne dies zu begreifen, viel mehr Geld ausgeben als andere Gruppen.

Schön tragisch ist dieser Widerspruch – und blödsinnig auch für die, die Mode gestalten, erzeugt dies doch bloß alberne und verschleißende Hektik, eine Novitätentobsucht, disqualifizierenden Schrott und Leere in Geldbeutel und Hirn. Hier endet für viele die Laufbahn, bevor sie richtig begonnen hat.

Jedoch: Verdammen wir nicht den Tag vor dem Abend. Denn gerade eine Vielzahl der Jüngeren im Modedesign auch hierzulande müht sich, geprägt durch eigene Erfahrungen und Wünsche im jugendlichen und studentischen Umgang mit Kleidung und somit Mode, Preiswertes und Einfaches oder leicht Veränderbares zu entwerfen, das es gestattet, sich über längere Zeiträume je erneut modisch oder (besser noch) up to date oder zeitnah kleiden zu können. Da wird rezykliert (Recycling) in ständiger, einfacher und eben mitgestalteter Veränderbarkeit des Getragenen oder ebenso in materialer Wiederverwendung von Stoffen. Die einen zum Beispiel versuchen (oder regen

think about fashion and about those young people who operate in this métier. For hiding behind all those seemingly simple models and designs are some extraordinarily exciting and complex cognitive processes which, together with all their thrills and their crises, are bound to affect us all in the end. But then this is what the exhibition and catalogue tell us in any case.

3. Specific

If one were to ask what are the salient characteristics of German or even European fashion design, the most likely answers would be its sheer variety, intercultural presence, and latent tension—and possibly what some might view as its grotesque alternation between bourgeois virtue at one end of the spectrum and subversive radicalism at the other. Variety, of course, may be no more than a pointer to a purely fictional, supermarket democracy, hence to the democratization of triviality, just as a disregard for and exploitation of the environment and individual experience can lead to unabashed opportunism—such opportunism as seizes upon any hint of zeitgeist, no matter how paltry, with enthusiasm. With its breakneck adaptations of conceivable reality, fashion is especially susceptible to such behavior. Fortunately, however, it also tends to run out of steam just as fast as any other fleeting fad. Only those designers who really do open up new perspectives, who not only survive, but continue to impress us as well, can create new fashions and become not just a label, but one of those much sought-after trendsetters, whose clothes do not have to be discarded a few months down the line.

And this, by the way, affects even young fashion designers as well, for the fashion market operates at various different levels at once and from the point of view of the buyers—more and more of whom these days are men—probably

looks something like this: There are those who always try to buy cheaply, whether for real (because that is all that their income allows) or for imagined reasons (because they are parsimonious by nature), or who only shop for clothes when they believe they need something (a winter coat in October or summer dress in May, for example). The wastage among members of this group is extraordinarily high as a rule, because not only do they tend to buy substandard materials and poor workmanship in most cases, but they are also the ones most likely to fall for what is allegedly the latest trend or to follow blindly the rather dubious examples and advice provided by countless fashion magazines—and this again and again, because such trends are invariably ephemeral and hence have to be replaced by the cheapest possible manifestation of the next "fashion." What few such people realize is that they actually spend far more money on clothes than do the members of the other groups.

This contradiction is not just tragic, it is also a nuisance for fashion's creators, inasmuch as it results in the mindless pursuit of silly and short-lived trends, an obsession with novelty for novelty's sake, the production of degrading trash, and empty heads and pockets. This is where many a career grinds to a halt before having gotten off the ground.

Fortunately, however, this is not the whole story. After all, motivated by their own wishes and experience as students on a limited budget, countless young fashion designers, including a number of Germans, are indeed endeavoring to create fashions that offer value for money, if only because they are simple or adaptable enough to be worn over a long period of time without looking out-of-date. Recycling, for them, can mean either the ongoing adaptation of the existing wardrobe or the reuse of materials. Some try—or persuade others to try—the

zu solcher Versuchung an), allerlei schon und manchmal gar anderweitig Gebrauchtes neu und leicht aufbereitet oder kombiniert als modisch einzusetzen (was im Bereich von Accessoires längst gang und gäbe ist, etwa bei Taschen, Gürteln und Schmuck), und handeln damit sogar noch umweltbewusst; die anderen bieten eine verwirrende Kombinatorik an, schlagen vor, dies und das und dann noch jenes tentativ und vorübergehend zu verquicken, auf dass nicht allein jene völlig überholte lineare Logik von Harmonie über Bord geworfen wird, sondern auch ganz praktisch Gebrauchsspuren nicht verhindert oder überdeckt werden (der »Ärmelschoner« als Modeobjekt) und vielmehr die Trägerinnen und Träger angeregt werden, das allemal so viel preiswertere, rationalere und sinnhaftigere Chaos auszuleben und zu erfahren und so aktiv mit sich und Kleidung umzugehen.

Hier nämlich artikuliert sich die humane basisdemokratische Eigenart, jene Tragik von modischer Besessenheit, Schnäppchenjagd oder erzwungener Sparsamkeit einerseits und Lebensfreude andererseits dadurch aufzulösen oder gar zur lustvollen Komödie zu wandeln, den Menschen selbst die Verantwortung für ihr So-Sein und ihre (Ver-)Fassung zurückzugeben und dafür die Mittel offen und offensiv bereitzustellen. Und zugegeben: Das macht Spaß, fordert aber (hoffentlich) seitens der Käuferinnen und Käufer oder derer, die das wahrnehmen, die Kompetenz ab, selbstbewusst zu kombinieren, sich ständig eigensinnig zu verändern, althergebrachte Einseitigkeit zu überwinden und sich dem permanenten öffentlichen textilen Diskurs (denn der findet bekanntlich statt, wo auch immer wir herumlaufen und -stehen oder auch bloß in den Spiegel schauen) fröhlich auszusetzen und sich mit entspannter Aufmerksamkeit zu kleiden.

Dritte gar haben (gewiss einst angeregt von Stonewashed-Jeans oder dann von Comme des Garçons) Patina und Patinafähigkeiten von Kleidung oder das Unfertige, das Zerlöcherte, die fehlerhafte Produktion sich zum Modell genommen und dies propagiert als den eigentlichen Luxus, als das Eigene, Besondere und Vergängliche. Das nämlich, was industrielle Produktion in ihrer Langweiligkeit missverstandener »egalité« (ständig umformuliert als Gleichförmigkeit) eintönig als Serienprodukte anbietet und allgemein und als allgemeinen Entwicklungsprozess durchgesetzt hat, wird derweil einzig durch Mode konterkariert, indem diese sich die Qualität systematischer Fehler in der Fehlerhaftigkeit leistet, genüsslich damit Aufmerksamkeit und Identität vorstellt und anbietet. Wodurch sonst als durch Fehler wird unsere geliebte und gewohnte Identität gebildet (leider sind wir schon so industrialisiert und heruntergekommen, so miserabel, dass dies nur mehr als »Fehler« – auch noch fatalerweise den Singular unweigerlich mit dem Plural gleich verknüpfend – in dessen pejorativer Missbildung benennbar ist)? Jede Fehlervermeidung nämlich ist obsolet, stupid und trostlos, lässt uns allesamt im Unisono elendiger Abziehbilder verenden.

Der Patina übrigens sollte ebenfalls der allgemeine Schrecken des Alterns genommen werden, verweist Patina doch wunderbarerweise auf die Möglichkeit des Veränderbaren, impliziert sie also jene Zukunft und das Zukünftige, auf das wir alle jenseits dieser statischen Gesellschaften und gesellige Strukturen hierzulande hoffen. Oder möchte wirklich noch jemand solch kleingeistiger Verheimlichung des So-Seins frönen, die sich mit Plastikblumen ziert, auf dass nichts sich bewege.

Mithin können wir in diesem Kontext behaupten und zusammenfassen: Ein an und

environment-friendly option of wearing their own or even other people's old clothes either as they are, or reworked, or in combination with some other fashion item—which of course has long been standard practice with such fashion accessories as bags, belts, and jewelry. Others risk confusing combinations and engage in a process of tentative and transitory mixing and matching, which, although it may result in the out-of-date linearity of the old garment being jettisoned, seeks neither to disguise nor to conceal its wear marks (the oversleeve as a fashion accessory, for example). On the contrary, wearers are urged to live out and to experience for themselves this infinitely cheaper, more rational, and more sensuous chaos and in doing so to take a more proactive approach both to their clothes and to themselves.

It is here that one of the peculiarities of grassroots democracy manifests itself, for it is here that what appear to be irreconcilables—namely our tragic obsession with fashion, manic bargain-hunting, or forced frugality on the one hand and *joie de vivre* on the other—are not just reconciled, but in some cases are even transformed into something both comic and creative that restores to us our responsibility for our own this-ness and our own well-being, while at the same time providing us with the means needed to that end. This is certainly fun, even if it demands a certain boldness on the part of the buyer—meaning the confidence needed to change constantly, to overcome years of conformity and be more attentive to and less inhibited about how we dress and willing to engage in a sartorial discourse that is both ongoing and alarmingly public (and that takes place wherever we go or happen to be—including in front of the mirror).

Some (doubtless once inspired by stone-washed jeans or Comme des Garçons) have even gone so far as to recast faults in production, shabbiness, patina, or the capacity for patina and the unfinished look as fashion features and propagated the same as precisely that luxurious aspect of a given product that makes it so special, so unique, and so much a thing of the moment. Only fashion challenges what industrial production, lacking the imagination to interpret *egalité* (for which read "uniformity") any differently, continues to churn out en masse and has even succeeded in standardizing as the customary development process, for only fashion embraces systematic imperfection and even celebrates it as a means of attracting attention and as a source of identity. How else, if not through our faults, is the identity we are so fond of and so accustomed to formed? And how regrettable it is that we have been industrialized to such an extent and have degenerated into such wretched creatures that all these words—"faults," "mistakes," "defects" and such like—are inseparable from their pejorative overtones, even though avoiding or even eliminating the same would be both fatuous and undesirable, given that it would ultimately result in a truly distressing degree of uniformity and hence monotony.

Patina, by the way, should also disburden us of the fear of ageing, for what more wonderful proof of the possibility of change over time could we have—and proof that implies precisely that future beyond the statistics and beyond the existing social structures for which we are all so desperately hoping to boot? Or is there really anyone out there who would want to be enslaved to that kind of small-mindedness that hides its this-ness behind pretty plastic flowers so that at least nothing moves?

In summarizing, it is worth remembering that it is above all the younger generation of fashion designers that has adopted a smart,

für sich und auch in sich dramatisch trauriges Marktsegment billiger Produkte – gestiftet durch einerseits dreiste Dämlichkeit rüder Preisjäger oder andererseits durch auch hier wachsende Armut – wird im Sinn der realistischen Problemfelder (also nicht im Unsinn der Dämlichkeit von Jägern) gerade von den jungen Modedesignerinnen und -designern klug, pragmatisch und selbstbewusst angegangen, um die Schmerzen, Idiotien und sonstigen Nachteile zu kompensieren, ihnen entgegenzuarbeiten oder sie subversiv aufzunehmen und sie in eine sinnvolle und stilvolle Zukunft geselliger Bekleidung und die Reflexion darüber zu wandeln.

4. Detailliert

War eben noch vom billigen Markt, der in einen preiswerteren zu verwandeln wäre, die Rede, so ist nun – allemal noch vereinfacht – das mittlere Marktsegment an der Reihe. Unternehmen, die sich da tummeln, mühen sich verstärkt, sich als Marken, mithin via Corporate Design, als Qualitätsmerkmal zu etablieren. Nun gut, das tun vereinzelt auch Billiganbieter (Aldi als grausame Avantgarde oder McDonald's und andere), nur reden diese meist vom billigen Preis, sie verhehlen kaum, wie sehr sie ihre Klientel verdummen und auf den Arm nehmen, und sie verbinden bestenfalls den Preis mit einer Art von manchmal behaupteter Qualität. Wichtig in diesem Zusammenhang sind vielmehr jene Marken, die als solche sich aufbauen und versprechen, trendig, modisch, qualitätsbewusst und dennoch nicht teuer oder avantgardistisch »abgehoben«, sondern allgemein mehrheitlich irgendwie qualitätsverpflichtet zu sein – die sich also als sichere Wegmarken im Dschungel der Stile und Tendenzen anbieten, um eben über die Marke Sicherheit zu offenbaren.

In diesem vermeintlich mittleren Preissegment dümpelt eigenartige Mode vor sich hin: an sich mittelmäßig, drastisch klein- und zeitgeistig, in fortwährender Geste von gesichertem Trendsetting, als pure Konvention, erhaben über alle Experimente. Das ist ein merkwürdiger Tummelplatz des Gewöhnlichen, der sich gegenwärtig von Zeit zu Zeit als quasi außergewöhnlich gerieren mag (nicht zuletzt der Attraktion der eigenen Marke und möglicherweise erhöhbarer Preise zuliebe). Hier findet wahrlich jene Allgemeinheit ihren Ort, die allen Ansprüchen von Mode zuwiderläuft, sich gleichwohl als Zeichengeber modischer Entwicklungen je ausweisen möchte. Hier aber wird Mode verkauft – bei den H&Ms, Peek & Cloppenburgs, einst bei den C&As und dergleichen. Massenverkauf mit dem Image von Niveau – und eigentlich doch nur so medioker, dass nicht mehr als das kleinste gemeinsame Vielfache herauskommt, und dies auf dem Plafond von Meinungsumfragen, die nie mehr einfangen als die Festschreibung des jeweiligen Status Quo.

An sich müsste dies für Modedesigner der Horror sein, da Innovation als Farce angeboten wird, Mode modisch verkümmert, jeglichen Eigenheiten entsagt und neue Dimensionen durch Bekleidung vermittelter Bewegungen und Kommunikationsformen praktisch ignoriert werden.

Hier treffen sich eben diejenigen, die auf Nummer Sicher gehen wollen, dafür das Geld haben und verausgaben mögen, jegliches Risiko von Selbstbewusstsein scheuen und dies durch die Marke übertünchen, so einem allgemeinen Wellnessfieber anheim fallen, Porsche oder Audi fahren, sich mit Hansaplast Verletzungen zukleben, dem Eigenheim zujubeln und ansonsten alles so nehmen möchten, wie es ist. Für die Unternehmen – nennen wir sie

pragmatic, and self-confident approach to the cheap end of the market, to a segment that is both dismal and desolate, driven as it is by the brazen stupidity of bargain-hunters on the one hand and by the spread of poverty on the other. Having recognized this market as a genuine problem area (as opposed to a pseudo-problem area created by the aforementioned stupidity of bargain-hunters), these young designers are now seeking to compensate or in some cases to subvert the pain, idiocy, and other disadvantages it generates and to integrate these in clothes that are both meaningful and stylish and hence in the sartorial discourse of the future.

4. Detailed

Having discussed the cheap end of the market and expressed the hope that it may become more low-priced than cheap, it is now the turn of the middle segment—to use a rather simplistic term. The companies vying for attention on this market have recently beefed up their efforts to establish themselves not just as suppliers, but as labels and hence as suppliers of quality, corporate design being just one of the strategies they have adopted to this end. Some cheap-end suppliers do this too, of course (take the ghastly avant-garde of Aldi and McDonald's, for example), except that what they are selling is above all their prices, including by blatantly dumbing down their clientele—the best one can hope for here being a promise of value for money.

Far more important to the middle segment, however, are those labels that claim to be trendy, fashionable, and quality-conscious without being either expensive or outlandish, labels that for the most part project a commitment to at least some measure of quality and offer both guidance and a certain degree of safety for those lost in the impenetrable jungle of styles and trends. It is here, in this supposedly middle-price segment, that the most intrinsically mediocre, small-minded, and short-lived fashions are to be found—fashions that are as enslaved to the trendsetting imperative as to any other convention, yet consider themselves to be above all experimentation. This is the playground of the ordinary and unimaginative that from time to time try to pose as extraordinary (not least with a view to making their labels seem more desirable, which would in turn justify charging higher prices). This is the market that is home to precisely that commonality that contradicts the very essence of fashion, but at the same time would like to be perceived as a creator of fashions. Yet it is also here, at H & M, Peek & Cloppenburg, C & A, and all the others like them, that fashion is allegedly to be had—in the form of mass-produced products that despite their stylish image are in fact so mediocre that they generally amount to nothing more than the lowest common denominator riding on the back of opinion polls that point to nothing more interesting than the perpetuation in all eternity of the status quo.

A market in which all innovation is a farce, in which fashion is no more than vacuous trendiness stripped of all individuality and novelty and in which any sartorially conveyed new current or dimension is all but ignored must surely be anathema to fashion designers.

After all, this is the market for those who want to play safe and who have the money to do so, for those who use labels to gloss over their dread of a more assertive individuality, who succumb to every passing wellness fad, drive Porsches or Audis, dress their wounds with Hansaplast, worship the god Home Ownership, and basically would prefer to have everything remain just the way it is. What the labels themselves infer from this odd assortment of petty

hier einfach »Marken« – erwächst aus diesem seltsamen Konglomerat von Sehnsuchtsbildern die Anforderung, modisch sein zu wollen ohne Abstrich an eigener Saumseligkeit, biedergemütlichem Selbstgewissheits- und Beschäftigungswahn und der Not, von Zeit zu Zeit gleichsam Neues bieten zu müssen. Das Marketing hat etwas von Geisterbahn, zumal von jener, die man nicht wieder loswird. Denn man steckt in der Klemme, obwohl an sich konservativ, sich zugleich als modisch erweisen zu müssen – also Kontinuität und Kontingenz gedankenlos miteinander zu verschmelzen.

Sollte nun jemand denken, jüngere Modedesigner wendeten sich hier ab mit Grausen: weit gefehlt. Irgendwie ist Teil des Studiums von Modedesign hierzulande (und professionell durchaus berechtigt), diejenigen, die das studieren, durchaus auf deren spätere Berufsnormalität vorzubereiten und eben auch auf solch banalem Niveau reüssieren zu können. Voraussetzungen dafür sind unter anderem: Lernen von Frustrationstoleranz (ohnehin eine prägend notwendige Eigenschaft von Designerinnen und Designern, bei der allerdings die Grenzen je diskutiert werden sollten), die äußerst komplexe Kompetenz subversiven Handelns (eine weitere gesellschaftliche Fähigkeit intelligent ausgebildeter Designerinnen und Designer, die Wege zu kennen, die Irrationalität von Unternehmen und insbesondere deren Marketing zu unterlaufen und so Restvernunft oder auch nur gesellliges Vergnügen zu gestalten), Einsicht in die Realität von Marken (Branding als ein Studienaspekt), intensive Einblicke in die internen kommunikativen Unternehmensabläufe und jene schon zu Beginn erwähnte empirische Befähigung, dem Wahn die darin wohnenden Sehnsüchte, Träume und sonstigen Realien abzuringen. Ohne Design nämlich – also ohne jene präzise

Form von Organisation, Koordination, Entwurf, empirischer Wahrnehmung, unternehmerischem Kalkül, Wissen um Moden und um die Relevanz von Dienstleistung, von rebellischem Eigensinn –, ohne Design wären diese Unternehmen ohnehin aufgeschmissen.

Im Modedesign unmittelbar bedeutet dies zudem – und das verdeutlicht sich in einigen Entwürfen an deutschen Studiengängen für Modedesign –, im Dienste des denkwürdigen Pragmatismus so etwas wie eine neue Norm- oder Standardmode zu entwerfen. Ohnehin wird allgemein im Designstudium der derweiligen Generation die Suche (und das ist durchaus ambivalent, schwankt gewissermaßen zwischen Anpassung und Provokation oder auch nur persönlicher, partiell gar infantil geprägter Sehnsucht oder Angst und zugleich dem Bestreben, sich erwachsen zu behaupten) nach neuen Standards deutlich, quasi diesseits all der hektischen Experimente der 1960er und, dann noch einmal auflodernd, der 1980er Jahre. Gefahndet wird – so wäre das zu veranschaulichen – verstärkt nach dem besonders lustigen witzlosen Witz, nach der Pointe, die so beeindruckt, weil sie keine ist. Comedy statt Kabarett, Coolness statt Engagement (wobei solche Coolness allemal sich zerzweigt zwischen Zynismus und Stammtisch, Ironie und Teilnahmslosigkeit, reflektiertem Protest und Unaufrichtigkeit, Leidenschaft oder Sehnsucht, Diskurs oder Versicherung …).

Einige nämlich von denen, die sich im jüngeren – zum Beispiel deutschen – Modedesign aktiv bewegen, scheinen gerade in einer Reformulierung des Mittelmäßigen ihren Weg zu suchen, beispielsweise im Spiel mit Statussymbolen oder gar staatlichen Metaphern, im lockeren Umgang mit Overalls und dem Graus von Trainingsanzügen, in der Perfektionierung käfermäßiger Rucksackhalter und dann dem so

aspirations is a desire to be fashionable, but not at all costs. Consumers in this segment want to dress in line with the times, but not if that means forfeiting their middle-class smugness, mental lethargy and obsession with employment or even the necessity of coming up with something ostentatiously new from time to time. Marketing really can resemble a ghost train at times, albeit a ghost train it is impossible to get off. For the central problem is this: People who are by nature conservative nevertheless feel compelled to be fashionable and it is this contradiction in terms that gives rise to the sleight of hand by which continuity and contingency are unthinkingly fused together.

One would expect young fashion designers to avoid such a market like the plague. Yet fashion colleges here in Germany, it seems, prepare their students so well for the humdrum nature of the careers they are likely to embark on after graduation that there are plenty of recruits willing to work even at this level of banality. The requirements include the ability to cope with frustration (which is in any case a must for designers, even if the limits of this tolerance should certainly be open to discussion), a capacity for subversiveness (another essential and extremely complex social skill that is to be found only in those intelligent designers who know how to undermine corporate irrationality and the irrationality of marketing departments and in doing so to give a concrete shape to whatever is left of common sense or at least pleasure), an insight into the reality of labels (branding as a special subject), an in-depth understanding of corporate communication processes, and the empirical perspicacity—as discussed earlier—to pinpoint the yearnings, dreams, and other things locked inside the general madness. For without design, meaning without that precise form of organization,

coordination, creativity, empirical perception, business acumen, knowledge of fashion, as also of the relevance of service and rebellious defiance—without design, the said corporations would in any case be lost.

What this means for fashion design itself—as is evident from the designs of numerous German fashion design graduates—is being prepared to design what could be called a new standard fashion in the interests of a rather dubious pragmatism. That the latest generation of fashion design students is in any case searching for new standards, even if only to set itself apart from the hectic experimentation of the sixties and its rekindling in the eighties, is in any case clear. And the quest itself is of course ambivalent, caught as it is between conformity and provocation or between personal and in some cases infantile yearnings and anxieties on the one hand and the desire to appear grown-up on the other. Expressed in metaphorical terms, the search is now on for the joke whose punch-line is the absence of a punch-line, for slapstick in place of wit, coolness in place of commitment (even though such coolness has a tendency to fork into cynicism and bigotry, irony and apathy, informed protest and insincerity, passion or yearning, discourse or reassurance …).

Some of those who are currently active in the world of fashion—including some in Germany, for example—appear to have found their niche in the redefinition of mediocrity, whether this means toying with status symbols or official metaphors even, taking a less inhibited look at overalls and horrible jogging suits, or perfecting the beetle-like rucksack while at the same time claiming to uphold that all too idyllic, rarefied notion of spontaneity (in creepy joggers, blinded tanning studio victims, face-lifted Madonnas, and indeed in all such

empfindsam idyllischen Gestus allgemeiner Spontaneität (gruseliger Jogger, geblendeter Sonnenstudiobesucher, gelifteter Madonnen und überhaupt virtueller Realkörper mitsamt Gebär- und Fruchtbarkeitszeremonien). Hier könnte »Norm«, als neues Ideal, viel – wenn geglückt – zur Diskussion anbieten und zur Auseinandersetzung, insbesondere wenn es darum geht, Mode neu zu formulieren. Mithin bietet eben auch dieser Markt des Normierten oder scheinbar Avanciert-Normalen eine enorme Spielfläche für Modedesign, und zwar darin, sich fatalistisch affirmativ (und je kurzfristig erfolgreich) oder klug subversiv einzuklinken im Bewusstsein der Strukturen von Markt, Kapital, unternehmerischer Realität und gesamtgesellschaftlichem Unmut und all der Versuche, dies eben auch modisch zu präsentieren und durchzusetzen.

5. Offensiv

Bliebe idealtypisch ein drittes Modul, nämlich das der großen berühmten und wahrhaftig als Avantgarde angesehenen Labels – der Issey Miyakes und dergleichen. Kein Zweifel, angesichts der realen Vielfalt ist ein Drei-Klassen-Modell (wie hier) viel zu reduziert und eindimensional. Dennoch mag es hoffentlich zum Denken über die jeweilige Gegenwart von Mode und deren bewusster Gestaltung, auch von jüngerem Modedesign, anregen.

Packen wir einfach mal Marken wie Prada, Dior sowieso, inzwischen leider auch (aber hier erweist sich ja Marktwirtschaft und deren Power) Giorgio Armani, Dolce & Gabbana, Calvin Klein und dergleichen als durchaus designmanagementkompatible, nur ansonsten langweilige Labels in jene Rubrik von Norm und Normalität, also allgemeiner Gemeinheit: Dann bleiben so notwendige Marken wie Vivienne Tam, Masatomo, Bless und noch ein paar eher ganz junge deutsche und internationale Brands übrig, die merkwürdigerweise gerade aufgrund ihrer so unmittelbar modischen Figurationen (und durchaus hochpreisig) wirklich Zeichen gesetzt haben und setzen. Im Modemarkt mögen sie womöglich lediglich weniger als fünf oder gar ein Prozent ausmachen: Für die Entwicklung der Mode aber sind sie unausweichlich die Wegweiser, die Antreiber von Perspektiven neuer Körperlichkeit, innovativer Konzepte und Materialien, bewussten Lebens mit all den heute alltäglichen Vermittlungen und ihren deutlichen Schnitten hin zu anderen Metiers des Designs. Das sind jene Modestudios, in denen die begründeten Träume vom Modedesign wahr werden, die eben wirkliche Antizipationen von gesellschaftlichen Veränderungen, Sehnsüchten, Träumen und Utopien gestalten und eben deshalb nie Be- und Verkleidung bloß als pure Notwendigkeit oder als blasse Normalisierung oder gar Normierung oder als schlicht saisonales Gewerbe von Preisgefüge verstanden, vielmehr Mode stets als »Körperlichkeit«, als je aktuelle Lebensart, als alltägliches Mittel von Kommunikation und als Zeichensetzung begriffen haben.

Wenn auch, quasi zwangsläufig und tragikomisch, gilt, dass eben jene Labels des Modedesigns, die vordergründig teurer auftreten, sich hinterrücks jedoch, weil so antizipatorisch, fast als Kapitalanlage erweisen, ohnehin in ganz anderem Sinn »modisch« waren, sodass man deren Entwürfe und Produkte meist bis zu zwanzig Jahre (von der Textilqualität her schafften die das ohnehin) tragen konnte: immer als eigensinnig und gar auffallend und ohne in trostlosem Sinn zu veralten.

Gerade für junge Modedesigner kann es zum Berufstraum (oder auch -trauma) geraten, eben diese Position zu erreichen (oder

virtual bodies complete with their fertility and birthing ceremonies). Elevated to the status of an ideal, the "norm" in this case—assuming it succeeds—could contribute a lot to our discussion and to our analysis of this subject, especially when what is at issue is the redefinition of fashion. For even this highly standardized market, the market for advanced normality, as it were, in fact offers tremendous scope for fashion designers to adopt either a fatalistically affirmative (and temporarily successful) or intelligently subversive stand that is aware not only of market structures, of the imperative of capital, corporate realities, and general social discontent, but also of all the attempts hitherto made to translate all this into—and hence assert it as—fashion.

5. Offensive

Which leaves us, ideally, with a third module, namely that of those great and famous labels that really do merit the epithet avant-garde—Issey Miyake and Co. Bearing in mind how extraordinarily varied and multifaceted the market is, any three-class model such as this one is bound to be far too simplistic and one-dimensional. One advantage of such a model, however, is that it may—hopefully—encourage us to think more deeply about fashion's presence and how fashion is consciously fashioned, including by the up-and-coming generation of designers.

If labels such as Prada, Dior, of course, and—alas—even Giorgio Armani (this is where we see how powerful market forces really are), Dolce & Gabbana, and Calvin Klein can be deemed design-management-compatible, but in all other respects rather boring and run-of-the-mill, then what we are left with are such vital labels as Vivienne Tam, Masatomo, Bless, and a handful of other relatively new German and international brands, which have made their

Il silenzio by von Bianca Maria Gervasio_Istituto Marangoni, Milan Mailand

mark, strangely enough, primarily on account of the in-vogue immediacy of their creations (which admittedly are quite pricey). They may account for less than 5 or perhaps even a mere 1 percent of the fashion market, but are without a doubt the labels that set new trends, that open up new perspectives on corporeality, innovative concepts and materials, a much more conscious approach to life, complete with all the banalities of contemporary existence, and clear overlaps with other design métiers. These are the fashion studios in which the deeply rooted dreams of fashion design can become a reality; these are the studios which really do anticipate social change and which lend form and substance to our yearnings, dreams, and utopias. Fashion, for them, is never merely a necessity, nor is it a busi-

eben nicht), wirklich das zu verwirklichen, was über Mode (nur unterschätzen heute viele deren Einfluss als Wegweiser, als soziale Organisationsform, als Vermittler, als Wertschöpfer oder auch als Pfadfinder) an gesellschaftlichem Einfluss eingelöst werden könnte an Gestaltungskraft, an Design- und Gebrauchs- (und Marken-)Forschung, an allgemeiner Reflexion gesellschaftlicher Realitäten und – durchaus auch oder gar last, not least – an narzisstischer, weil messianischer, politisch begründbarer, selbstreflexiver, diskursiver etc. Befriedigung. Mithin sind hier anzusiedeln all jene – an sich dem Modedesign explizit verpflichteten und hoffentlich verstärkt sich meldenden – jungen Designer, die ihren eigenen Weg ebenso pragmatisch wie verträumt sehen und dann an sich stets finden, öffentlich Präsenz (und auch spezifisch Marktfähigkeit) aufzubauen, unser Leben umfassend sinnlich zu beeindrucken.

Schaut man hinein in das, was derzeit zum Beispiel hierzulande gerade im experimentellen Modedesign geschieht, so muss man sich dafür einfach begeistern: Da arbeiten Menschen mit heftiger Energie und mit klugem Verstand, sehr gewahr dessen, was gesellschaftlich so geschieht, mit fantastischen Ideen und Konzepten, allemal im Bewusstsein des Risikos (auch des existenziellen Risikos), das sie je eingehen, um ihre Entwürfe vorzustellen, zu realisieren und vehement durchzusetzen. Gerade im jungen Modedesign und auch im Studium von Modedesign offenbaren sich erstaunlich häufig so komplexe Gestaltungskompetenz und Nachdenklichkeit darüber, wie sich dies Design insgesamt und Wirtschaft, Gesellschaft und Kultur ohnehin nur wünschen können. Denn Design insgesamt – und Modedesign ist da ein ebenso merkwürdiger wie symptomatischer und beispielhafter Seismograf – ist eine der komplexesten und kompliziertesten Aktivitäten, die

unsere Gesellschaft denken und wahrnehmen kann und muss. Gestaltet doch Design – eben mehr oder weniger klug – jeden Aspekt unseres Lebens: alle Arbeitsformen, Zeichen, Verkehrswege, Kommunikationsmittel, Kooperationen, Einsichten, Interaktionen und dergleichen mehr. In der Mode, im Modedesign wird das Design denkwürdig sichtbar und verlebendigt: mit allen Beschädigungen, Träumen, Komplexen, Narzissmen, Missverständnissen, wirklichen Notwendigkeiten, gesellschaftlichen und ökonomischen Implikationen und Kompetenzen, technischen Innovationen, ökologischen Erneuerungen, privaten Provokationen, sozialen Chancen und Folgen, geschlechterspezifischen Veränderungen und Herausforderungen, Sinnlichkeiten und Gedanken, virtuellen Artefakten und allgemeinen Kompensationen, Leid und Glück.

Mode und deren Gestaltung nämlich ist einfach fantastisch.

ness like any other with seasonally dictated prices or the manifestation of some vapid notion of normality. Instead, fashion is apprehended as corporeality, as contemporary lifestyle, as an everyday means of communication, as sartorial messaging, as it were.

There is something almost tragicomic about the fact that it is precisely those labels that seem so expensive at first that are the ones most likely—with hindsight—to prove the best investment. After all, they are by nature anticipatory and are in any case so "fashionable"—in the wider sense—that they can be counted on to remain both unusual and striking for anything up to twenty years (the materials are of such high quality that such a service life would certainly not pose a problem) without ever actually ageing in the negative sense of the word.

For young fashion designers in particular, working for such a label may well mark the fulfillment of a life-long dream, for it is here that they can use the formative power of fashion (whose role as a pioneer, as a form of social organization, as an intermediary, as a creator of value and even as a trailblazer is still chronically underestimated in some quarters) and their understanding of design and branding to influence society, to facilitate reflection on societal realities and perhaps even—last but not least, as it were—to promote narcissistic, because messianic, politically justifiable, self-reflective, and discursive satisfaction. Those young designers—may their numbers grow—who are explicitly committed to fashion and who, because they view their job as no less pragmatic than it is idealistic, succeed not only in making their presence felt (and making themselves marketable), but also in making a palpable impression on our lives also belong in this category.

Anyone who takes a closer look at what is now happening in the world of experimental fashion design cannot help but be enthusiastic. For this is a world populated by people who are not only intelligent, but full of energy too, by people who are acutely aware of what is happening around them and respond to it with fantastic ideas and concepts, by people who consciously take risks (existential risks in some cases) for the sake of being able to sell, see through to completion, and then vehemently defend their designs. It is above all the younger generation of fashion designers, therefore, including those who are still in college, who frequently reveal such an extraordinary panoply of talents—including the capacity for reflection—as design in general, the business world, society at large, and indeed culture generally could wish for. For design in general—for which fashion design can be viewed as a symptomatic and exemplary, albeit rather strange, seismograph—is one of the most complex and complicated activities society can—and indeed must—pursue. Because the fact is that whether it is intelligent or otherwise, design informs and shapes every aspect of our lives, including all forms of work, all signs and symbols, all roads and railways, all means of communication, all forms of cooperation, the way we perceive each other and interact, and much more besides. The design in fashion design is of course exceptionally conspicuous, just as it is inspired and animated by all the blemishes, dreams, complexes, narcissistic tendencies, misunderstandings, necessities, social and economic implications and competences, technical innovations, environmental hang-ups, private provocations, social opportunities and consequences, genderspecific changes and challenges, sensibilities and cognitive processes, virtual artifacts, general compensations, sufferings and happiness that inform it.

Fashion, to put it in a nutshell, is fantastic.

Antwerp Antwerpen

Royal Academy of Fine Arts

Fashion Department

Since Seit: 1960

Number of students Anzahl Studierende: ca. 100

Studio Atelier_Royal Academy of Fine Arts

Graduates per year Abschlüsse pro Jahr: ca. 7

Professors and lecturers Professoren und Lehrbeauftragte: Linda Loppa, Nellie Nooren, Yvonne Dekock, Patrick De Muynck, Walter Van Beirendonck, Sofie De Rijckere, An Vandevorst, Paul Diels, Chris Fransen, Elke Hoste, Heidi Pille, Katharina Van Den Bossche, Chris Gillis

Tuition fees Studiengebühren: ca. 450 € per academic year pro Studienjahr

Designers on display Designer in der Ausstellung: Peter Pilotto

Berlin

Universität der Künste Berlin

Fakultät Gestaltung

IBT Institut für experimentelles Bekleidungs- und Textildesign

Since Seit: 2001 (Akademie der Künste 1696, Hochschule der Künste 1975)

Number of students Anzahl Studierende: ca.100

Number of graduates per year Abschlüsse pro Jahr: ca.10–15

Professors and lecturers Professoren und Lehrbeauftragte: Prof. Vivienne Westwood (1994–2005), Prof. Valeska Schmidt-Thomsen, Sebastian Fischenich, Regina Tiedeken, Friederike von Wedel-Parlow, Christina Klessmann, Silvia Schüller, Dorothee Warning, Prof. Dr. Gundula Wolter, Klaus Unrath

Designers on display Designer in der Ausstellung: Jens Bohr, Helge-Christian Schmidt

Studio Atelier_La Cambre

Brussels Brüssel

La Cambre

Département de Stylisme de Mode

Since Seit: 1981

Number of students Anzahl Studierende: ca. 60

Graduates per year Abschlüsse pro Jahr: ca. 8–10

Professors and lecturers Professoren und Lehrbe-auftragte: Tony Delcampe, Marianne Bernecker, Blandine Maunory, Sandrine Rombaux, Thierry Rondenet, Solange Thiry, Hervé Yvrenogeau, Françoise Derleyn, Billie Mertens, Eric Chevalier, Françoise Colpe, Maylis Duvivier, Marianne Jans-sens, Tiphaine Kasi-Tani, Renata Moro, Aya Takeda, Alexandre Vassiliev

Tuition fees Studiengebühren: ca. 300–400 € per academic year pro Studienjahr

Designers on display Designer in der Ausstellung: Cathy Pill

Copenhagen Kopenhagen

Danmarks Designskole

Institute for Product Design, Fashion Design

Since Seit: 1875/1990

Number of students Anzahl Studierende: ca. 75

Graduates per year Abschlüsse pro Jahr: ca. 8

Professors and lecturers Professoren und Lehrbeauftragte: Berthe Forchhammer, Jette Gemzøe, Mary-Ann Hansen, Bitten Hegelund, Klavs Helweg-Larsen, Else Kallesøe, Hanne Knudsen, Malene Kristiansen, Marie Lund

Tuition fees Studiengebühren: no fee keine Gebühren

Designers on display Designer in der Ausstellung: Laura Baruël

Dublin

National College of Art & Design

Fashion design

Since Seit: 1971

Number of students Anzahl Studierende: ca. 35–38 per year pro Jahr

Graduates per year Abschlüsse pro Jahr: ca. 10–12

Professors and lecturers Professoren und Lehrbeauftragte: Nigel Cheney, Linda Byrne, Oonagh Benner, Clare Daly, Willie Donnelly

Tuition fees Studiengebühren: ca. 3 800 € (EU), ca. 14 500 € (non-EU)

Designers on display Designer in der Ausstellung: Fiona Graham

Düsseldorf

AMD Akademie Mode & Design Düsseldorf

Studiengang Modedesign

Since Seit: 1995

Number of students Anzahl Studierende: ca. 70, all courses gesamt 220

Graduates per year Abschlüsse pro Jahr: about 20 per course (fashion design, fashion journalism, fashion- and designmanagment: 60) ca. 20 pro Studiengang (Modedesign, Modejournalismus/Medienkommunikation und Mode-und Designmanagment: 60)

Professors and lecturers Professoren und Lehrbeauftragte: Guest lecturers on fashion design, trend consulting, journalism, technology, marketing and humanities Honorardozenten aus den Bereichen Mode- und Grafikdesign, Trendberatung, Journalismus, Technik, Marketing sowie verschiedenen Geisteswissenschaften

Tuition fees Studiengebühren: 450 € per month pro Monat, scholarships available Bildungskredit möglich

Designers on display Designer in der Ausstellung: Olga Barychnikova, Sophie Boutel, Stephanie Hahn

London

Central Saint Martins College of Art and Design

Fashion design

Since Seit: 1989

Number of students Anzahl Studierenden: ca. 480 B.A., ca. 460 M.A.

Graduates per year Abschlüsse pro Jahr: ca. 480

Professors and lecturers Professoren und Lehrbeauftragte: Prof. Louise Wilson, Willie Walters, Pauline Rosenthal, Tristan Webber, Lutz Huelle, Celia Birtwell, Blaak, Wakako Kishimoto, Julian Roberts,

Camille Bidault-Waddington, Shelley Fox, Katharine Hamnett, Carole Collet, Dr. Jane Harris, Dr. Joan Farrer, Joseph Burrin, Susanne Lee, Ros Hibbert, Martin Raymond, Captain Crickey, Toby Schneidler, Edwin Datschefski, Rachel Kelly, Stefan Agamanolis, Rachel Wingfield, Colin Dawson, David Hepworth, Caryn Simonson, Sarah Wilson, Katheryn Hamnett, Isabella Blow, Toni Tester
Tuition fees Studiengebühren: Fashion B.A. ca. £ 1 200 (ca. 1 800 €) per year pro Jahr (EU/UK), ca. £ 9 500 (ca. 14 280 €) per year/pro Jahr (international), Fashion M.A. ca. £ 4 750 (ca. 7 140 €) (EU/UK), ca. £ 11 115 (16 700 €) (international), scholarships available Studienkredit möglich
Designers on display Designer in der Ausstellung: Jasper Garvida, Lesley Mobo

London
University of the Arts London
London College of Fashion
Since Seit: 1906
Number of students Anzahl Studierende: ca. 4 500
Graduates per year Abschlüsse pro Jahr: ca. 1 000
Professors and lecturers Professoren und Lehrbeauftragte: Colin Renfrew, Alan Cannon Jones, Caroline Richards, Claire Swift, Jenny Shellard, Peter Cox
Tuition fees Studiengebühren: the annual tuition fee rates for UK/EU students for the 2004/2005 academic year degrees (B.A./B.Sc.) £1 150 (ca. 1 730 €), M.A. Fashion £ 3 010 (ca. 4 520 €) die jährliche Studiengebühr für das Studienjahr 2004/2005 beträgt £ 1 150 (B.A.), £ 3 010 (M.A.), scholarships available Studienkredit möglich
Designers on display Designer in der Ausstellung: Elvira Sazesh

London
University of East London
School of Architecture & the Visuals Arts
Since Seit: 1992
Number of students Anzahl Studierende: ca. 100
Graduates per year Abschlüsse pro Jahr: ca. 25
Professors and lecturers Professoren und Lehrbeauftragte: Helen Carter
Tuition fees Studiengebühren: £ 1 150 (1 730 €) per year pro Jahr
Designers on display Designer in der Ausstellung: Andrea Blain

Milan Mailand

Istituto Marangoni

Fashion design

Since Seit: 1935

Number of students Anzahl Studierende: ca. 2 000

Graduates per year Abschlüsse pro Jahr: ca. 70

Professors and lecturers Professoren und Lehrbeauftragte: Giovanna Tabucchi, Helen Wong Chong

Tuition fees Studiengebühren: 1 800 € (Enrolment Immatrikulationsgebühr), 7 200 € (B.A.), 15 800 € (M.A.) per year pro Jahr

Designers on display Designer in der Ausstellung: Bianca Maria Gervasio

Moscow Moskau

Moscow State University for Design and Technology Moskauer Staatliche Universität für Design und Technologie

Since Seit: 1930

Number of students Anzahl Studierende: 600

Graduates per year Abschlüsse pro Jahr: 90–120

Professors and lecturers Professoren und Lehrbeauftragte: Prof. Fukin, Prof. Petruschkova, Prof. Parmon, Prof. Kostyleva, Vadeeva, Werner and others u. a.

Tuition fees Studiengebühren: none keine

Designers on display Designer in der Ausstellung: Ekaterina Dulova, Illya Ivanova, Kirill Koschelev, Alexander Schityka, Olga Zvereva

Lecturers at the Moscow National University for Design and Technology Lehrende der Moskauer Staatlichen Universität für Design und Technologie

Paris

Institut Français de la Mode IFM

Fashion design

Since Seit: 1986

Number of students Anzahl Studierende: ca. 10–12 per year pro Jahr

Graduates per year Abschlüsse pro Jahr: since seit 1986 ca. 700

Professors and lecturers Professoren und Lehrbeauftragte: Nathalie Elharrar, Olivier Jault, Didier Grumbach, Ute Wegener, Patrick Bègue, Veerle Hommelen, Audrey Bartis, Lutz Keller, Véronique Robbé, Hans de Foer, Jean Colonna, Nadine Depuydt, Cedric Charbit, Hortensia de Hutten, Petra Fieuws, Simon Casier, Luca Marchetti, Diane Pernet, Victor Levy

Tuition fees Studiengebühren: ca. 8 400 €, scholarships available Studienkredit möglich

Designers on display Designer in der Ausstellung: Isabelle Lintignat

Reykjavík

Iceland Academy of the Arts

Department of Design and Architecture, Fashion and Textile Design

Since Seit: 1999

Number of students Anzahl Studierende: ca. 30

Graduates per year Abschlüsse pro Jahr: ca. 10

Professors and lecturers Professoren und Lehrbeauftragte: Halldór Gíslason, Gudmundur Oddur Magnússon, Sigridur Sigurjónsdottir, Linda Björg Árnadóttir, Pétur H. Ármannsson, Halldóra Ísleifsdóttir, Jeffrey Christopher Ramsey, Vivienne Heng Ker-ni, Hólmfrídur Jónsdóttir, María Ólafsdóttir, Sirrý Örvarsdóttir, Trausti Samuel

Name Name, Age Alter

01_Place of birth (country, city) Geburtsort (Land, Stadt)
02_Place of residence (country, city) Wohnort (Land, Stadt)
03_Academy/college Akademie/Schule
04_Class of Klasse von
05_Semester/year of degree Semester/Jahr des Abschlusses
06_Personal emphasis Persönliche Schwerpunkte

07_What future does the profession academic fashion designer have in your country?

08_Which object, element, or situation would you consider as being typical of your social and demographic environment?

09_Do traditional garments of your region exist, what are they, and when and by whom are they worn?

10_Name a typical clothing item worn in your country.

11_Who could you imagine wearing fashion designed by you?

12_In which way should your work be presented, in accordance with your personal objectives?

07_Welche Zukunft hat der Beruf des akademischen Modedesigners in deinem Land?

08_Gibt es einen Gegenstand oder Umstand, der typisch für deine demografische und gesellschaftliche Umgebung ist, welchen?

09_Gibt es in deiner Region traditionelle Kleidung, woraus besteht sie und bei welchen Anlässen und von wem wird sie getragen?

10_Nenne ein Kleidungsstück, das in deinem Land häufig getragen wird.

11_Wer sollte von dir entworfene Kleidung tragen?

12_In welchem Rahmen würdest du deine Arbeit in Zusammenhang mit deinen persönlichen Zielen am liebsten präsentieren?

Sandra Backlund, 30

01_Sweden Schweden, Umea
02_Sweden Schweden, Stockholm
03_Beckmans School of Design
04_Fashion design Modedesign
05_Graduation Abschluss 2004
06_Knitwear Strickwaren

07_People in Sweden are very aware of trends and there is a strong interest in fashion and design. The problem is just that everyone ends up wearing the same type of clothes. I wish that fashion, both in Sweden and internationally, would become less an industry and more an art form, as it was from the beginning. Nowadays it is only the big commercial companies that survive, and despite the fact that there is a strong interest in new design, very few people seem to appreciate the value of originality and true handicraft anymore. Of course I cannot predict the future, but I really hope that people in Sweden will soon get fed up with everybody wearing the same brands and discover that there are a lot of independent fashion designers out there to provide them with things they cannot buy in every store.

08_As I told you before, people in Stockholm are very aware of what is the trend in fashion right now and unfortunately almost everybody looks the same. If you walk the streets of Stockholm for one day you will see that most people look very good and dress fashionably, but only a few of them have taken the time to create their own style. I think that people in Sweden should dare to stand out and dress up more every day and not only for special occasions.

09_We do have a kind of national costume in Sweden. It is very old-fashioned and is strongly associated with traditional Swedish folk dance. Not many wear it nowadays and when they do, it is often in some kind of national festival like Sweden's Commemoration Day on June 6 or on Midsummer Eve, which is a big Swedish holiday.

10_If I have to pick one typical clothing item, jeans have to be the most common garment in Sweden.

07_In Schweden sind die Leute sehr trendbewusst, und es besteht ein starkes Interesse an Mode und Design. Das Problem ist, dass am Ende jeder dieselbe Art von Kleidung trägt. Ich wünsche mir, dass, in Schweden wie international, die Mode weniger eine Industrie als eine Kunstform wäre, wie sie es am Anfang war. Heutzutage überleben nur die großen Handelsunternehmen, und trotz der Tatsache, dass ein großes Interesse an neuem Design gezeigt wird, gibt es offenbar nur noch sehr wenige Leute, die den Wert von Originalität und echter Handarbeit schätzen. Natürlich kann ich nicht die Zukunft voraussagen, aber ich hoffe wirklich, dass Schweden bald genug davon hat, dass jeder die gleichen Marken trägt, und entdeckt, dass es da draußen eine Menge von unabhängigen Modedesignern gibt, die Sachen liefern könnten, die man nicht in jedem Laden bekommt.

08_Wie ich schon sagte, sind sich die Leute in Stockholm sehr bewusst, was gerade Modetrend ist, aber unglücklicherweise sehen beinah alle gleich aus. Wenn du einen Tag lang durch die Straßen von Stockholm gehst, wirst du sehen, dass die meisten Leute gut aussehen und modisch angezogen sind, aber nur ein paar von ihnen haben sich die Zeit genommen, einen eigenen Stil zu kreieren. Ich finde, die Leute in Schweden sollten es wagen, aufzufallen und sich jeden Tag besonders anzuziehen und nicht nur für spezielle Anlässe.

09_Wir haben in Schweden eine Art Tracht. Sie ist sehr altmodisch und steht eng in Verbindung mit dem schwedischen Volkstanz. Sie wird heute nicht mehr von vielen Leuten getragen und wenn, ist es oft an einem Nationalfeiertag wie dem schwedischen Gedenktag am 6. Juni oder zum Mittsommernachtsfest, das ein wichtiger schwedischer Festtag ist.

11_A person who likes the way I work with material, color, and silhouettes and who feels beautiful wearing my garments. I also think that people appreciate that my designs are handmade and of high quality and realize that handicraft unfortunately costs both a lot of time and a lot of money.

12_The theme of my collection is body, skin, and hair. For the garment I've sent to you (the hand-knitted minidress), my inspiration is muscles and highlighted and distorted shapes of the human body and therefore I would want it to be presented on some kind of body/torso.

10_Wenn ich ein typisches Kleidungsstück auswählen sollte, wären Jeans die häufigste Bekleidung in Schweden.

11_Jemand, der es mag, wie ich mit Material, Farbe und Silhouetten arbeite, und der sich schön fühlt, wenn er meine Kleidung trägt. Ich glaube auch, dass die Leute es schätzen, dass meine Designs handgearbeitet und von hoher Qualität sind, und sie sehen ein, dass Handarbeit leider sowohl viel Zeit als auch viel Geld kostet.

12_Das Thema meiner Kollektion ist Körper, Haut und Haar. Für das Kleidungsstück, das ich Ihnen eingesandt habe (das handgestrickte Minikleid), habe ich mich von Muskeln und betonten wie verzerrten Formen des menschlichen Körpers inspirieren lassen, und daher würde ich es gern an einer Art Körper oder Torso präsentiert sehen.

Laura Baruël, 29

01_Denmark Dänemark, Copenhagen Kopenhagen
02_Denmark Dänemark, Copenhagen Kopenhagen
03_Danmarks Designskole
04_Fashion, womenswear Mode, Damenbekleidung
05_4th year 4. Jahr
06_Experimental textiles Experimentelles Textildesign

07_

08_"Hygge" is a special Danish concept. As far as I know there is no word for it in other languages. It means being together with the ones you love, having a good time, eating, drinking in a cozy room with a lot of candlelights. The word originally comes from "ygge," which in the old Nordic religion means being together with the gods in Valhalla (a big church-like room with a big fireplace and the residence of the gods Thor and Odin). Light and fire are very important things in a place with lots of long cold and dark nights in the winter.

09_No one wears traditional garments in their daily life. They are worn at special occasions like when the queen comes for a visit to a town. As a child I learned traditional dancing and when we were doing performances I wore this very fine dress with a white hat with embroideries, a white shirt and a vest, a skirt, and an apron. All with flower embroidery.

10_Today everybody wears jeans and T-shirts. We don't have anything like the German lederhosen that is still seen. But some people have a Viking tattoo.

11_The piece that is going to be exhibited is inspired by the Icelandic artist Olafur Eliasson and the theme of transforming nature he has been working with. I could imagine someone like Björk wearing that piece.

12_In the middle of a big florescent garden or just hanging peacefully on a hanger in a room full of light.

07_

08_»Hygge« ist ein besonderes dänisches Konzept. Soweit ich weiß, gibt es in anderen Sprachen kein Wort dafür. Es bedeutet, mit denen zusammen zu sein, die man liebt, eine gute Zeit zu verbringen, zu essen, zu trinken in einem gemütlichen Raum bei viel Kerzenlicht. Das Wort stammt ursprünglich von »Ygge« ab, was in der alten nordischen Religion dafür steht, mit den Göttern in Walhalla zusammen zu sein (ein großer Raum wie eine Kirche, mit einem großen offenen Kamin, der Aufenthaltsort der Götter Thor und Odin). Licht und Feuer sind sehr wichtig in einer Gegend mit vielen langen, kalten und dunklen Nächten im Winter.

09_Niemand trägt im täglichen Leben traditionelle Kleidung. Sie wird zu besonderen Anlässen getragen, etwa wenn die Königin zu einem Besuch in die Stadt kommt. Als Kind habe ich traditionelle Tänze gelernt und bei Aufführungen dieses feine Kleid mit einem weißen Hut mit Stickereien getragen, ein weißes Hemd und eine Weste, einen Rock und eine Schürze. Alles mit Blumen bestickt.

10_Heute trägt jeder Jeans und T-Shirts. Wir haben nichts mit den deutschen Lederhosen Vergleichbares, das noch zu sehen wäre. Aber einige Leute haben ein Wikinger-Tattoo.

11_Bei dem Stück, das ausgestellt wird, hat mich der isländische Künstler Olafur Eliasson inspiriert und das Thema, die Natur zu transformieren, mit welchem er arbeitet. Ich könnte mir vorstellen, dass jemand wie Björk dieses Stück trägt.

12_Mitten in einem blühenden Garten oder einfach friedlich auf einem Kleiderbügel in einem Raum voller Licht.

Olga Barychnikova, 24

01_Latvia Lettland, Tukums
02_Germany Deutschland, Spenge and und Düsseldorf
03_AMD Akademie Mode & Design Düsseldorf
04_
05_
06_

07_A yearning for individuality is developing in our society. The consequence is a revival of young designers. The more the designers offer their products on the market, the more the consumer is able to appear as an individual.
08_Everything I observe carefully.
09_Looking back on the nineteen-fifties, jeans can be seen as a traditional garment.
10_Jeans.
11_At present, we are witnessing the explosion of personal dynamics. Thus the longing for uniformity is dying. The violent new pluralism that has been born is not formed yet but chaotic on principle. The yearning for individuality exists, of being unique, of standing out from the crowd. That is why with my collection I want to appeal to women who have a deep yearning for individuality, who are striving for individuality. Women with care, feeling, and gentleness. They live consciously, intuitively, with awareness. Observation and openness are essential features for them. They think simultaneously and have great power of imagination. Growing complexity is important to them. They see crises as chances. Where an end appears to have been reached, a new outlook on life starts. Deep trust is generated through their belief in success. Whoever is able to always recognize what is essential is not going to give up. Letting go of what is familiar is an opportunity to change oneself. They have a preference for quality and values and like to own products that remind them of their childhood.
12_For the outfit I could well imagine showing a short film, the cartoon which inspired me for my graduation collection. And this is the presentation of the entire graduation collection.

07_In unserer Gesellschaft entwickelt sich die Sehnsucht nach Individualität. Daraus folgt ein Aufschwung der Jungdesigner. Je mehr Designer ihre Produkte auf dem Markt anbieten, desto mehr kann der Verbraucher sich individuell darstellen.
08_Alles, was ich aufmerksam beobachte.
09_Im Rückblick auf die 1950er Jahre kann man die Jeans als traditionelles Kleidungsstück betrachten.
10_Jeans.
11_Zurzeit erleben wir die Explosion von Eigendynamiken. Somit stirbt die Einheitssehnsucht. Der neue heftige Pluralismus, der jetzt entstanden ist, ist nicht formiert, sondern prinzipiell chaotisch. Die Sehnsucht nach Individualität ist da, einzigartig zu sein, sich von der Masse abzuheben. Deswegen möchte ich mit meiner Kollektion Frauen ansprechen, die große Sehnsucht nach Individualität haben, die nach Individualität streben. Frauen, die Achtsamkeit, Behutsamkeit und Sanftmut besitzen. Sie leben bewusst, intuitiv, aufmerksam. Beobachtung und Offenheit sind für sie wichtige Merkmale. Sie denken simultan und haben eine starke Vorstellungskraft. Für sie ist wachsende Komplexität wichtig. Die Krisen sehen sie als Chance. Wo ein Ende erreicht zu sein scheint, beginnt ein anderer Blick auf das Leben. Eine tiefe Zuversicht entsteht durch den Glauben an das Gelingen. Wer das Wesentliche neu spürt, gibt sich selbst nicht auf. Vertrautes loslassen ist die Gelegenheit, sich zu verwandeln. Sie haben eine Vorliebe für Qualität und Wertigkeit und besitzen gern Produkte, die sie an ihre Kindheit erinnern.
12_Zu dem Outfit könnte ich mir gut vorstellen, einen kurzen Film zu zeigen – den Zeichentrickfilm, der mich zu meiner Abschlusskollektion inspiriert hat und die Präsentation der Kollektion.

Andrea Blain, 25

01_U.K. Großbritannien, Hitchin
02_U.K. Großbritannien, London
03_University of East London
04_2000
05_Graduated in Abschluss 2004
06_I think fashion should be about having fun, it should be about dressing up and not taking it so seriously. I want my designs to have an eclectic feel to them.
Ich finde, Mode sollte Spaß machen. Es sollte dabei ums Schickmachen gehen, und man sollte sie nicht so ernst nehmen. Ich möchte meinen Entwürfen einen eklektischen Anstrich geben.

07_It is very difficult to say. The profession is very competitive, with so many fashion graduates competing against each other for so few jobs. Some graduates end up working for suppliers to the High Street, which is not as creative. Others may start their own brand—selling on markets or to small boutiques. The latter is a lot more exciting for young designers as they have a lot more freedom to explore their creative side. There is also a lot of help and funding from professional organizations which are geared to help young start-up designers.

08_

09_There is not a traditional garment for the "whole" of the U.K., however, in Scotland the kilt is the traditional dress. This is a pleated garment that will look like a skirt, although the Scots will never refer to it as such! It is made of heavy wool in a tartan, with different tartans for different clans. The modern kilt is wrapped around the body and tied with a leather belt that may hold a sporran (purse). The kilt was originally worn by men from the Highlands in Scotland, but now people from all over Scotland, and those from England with Scottish ancestry, will wear the kilt. It is mainly worn at ceremonies such as weddings.
Unfortunately the English don't really have a traditional national dress as such. There have been calls over the years to create a costume, but no one can decide on what it should look like. Henry VIII commissioned the artist Van Dyck to create an English national costume, but this also failed. The nearest thing we probably have is the Beefeaters' costume worn by those who protect the Tower of London, however, I think this may be worn more for the tourists' benefit.

07_Das ist schwer zu sagen. Es gibt viel Konkurrenz in diesem Beruf, so viele ausgebildete Modedesigner wetteifern um so wenige Stellen. Manche mit einem Abschluss arbeiten schließlich für die Zulieferer der Geschäfte in den großen Einkaufsstraßen, was nicht unbedingt kreativ ist. Manche versuchen es unter dem eigenen Namen und verkaufen ihre Entwürfe auf Märkten oder in kleinen Boutiquen, was für junge Modedesigner viel spannender ist, denn so haben sie mehr Freiheit, ihre kreative Seite einzubringen. Es gibt auch viel Rat und finanzielle Unterstützung von Berufsorganisationen, die geschaffen wurden, um jungen Modedesignern Starthilfe zu geben.

08_

09_Es gibt keine traditionelle Kleidung, die in ganz Großbritannien getragen wird, allerdings ist in Schottland der Kilt das traditionelle Kleidungsstück. Er ist ein in Falten gelegtes Gewand, das wie ein Rock aussieht, doch die Schotten würden es niemals so nennen! Es wird aus schwerem Wollstoff mit Karomuster angefertigt, wobei jeder Klan sein eigenes Karomuster hat. Der moderne Kilt wird um den Körper gewickelt und mit einem Ledergürtel festgehalten, an dem ein Sporran hängt, eine Art Tasche. Ursprünglich wurde der Kilt von den Männern aus dem schottischen Hochland getragen, heute tragen ihn Leute aus allen Teilen Schottlands und solche in England mit schottischen Vorfahren, hauptsächlich bei festlichen Anlässen wie Hochzeiten.
Leider haben die Engländer keine eigentliche Tracht. Es wurden im Lauf der Jahre zwar immer wieder Rufe laut,

10_The U.K. is a multicultural society and this is reflected in the fashion—some may wear traditional dress from the country where they, or their parents or grandparents, originated. However, jeans are probably a typical clothing item worn in the U.K. They are worn by many different generations and are worn on a day-to-day, casual basis or in the evening.

11_Somebody who is confident, individual, and loves attention to detail. I could see the singer Gwen Stefani in my designs.

12_For my graduate show, the model twirled around so that the skirt spun out. She also wore a bowler hat and large, oversized men's brogues, and carried a walking stick … very "Charlie Chaplin." I see fashion as something that is fun and this should be reflected in the way it is presented.

man solle eine entsprechende Tracht entwerfen, aber niemand kann entscheiden, wie sie aussehen soll. Heinrich VIII. beauftragte den Künstler Van Dyck damit, eine englische Tracht zu kreieren, was aber auch fehlschlug. Am ehesten könnte man noch die Uniformen der Beefeaters anführen, die den Londoner Tower bewachen, wobei ich glaube, dass das eher für die Touristen ist.

10_Großbritannien ist eine multikulturelle Gesellschaft, und das zeigt sich auch in der Mode: Manche Menschen tragen die traditionelle Kleidung der Länder, aus denen sie oder ihre Eltern oder Großeltern stammen. Jedenfalls sind vermutlich Jeans ein typisches Kleidungsstück, das in Großbritannien getragen wird. Jeans werden von unterschiedlichen Generationen getragen, im Alltag, ganz zwanglos oder auch am Abend.

11_Jemand, der selbstbewusst ist, individuell, und die Liebe zum Detail schätzt. Ich könnte mir die Sängerin Gwen Stefani in meinen Kreationen vorstellen.

12_Bei meiner Abschlussschau wirbelte das Model herum, sodass sich der Rock aufbauschte. Es trug zudem eine Melone und viel zu große Männerschuhe (Brogues) und hatte einen Spazierstock dabei … ganz wie Charlie Chaplin. Ich verstehe Mode als etwas, das Spaß macht, und das sollte auch ersichtlich sein in der Art, wie sie präsentiert wird.

Jens Bohr, 29

01_Germany Deutschland, Velbert
02_Germany Deutschland, Berlin
03_Universität der Künste Berlin
04_Fashion class of Vivienne Westwood
Modeseminar von Vivienne Westwood
05_October Oktober 2004
06_Menswear Herrenbekleidung

07_Believe in yourself! Believe in yourself! Believe in yourself!

08_The values and ideas shaping man's role and his appearance have begun to change. The concepts of manliness which have long shaped civic society are now shifting. My work plays with these current trends to envision the man of the twenty-first century. Familiar shapes and silhouettes break apart, moving man onto a new, undiscovered playing field.

09_The War and the Wall to a large extent destroyed the glamorous and traditional past of Berlin. Nowadays Berlin has a very special and unique style: young, creative, and forward-looking people dress by combining their clothes. The beginning of a new tradition?

10_Jeans, sneakers, printed T-shirts, sweaters.

11_Every future-oriented man with a sense of quality!

12_There is no better presentation and advertisement than people wearing and loving my garments, giving them liveliness, motion, and personality.

07_Glaub an dich! Glaub an dich! Glaub an dich!

08_Die Werte und Ideen, welche die Männerrolle und das männliche Erscheinungsbild geformt haben, sind im Wandel. Die Vorstellungen von Männlichkeit, wie sie lang die bürgerliche Gesellschaft geprägt haben, verändern sich jetzt. Meine Arbeiten spielen mit diesen momentanen Trends, um den Mann des 21. Jahrhunderts zu präsentieren. Gewohnte Formen und Silhouetten werden zerstört, und der Mann wird auf ein neues, unentdecktes Spielfeld geschoben.

09_Der Krieg und die Mauer haben die glamouröse und traditionelle Vergangenheit Berlins größtenteils zerstört. Heutzutage hat Berlin einen ganz speziellen und einzigartigen Stil: junge, kreative und zukunftsorientierte Leute kombinieren ihre Kleidungsstücke. Der Beginn einer neuen Tradition?

10_Jeans, Turnschuhe, bedruckte T-Shirts, Pullover.

11_Jeder zukunftsorientierte Mann mit einem Gespür für Qualität!

12_Es gibt keine bessere Präsentation und Werbung, als wenn die Leute meine Kleidung tragen und lieben und ihr dadurch Lebendigkeit, Bewegung und Persönlichkeit geben.

Jasper Garvida, 26

01_Philippines Philippinen, Manila
02_England, London
03_Central Saint Martins College of Art and Design
04_June Juni 2004
05_3rd year 3. Jahr
06_Womenswear Damenbekleidung

07_Professional academic fashion designers' future lies in their own ambitions and abilities. It extends to education, retail/management, owning a fashion label, market analysis, technical skills (patterncutting, sewing, etc.), and designing.

08_

09_Traditional garments do exist in my region, the result of different religious or cultural influences.

10_Denim.

11_

12_However the wearer wishes to be perceived.

07_Die Zukunft von akademischen Modedesignern hängt von ihren eigenen Ambitionen und Fähigkeiten ab. Dazu gehören Ausbildung, Einzelhandelmanagement, ein eigenes Label, Marktanalyse, technisches Können (Musterzuschneiden, Nähen etc.) und Design.

08_

09_Es gibt traditionelle Kleidung in meiner Region, das Resultat von unterschiedlichen religiösen und kulturellen Einflüssen.

10_Jeansstoff.

11_

12_Wie immer die Trägerin gesehen werden möchte.

Bianca Maria Gervasio, 25

01_Italy Italien, Terruzi (Bari)
02_Italy Italien, Milan Mailand
03_Istituto Marangoni
04_
05_July Juli 2004
06_Haute couture fashion design
Haute-Couture-Modedesign

07_The general situation is very difficult.

08_My country is not a development area for a lot of reasons. The most important is unemployment.

09_These garments are used only on the occasion of traditional festivals, especially in the area of Salento (Pugua/southern Italy).

10_

11_People who appreciate my style that is always inspired by philosophical concepts.

12_My work should be presented in the best way: in an exhibition.

07_Die allgemeine Situation ist sehr schwierig.

08_Aus vielen Gründen findet in meinem Land keine wirkliche Entwicklung statt. Der wichtigste ist die Arbeitslosigkeit.

09_Diese Kleidungsstücke werden nur bei traditionellen Festen getragen, vor allem in der Gegend von Salento (Pugua/Süditalien).

10_

11_Leute, die meinen Stil schätzen, der immer von philosophischen Konzepten inspiriert ist.

12_Meine Arbeiten sollten auf die beste Art präsentiert werden: in einer Ausstellung.

Fiona Graham, 23

01_Ireland Irland, Dublin
02_U.K. Großbritannien, London
03_National College of Art & Design
04_2004
05_2004
06_Embroidered textiles Bestickte Textilien

07_There aren't many opportunities for fashion design graduates in Ireland. Most move abroad to places such as London, New York, and Paris, in order to gain experience in the fashion industry. Once well-established, some designers return to Ireland and set up small businesses but they still rely heavily on selling their work in other countries as the market in Ireland alone would not be enough.
08_
09_Traditional garments do exist in Ireland. These include such garments as Aran sweaters and Irish dancing costumes. Aran sweaters were originally made for fishermen in the West of Ireland. They are knitted from very heavy wool and so provide great warmth. Irish dancing costumes are extremely ornate dresses that are heavily embroidered with Celtic symbols. They are worn only at special events and are not everyday items of clothing. However, Ireland is more famous for its delicate and intricate hand-made lace. Irish linen is also highly regarded as being of extremely good quality.
10_Jeans.
11_Someone who would wear fashion designed by me would be interested in creating a fashion statement, rather than following the fashions religiously. They would have a unique sense of style. They would also feel that you shouldn't take fashion too seriously; that there should always be a sense of humor to what you wear (such as carrying a strawberry-shaped handbag).
12_I would like to see my work displayed in a simple, well-considered way as something like the strawberry-shaped handbag demands attention.

07_Es gibt in Irland nicht viele Möglichkeiten für Modedesigner. Die meisten gehen ins Ausland nach London, New York oder Paris, um in der Modeindustrie Erfahrungen zu sammeln. Wenn sie etabliert sind, kommen manche Designer nach Irland zurück und gründen kleine Unternehmen, aber sie sind immer noch stark davon abhängig, ihre Arbeiten in anderen Ländern zu verkaufen, da der Markt in Irland allein nicht groß genug ist.
08_
09_Es gibt traditionelle Kleidung in Irland. Dazu gehören Kleidungsstücke wie die Aran-Pullover und die irischen Tanzkostüme. Aran-Pullover wurden ursprünglich für die Fischer im Westen Irlands angefertigt. Sie werden aus sehr schwerer Wolle gestrickt und sorgen so für wohlige Wärme. Irische Tanzkostüme sind prächtig geschmückte Kleider, die üppig mit keltischen Symbolen bestickt sind. Sie werden nur zu besonderen Anlässen getragen und sind nicht als Alltagskleidung gedacht. Am berühmtesten aber ist Irland für seine zarte und komplizierte handgefertigte Spitze. Auch irisches Leinen wird wegen seiner extrem guten Qualität hoch geschätzt.
10_Jeans.
11_Jemand, der von mir entworfene Mode trägt, wäre eher daran interessiert, ein eigenes Modestatement zu machen als ehrfürchtig den Trends zu folgen. Solche Käufer hätten ein eigenes Stilempfinden. Sie würden auch glauben, dass man Mode nicht allzu ernst nehmen sollte, dass bei allem, was man trägt, auch der Humor mitspielen sollte (wie beim Tragen einer Handtasche in Erdbeerform).
12_Ich würde meine Arbeiten gern in einer einfachen, durchdachten Weise präsentiert sehen, denn etwas wie die Erdbeerhandtasche erfordert Aufmerksamkeit.

Stephanie Hahn, 28

01_Germany Deutschland, Düsseldorf
02_Germany Deutschland, Düsseldorf
03_AMD Akademie Mode & Design Düsseldorf
04_2001
05_6th semester, degree 2005
6. Semester, Abschluss 2005
06_Men's and women's fashion
Herren- und Damenmode

07_It is up to us how we design the future of our profession. We are going to have the possibilities which we are able to create. The future is nothing mystical; it is our opportunity to change, modify, and design what we need and deserve.

08_In some countries they spend more money on nutrition for their pets and the advertisement for these type of luxury goods than they will ever be willing to spend on the education of the next generations.

09_I am half Bavarian, so I have to say that the only traditional garments I know are worn in Bavaria: the dirndl, a women's and girls' dress, and the lederhosen traditionally worn by men. These garments are worn by several types of people, by traditionalists as well as by the fashion victims, especially at the Munich Oktoberfest.

10_The dirndl.

11_I do not want to have a certain image of a person who I would like to see wearing my design, in my head. For me personally it is not a question of what I like. I think it is a question of communication. Do they see what I have seen; do they feel what I have felt … But what I like is the idea that the people decided to wear something which I created just because they liked it. That they have the image that it matches in a way.

12_I would always prefer to show it as plain as possible and point out the philosophy which is the basis of my design. Because in my point of view it is the philosophy which makes the difference and gives value to our clothes.

07_Es liegt an uns, wie wir die Zukunft unseres Berufs gestalten. Wir werden die Möglichkeiten haben, die wir zu schaffen fähig sind. Die Zukunft ist nichts Mystisches; wir haben die Chance zu ändern, zu modifizieren und zu entwerfen, was wir brauchen und verdienen.

08_In manchen Ländern geben die Leute mehr Geld aus für die Ernährung ihrer Haustiere und die Werbung für diese Luxusgüter, als sie jemals willens wären, in die Erziehung der nächsten Generation zu investieren.

09_Da ich eine halbe Bayerin bin, kann ich sagen, dass die einzigen traditionellen Kleidungsstücke, die ich kenne, in Bayern getragen werden: das Dirndl, ein Kleid für Frauen und Mädchen, und die Lederhosen, die traditionell von Männern getragen werden. Diese Kleidungsstücke werden von verschiedenen Menschentypen getragen, von Traditionalisten ebenso wie von Modeopfern, vor allem beim Münchner Oktoberfest.

10_Das Dirndl.

11_Ich möchte mir in meinem Kopf nicht gern ein bestimmtes Bild von einer Person machen, an der ich mein Design getragen sehen möchte. Für mich persönlich ist es keine Frage nach dem, was mir gefällt. Ich glaube, es ist eine Frage der Kommunikation. Sehen sie, was ich gesehen habe; fühlen sie, was ich gefühlt habe … Was ich mag, ist die Vorstellung, dass die Leute sich für eine meiner Kreationen entschieden haben, einfach weil sie sie mochten, dass sie ein Bild im Kopf haben, dass es irgendwie passt.

12_Ich würde es immer vorziehen, meine Arbeiten so einfach wie möglich zu zeigen und auf die Philosophie hinzuweisen, die meinem Design zugrunde liegt. Meiner Ansicht nach ist es die Philosophie, die den Unterschied macht und unseren Kleidern Wert verleiht.

Illya Ivanova, 31

01_Moldavia Moldavien, Kischinjov
02_Russia Russland, Moscow Moskau
03_Moscow State University for Design and Technology
Moskauer Staatliche Universität für Design und Technologie
04_Costume design Kostümdesign
05_Presently student zur Zeit Studentin
06_Application of various ethnic traditionals in designing
modern costumes, exclusive technologies for the trans-
formation of handmade knitwear into a material with the
structure of felt, comfortableness for the cold season
Verwendung diverser Volkstraditionen im modernen
Kostüm, exklusive Technologien der Umwandlung hand-
gefertigter Trikotage in ein Material mit Filzstruktur,
Bequemlichkeit für die kalte Jahreszeit

07_There is a strong demand for clothing in Russia and
that is why fashion design using the latest technologies
will also be in strong demand.
08_There are very rich as well as also very poor people.
09_Always worn, everywhere and by a majority of people,
are jeans and jackets.
10_European garments.
11_Everydaywear for young women.
12_

07_In Russland besteht eine große Nachfrage für Bekleidung, daher wird Bekleidungsdesign unter Anwendung
der neuesten Technologien auch sehr gefragt sein.
08_Es gibt sowohl sehr reiche als auch sehr arme Leute.
09_Getragen werden immer, überall und von der Mehrzahl
der Leute Jeans und Jacken.
10_Europäische Bekleidung.
11_Alltagskleidung für junge Frauen.
12_

Isabelle Lintignat, 24

01_France Frankreich, Bergerac
02_France Frankreich, Paris
03_Institut Français de la Mode IFM
04_Master of Fashion Design
M.A. in Modedesign
05_January Januar 2005
06_Curious, loves art, musics (all), travelling, meeting new people, interested in any innovative thing …
Neugierig, liebt Kunst, Musik (alle Arten), neue Bekanntschaften, interessiert sich für alles Neuartige …

07_Working for *grandes maisons de couture françaises* maybe…. I don't think fashion as an academic part on the one hand, and an avant-garde part in the other hand. For me, it's just a question of having a different feeling, feeling close or far from a (fashion) world.

08_I usually don't care about what's typical or not about anybody, any environment. I prefer considering each person I meet as individual. I never felt like continuing a way of life from my original social environment. I come from the countryside, my family is very far from the design world; and it's been seven years that I've been moving in different cities … the only fundamental element which has been following me in any new place was music (CDs, vinyls…). Also it's a good summary of what I am; a dynamic mix of influences.

09_Traditional garments have disappeared from my region a long time ago…. My region did not try to preserve that. You can only see few elderly people wearing *le béret*….

10_Nowadays I feel it hard to name a typical clothing item for France. Each country in the West has almost same influences. I would rather talk about a color for France, and Paris especially. The majority of Parisians have this particularity to get dressed in black and dark colors all the time … which is very different from the English, or other French cities as well.

11_An urban man who's eclectic, curious, with an independent mind, politically engaged, far from fashion trends, but close to design, architecture, and all the innovative applied arts happening around him.

12_My wish is to set up a label which will be the result of a mix of differents applied-art designers. This will be a creative and innovative group of designers, graphical artists, photographers that will give them power to edit their own

07_Vielleicht für die großen Häuser der französischen Haute Couture zu arbeiten … Ich sehe Mode nicht als akademisch auf der einen und avantgardistisch auf der anderen Seite. Für mich bedeutet dies nur, ein anderes Gefühl zu haben, sich nahe oder weit weg von der (Mode-)Welt zu fühlen.

08_Im Allgemeinen kümmere ich mich nicht darum, was an jemandem oder einer Umgebung typisch ist oder nicht. Ich ziehe es vor, jede Person, der ich begegne, als Individuum zu betrachten. Ich wollte nie den Lebensstil meiner ursprünglichen sozialen Umgebung fortsetzen. Ich komme vom Land, meine Familie ist weit entfernt von der Welt des Designs; seit sieben Jahren bewege ich mich jetzt in unterschiedlichen Städten – das einzige grundlegende Element, das mir an jeden neuen Ort gefolgt ist, war die Musik (CDs, Schallplatten). Das ist auch eine gute Zusammenfassung von dem, was ich bin: eine dynamische Mischung von Einflüssen.

09_Traditionelle Kleidung ist schon lang aus meiner Region verschwunden … Meine Region hat sich nicht darum bemüht, sie zu bewahren. Man kann einige wenige ältere Leute sehen, die noch ein Béret tragen …

10_Heutzutage finde ich es schwierig, ein typisches Kleidungsstück für Frankreich zu nennen. Jedes westliche Land unterliegt doch beinah denselben Einflüssen. Ich würde eher von einer typischen Farbe für Frankreich reden, und besonders für Paris. Die Mehrheit der Menschen in Paris hat diese Eigenart, sich schwarz oder in dunklen Farben anzuziehen … Das ist ganz anders als bei den Engländern oder in anderen französischen Städten.

11_Ein Städter, der eklektisch und neugierig ist, mit eigener Meinung, politisch engagiert, weit weg von Mode-

projects and will produce small collections of items (clothes, or objects) designed by two or three people coming from different universes (like a fashion designer with a graphic artist; or a photographer with a designer and a graphic artist) … to develop a hybrid creation. The best would be exhibiting my clothes in an alternative place, a gallery where all those creative items are set up in the same place. I think it's time to change the way of thinking about garments and the way they're sold.

trends, jedoch nah an Design, Architektur und jeglicher Art von innovativer angewandter Kunst, die sich um ihn herum abspielt.

12_Mein Wunsch wäre es, ein Label zu schaffen, unter dem sich eine Mischung von verschiedenen Designern aus der angewandten Kunst zusammenfindet. Das wäre dann eine kreative und innovative Gruppe von Designern, Grafikern und Fotografen, die dadurch die Möglichkeit erhielten, ihre eigenen Projekte zu verwirklichen und kleine Stückkollektionen (Kleidung oder Objekte) zu produzieren, die von zwei oder drei Leuten aus unterschiedlichen Welten geschaffen werden (beispielsweise von einem Designer mit einem Grafiker oder von einem Fotografen mit einem Designer und einem Grafiker), um eine Mischform zu kreieren. Am besten wäre es, meine Kleidungsstücke an einem alternativen Ort auszustellen, etwa in einer Galerie, wo alle diese Schöpfungen versammelt sind. Ich glaube, es ist an der Zeit, die Art, wie über Kleidungsstücke und deren Verkauf gedacht wird, zu verändern.

Hélène Magnússon, 36

01_France Frankreich, Paris
02_Iceland Island, Reykjavík
03_Iceland Academy of the Arts
04_Textile and fashion design Textil- und Modedesign
05_3rd year 3. Jahr
06_Knitwear Strickwaren

07_Academic fashion designer is a new concept in Iceland, not older than three to four years. There are therefore mixed feelings about how to approach the work environment. Some think that the only future lies abroad. This is also the actual and very contested view of the Fashion Design Department of the Iceland Academy of the Arts. Some, on the other hand, and among them the local fashion designers, think that Iceland has the chance to rethink design from the beginning, away from mass-production. In order to achieve this and because of the geographical status of Iceland, however, we have to work even harder, look to our roots and respect where we are coming from.
08_There is almost no production infrastructure, a rather limited choice of fabrics, and the market, with only three hundred thousand inhabitants in all of Iceland, is extremely small. As said before, it can be seen both as an opportunity and an obstacle.
09_Traditional garments, such as national costumes, are worn at festivities and some people, both among the elderly and the youngest, like to wear them for example at weddings, confirmations, college graduations, etc.
10_Although it is not older than forty to fifty years, the Icelandic knitted sweater called Lopi has become the Icelandic trademark and is a bestseller with tourists. It is very fashionable and trendy today among Icelanders.
11_Classical but still modern and self-confident women of all ages.
12_Emphasis on the handiwork and the use of Icelandic wool.

07_Akademisches Modedesign ist ein neues Konzept in Island, nicht älter als drei oder vier Jahre. Daher sind die Gefühle gemischt, wie man die Arbeitswelt angehen soll. Einige denken, dass die einzige Zukunftschance im Ausland liegt. Das ist auch die gegenwärtige und sehr umstrittene Ansicht der Modedesignabteilung der isländischen Kunstakademie. Andere wiederum, unter ihnen die lokalen Modedesigner, glauben, dass Island die Chance hat, Design vom Anfang an neu zu überdenken, weg von der Massenanfertigung. Um dies zu erreichen und aufgrund der geografischen Lage Islands, müssen wir jedoch noch härter arbeiten, auf unsere Wurzeln achten und respektieren, woher wir kommen.
08_Es gibt nahezu keine Infrastruktur für die Produktion, eine recht beschränkte Auswahl von Stoffen, und der Markt mit nur 300 000 Einwohnern in ganz Island ist extrem klein. Wie ich schon sagte, dies kann sowohl als Chance wie auch als Hindernis gesehen werden.
09_Traditionelle Kleidung, wie etwa eine Tracht, wird bei Festen getragen, und manche Leute, sowohl unter den älteren wie unter den jüngsten, tragen sie anlässlich von Hochzeiten, Konfirmationen, Schulabschlüssen und Ähnlichem.
10_Obwohl er nicht älter als 40 oder 50 Jahre ist, wurde der Lopi, der isländische gestrickte Pullover ein Wahrzeichen und ein Bestseller bei den Touristen. Er ist heute unter den Isländern sehr modern und trendy.
11_Klassische und doch moderne und selbstbewusste Frauen jeden Alters.
12_Mit Betonung auf die Handarbeit und dem Gebrauch von isländischer Wolle.

Lesley Mobo, 27

01_Philippines Philippinen, Kalibo (Aklan)
02_U.K. Großbritannien, London
03_Central Saint Martins College of Art and Design
04_B.A. Fashion 2002, M.A. Fashion 2004
B.A. in Mode 2002, M.A. in Mode 2004
05_10 semesters Semester
06_

07_Not much at the moment in the Philippines—people need to accept that being a fashion designer is a serious and respectable occupation and that fashion could be another medium of expressing personal, social, or political concerns, views, observations etc.

08_In the Philippines the majority of fashion designers live and survive by doing made-to-measure fashion. In London fashion lives in the street.

09_Yes Filipinia with butterfly sleeves made of traditional pineapple fiber with hand embroidery, it is very expensive and is usually worn on special occasion like weddings, fiestas etc. (the rich people have it more elaborately embroidered).

10_T-shirt, worn every day because it is a hot country.

11_Confident independent professional individuals between twenty-five and forty-five years of age with a minimum yearly income of twenty thousand and up (British pounds) looking for a difference in terms of design and a competitive price.

12_On a catwalk, by a headless minimal mannequin, plain, on a sleek black or white hanger.

07_Nicht viel Zukunft momentan auf den Philippinen – die Leute müssen erst einmal akzeptieren, dass Modedesigner eine seriöse und respektable Beschäftigung ist und dass Mode eine anderes Medium sein könnte, um persönliche, soziale oder politische Anliegen, Ansichten, Beobachtungen usw. auszudrücken.

08_Auf den Philippinen lebt und überlebt die Mehrheit der Modedesigner durch die Anfertigung von Maßkonfektion. In London lebt die Mode in den Straßen.

09_Ja, Filipinia mit Fledermausflügeln aus traditionellen Ananasfasern und von Hand bestickt, eine sehr teure Bekleidung, wird üblicherweise zu besonderen Anlässen wie Hochzeiten und Festen getragen (Reiche lassen sie reicher besticken).

10_Das T-Shirt, täglich getragen, denn es ist ein heißes Land.

11_Selbstsichere, unabhängige Berufstätige zwischen 25 und 45 Jahren mit einem jährlichen Mindesteinkommen von 20 000 und mehr englischen Pfund, die nach einem anderen Designbegriff und einem kostengünstigen Preis suchen.

12_Auf einem Laufsteg, von einer kopflosen Kleiderpuppe, schlicht, oder an einem glatten schwarzen oder weißen Kleiderbügel.

Peter Pilotto, 28

01_Austria Österreich, Wörgl
02_Belgium Belgien, Antwerp Antwerpen
03_Royal Academy of Fine Arts
04_2004
05_2004
06_Collection of ladieswear under the title
Damenkollektion mit dem Titel:
... Carried Away by a Moonlight Shadow ...

07_As is well known, Belgium enjoys a good reputation in the fashion world, numerous designers are working in Antwerp.

08_The secret of my academy is probably endless demands, incredible amounts of work to be done—just what a designer's life is going to be like. There actually is not much time left for other things. I think that the social network of the students is extremely good since everyone knows the objects and the circumstances that are typical of everyone else and understands them.

09_I don't know Belgian traditional garments all that well, except the Gille from Binche, a traditional carnival costume. In Tyrol, traditional costumes, national costumes, used to be people's everyday and festival clothing and now they are only worn for special occasions.

10_I wish there were a different answer but I'm afraid I have to say jeans. But this is probably not such a big surprise.

11_No matter who, the main thing is that it is someone who is self-confident, curious, elegant, ageless, and maybe a little bit moonstruck.

12_In addition to my current collection, I will demonstrate the atmosphere with objects and a video installation. My aim is for my label to continue to grow and that I am able to realize all my ideas. My collections are being sold in stores in Paris, London, Antwerp, Tokyo, Osaka, Hiroshima, and Kumamoto City. I already had photo shoots of my collection or articles on my work in international magazines such as *Dazed & Confused, I. D., Self Service, Crash, Achtung, b-guided,* and many others.

07_Belgien hat bekanntlich einen guten Ruf in der Modewelt, zahlreiche Designer arbeiten in Antwerpen.

08_Das Geheimnis meiner Akademie ist endloses Fordern, unglaubliche Mengen an Arbeit, die man bewältigen muss – so wie das Leben eines Designer sein wird. Eigentlich bleibt nicht viel Zeit für andere Dinge. Das soziale Netzwerk zwischen den Studenten an der Akademie ist meiner Meinung nach außergewöhnlich gut, weil jeder die Gegenstände und Umstände, die für jeden typisch sind, kennt und nachvollziehen kann.

09_Ich kenne keine belgische traditionelle Kleidung, höchstens Gille aus Binche, ein traditionelles Fastnachtskostüm. In Tirol waren traditionelle Kostüme, Trachten einst die Alltags- und Festtagskleidung der Bevölkerung und werden jetzt eher nur mehr zu besonderen Anlässen getragen.

10_Ich wünschte, es gäbe eine andere Antwort, aber ich befürchte, ich muss Jeans sagen. Aber das ist ja auch keine große Überraschung.

11_Egal wer, Hauptsache sie/er ist selbstbewusst, neugierig, elegant, alterslos und vielleicht etwas mondsüchtig.

12_Bei der Präsentation meiner aktuellen Kollektion werde ich zusätzlich eine Atmosphäre mit Objekten und einer Videoinstallation schaffen. Mein Ziel ist es, dass mein Label weiter wächst wie bisher und ich alle meine Ideen verwirklichen kann. Meine Kollektionen werden in Läden in Paris, London, Antwerpen, Tokio, Osaka, Hiroshima und Kumamoto-City verkauft. Ich hatte Fotoshoots mit meiner Kollektion beziehungsweise Artikel über meine Arbeit in internationalen Magazinen, wie zum Beispiel *Dazed & Confused, I. D., Self Service, Crash, Achtung, b-guided* und vielen mehr.

Elvira Sazesh, 28

01_Iran, Abadan
02_U.K. Großbritannien, London
03_University of the Arts London,
London College of Fashion
04_B.A. (Hon) Design Technology for Fashion Industry
05_2004

06_I am originally from Iran but was brought up in Sweden. In my work I like to get inspiration from my background and combine Iran and Sweden. I like the idea of stripping down the Iranian covered-up women and turning them into freer and westernized women. My clothes are comfortable, because I am a woman and know how much quality and comfort mean. My clothes are strong, sexy but still elegant and wearable.

07_It depends on your luck, talent, contacts, and economic situation. There are too many design graduates out there and not too many jobs available. So many of the graduates end up working for free because of their passion for fashion.

08_

09_Traditional garments still exist in some parts of Iran and Sweden. In Iran they would probably be worn by people who live in villages or by ethnic groups. The modern Iranian women would not wear them. In Sweden they would be worn on a special occasion like Midsummer Night if one would celebrate it in a traditional way.

10_In Iran it would be the veil (chador).

11_Anyone with an eye for good taste. From teenage girls to mature women.

12_Sorry, I don't understand the question.

06_Ich stamme ursprünglich aus dem Iran, bin aber in Schweden aufgewachsen. Für meine Arbeiten lasse ich mich von meiner Herkunft inspirieren und kombiniere Iran und Schweden. Mir gefällt die Idee, die verschleierten iranischen Frauen zu enthüllen und aus ihnen freiere, westliche Frauen zu machen. Meine Kleider sind bequem, denn ich bin eine Frau und weiß, was Qualität und Bequemlichkeit bedeuten. Meine Kleider sind stark, sexy und doch elegant und tragbar.

07_Es hängt von unserem Glück, Talent, von unseren Kontakten und der wirtschaftlichen Situation ab. Es gibt da draußen so viele mit einem Abschluss in Design, und es stehen nicht genügend Jobs zur Verfügung. Viele mit einem Abschluss arbeiten schließlich umsonst – aus ihrer Leidenschaft für Mode.

08_

09_Es gibt noch traditionelle Kleidung in einigen Teilen des Irans und in Schweden. Im Iran wird sie vermutlich von Leuten getragen, die in Dörfern leben oder einer ethnischen Gruppe angehören. Die modernen iranischen Frauen würden sie nicht tragen. In Schweden würde man traditionelle Kleidung zu besonderen Anlässen tragen wie zum Mittsommernachtsfest, wenn man es noch traditionell feiert.

10_Im Iran wäre das der Schleier, der Tschador.

11_Jeder, der Wert auf guten Geschmack legt. Von Teenagern bis zu reifen Frauen.

12_Tut mir leid, ich verstehe diese Frage nicht.

Helge-Christian Schmidt, 26

01_Germany Deutschland, Hanover Hannover
02_Germany Deutschland, Berlin
03_Universität der Künste Berlin
04_Valeska Schmidt-Thomsen
05_6th semester 6. Semester
06_Experimental fashion and textile design
Experimentelle Mode und Textildesign

07_In Germany you need to have an academic education to get a job. Furthermore it is essential to spend time at the academy to find your personal niche in fashion.

08_In my Berlin the urbanity can be described as a conscious cohabitation of different clothing codes.

09_There is a German tradition of costumes, but nowadays only in museums or in rural environments. Every region conserves its very own traditional costumes.

10_Jeans.

11_I do not design for a specific target group. My clothes should be worn.

12_It depends on the project. The form of presentation grows out of the concept.

07_In Deutschland brauchst du eine akademische Ausbildung, um einen Job zu bekommen. Dazu ist es auch wichtig, Zeit auf der Akademie zu verbringen, um deine persönliche Nische in der Mode zu finden.

08_In meinem Berlin kann man die Urbanität beschreiben als das bewusste Zusammenleben von unterschiedlichen Bekleidungsformen.

09_Es gibt eine deutsche Tradition von Trachten, heute jedoch nur in Museen und in ländlichen Umgebungen. Jede Region bewahrt ihre eigene besondere Tracht.

10_Jeans.

11_Ich entwerfe nicht für eine bestimmte Zielgruppe. Meine Kleidungsstücke sollen getragen werden.

12_Das hängt von dem Projekt ab. Die Form der Präsentation entsteht aus dem Konzept.

**Students of Technology of Leather Goods at the
Moscow State University for Design and Technology**
*Studierende der Technologie für Lederwaren an der
Moskauer Staatlichen Universität für Design und
Technologie*

Ekaterina Dulova, 24

01_Russia Russland, Orel Orël
02_Russia Russland, Moscow Moskau
05_4th year, 4. Jahr
06_Designer for garments and accessories. The leg
of my model is a combination of leather and tapestry.
Tapestry is very popular nowadays and typical of Russia.
This is expressed in the pattern of the fabric.
Designer für Bekleidung und Accessoires. Der Schaft
meines Entwurfs ist kombiniert: Leder und Gobelin. Der
Gobelin ist heute sehr populär und auch typisch für
Russland. Das wird durch die Gewebemusterung ausgedrückt.

Kirill Koschelev, 25

01_Russia Russland, Kimry
02_Russia Russland, Moscow Moskau
05_5th year 5. Jahr
06_Shoes made of raffia and reed are typical of Russia.
In this collection, however, they were transformed into
shoes for leisure time since they were produced of real
leather. Für Russland sind Bast- und Schilfschuhe
typisch. In dieser Kollektion aber transformierten sie sich
in Freizeitschuhe, weil sie aus echtem Leder hergestellt
werden.

Alexander Schityka, 25

01_White Russia Weißrussland,
Minskaya Region Minskaja Gebiet
02_Russia Russland, Moscow Moskau
05_5th year 5. Jahr
06_When designing my piece, the emphasis was on the
uppers. In Russia, shoes are mainly made from real
leather but the shoes in the exhibition are made of linen
which today is very popular and typical of Russia.
Beim Entwurf meiner Arbeit wurde die Betonung auf das
Obermaterial gelegt. In Russland werden Schuhe hauptsächlich aus echtem Leder hergestellt, aber die ausgestellten Schuhe sind aus Leinen, was heute sehr populär
und für Russland typisch ist.

Olga Zvereva, 26

01_Russia Russland, Tverskaya Region Tverskaja Gebiet
02_Russia Russland, Moscow Moskau
05_Graduation Abschluss 2004
06_The leg of my model is a combination of leather and
tapestry. Tapestry is very popular nowadays and typical
of Russia. This is expressed in the pattern of the fabric.
Der Schaft meines Entwurfs ist kombiniert: Leder und
Gobelin. Der Gobelin ist heute sehr populär und
auch typisch für Russland. Das wird durch die Gewebemusterung ausgedrückt.

07_The discipline guarantees a safe future: One could work in various companies producing shoes, leather goods, or leather garments, as well as have one's own business.

08_This is a complicated question. The answers may vary since one has to talk about numerous regions, about actual seasons, specific garments for men, women, and children.

09_It depends on the season. In winter, for instance, jackets with fur collars and fur coats are worn. That could then be real or fake fur.

10_It is difficult to select a typical garment.

11_

12_

07_Die Fachrichtung gewährleistet eine sichere Zukunft: Man kann sowohl in verschiedenen Betrieben arbeiten, die Schuhe, Leder- oder Bekleidungswaren herstellen, als auch ein eigenes Geschäft haben.

08_Das ist eine komplizierte Frage. Die Antworten können unterschiedlich sein, weil man über zahlreiche Regionen, für konkrete Jahreszeiten, speziell für Herren, Frauen und Kinder sprechen muss.

09_Das hängt von der Jahreszeit ab. Im Winter trägt man zum Beispiel Jacken mit Pelzkragen und Pelzmäntel. Das ist dann entweder Pelz oder Webpelz.

10_Es ist schwer, irgendein typisches Kleidungsstück abzusondern.

11_

12_

List of Exhibits
Verzeichnis der Ausstellungsstücke

Yawalak Anakjindarat
The Art of Ancient Wrap
Silk, cotton
Seide, Baumwolle
Fig. p. Abb. S. 113

Sandra Backlund
Hand-knitted Mini Dress
Wool (mohair)
Wolle (Mohair)
Fig. p. Abb. S. 201

Makhuba Bahromova
Cotton, wool, felt
Baumwolle, Wolle, Filz
Fig. p. Abb. S. 29

Laura Baruël
Nature Transformed
Plastic, plants, flowers
Plastik, Pflanzen, Blumen
Fig. p. Abb. S. 203

Wood, satin
Holz, Satin

Olga Barychnikova
Rabbit fur, silk crepe chiffon, wool
Kaninchenfell, Seidencrèpechiffon,
Wolle
Fig. p. Abb. S. 204

Leather
Leder

Ariunaa Batzorig
Dambiinyam Munkhbayasgalan
Synthetics, leather, imitation leather,
beads, metal, fake fur
Synthetikgemisch, Leder, Kunst-
leder, Perlen, Metall, Kunstpelz
Fig. p. Abb. S. 114

Buyan Bayartsetseg
Synthetic knit, cord
Synthetikwirkware, Kordel
Fig. p. Abb. S. 115

Elmé Bekker
Wool, Bourette silk, wool blend
fabric, synthetics, plant fiber, shells
Wolle, Bouretteseide, Wollmisch-
gewebe, Synthetik, Pflanzenfaser,
Muscheln
Fig. p. Abb. S. 59

Crystal Birch
Wees bewus!
Recycled shopping bags, blanket,
ribbons, dishcloths, organza, beads
Recycelte Einkaufstüten, Decke,
Schleifen, Geschirrtücher, Organza,
Perlen
Fig. p. Abb. S. 60

Suede, fur
Wildleder, Fell

Andrea Blain
Southern Bell
Synthetics
Synthetikgemisch
Fig. p. Abb. S. 205

Jens Bohr
From Aus *Bejelled Men*
Great Durbar
Viscose, wool georgette
Viskose, Wollgeorgette
Fig. p. Abb. S. 207

Melissa Botha
Afrika Troue
Linen gauze, tulle, lace
Leinen, Tüll, Spitzen
Fig. p. Abb. S. 62

Sophie Boutel
From Aus *Kira-kiai*
Cotton, cotton silk blend, wool
Baumwolle, Baumwollseiden-
gemisch, Wolle
Fig. p. Abb. S. 179

Tasleem Bulbulia
Cotton
Baumwollchintz
Fig. p. Abb. S. 51

Enkh-Och Byambaa
My Name Is …
Cotton, denim, fake fur, metal
Baumwolle, Jeansstoff, Kunstpelz,
Metall
Fig. p. Abb. S. 116

Munhjargal Byambayargal
Leather, textiles, beads
Leder, Stoff, Perlen
Fig. p. Abb. S. 168

Ana Laura Carriōn
Synthetics, beads, roses, brushwood
Synthetikgemisch, Perlen, Rosen,
Reisig
Fig. p. Abb. S. 90

Ge-maine Christopher
Cotton, sequins
Baumwolle, Pailletten
Fig. p. Abb. S. 39

Ovdogmid Delgerdalai
Dame des Ostens
Wool, felt, beads
Wolle, Wollfilz, Perlen
Fig. p. Abb. S. 96

Diarra Diouf
Cotton, raffia, sisal, beads
Baumwolle, Bast, Sisal, Perlen
Fig. p. Abb. S. 23

Doaa Farouk El Mor
Sunset
Crystal chiffon, taffeta, satin
Kristallchiffon, Taft, Satin
Fig. p. Abb. S. 63

Gillian Francis
"Minka"
Cotton, synthetics
Baumwollgarn, Synthetikgarn
Fig. p. Abb. S. 87

Cotton, synthetics
Baumwollgarn, Synthetikgarn
Fig. p. Abb. S. 87

Chimed-Ochir Ganchimeg
Semuun
Felt, Alcantara, silk, leather
Wollfilz, Alkantera, Seide, Leder
Fig. p. Abb. S. 26

Synthetics
Synthetikgemisch

Jasper Garvida
Denim, cotton, synthetics, paste,
sequins, canvas, felt
Jeansstoff, Baumwolle, Synthetikgemisch, Strass, Pailletten, Leinwand-
bindung, Filz
Fig. p. Abb. S. 15

Bianca Maria Gervasio
Il silenzio
Cotton jersey leather
Baumwolljersey, Leder
Fig. p. Abb. S. 191

Fiona Graham
*Strawberry Handbag, Strawberries
and Cream Headpiece, Blackberry
Basket*
Embroidered silk threads, leather,
Habotai silk
Bestickte Seidenfäden, Leder,
Habotai-Seide
Fig. p. Abb. S. 167

Emma Green
"Emma Trilby"
Misfits
Knit, merino wool, vintage denim,
aluminum
Strick, Merinowolle, Jeansstoff,
Aluminium
Fig. p. Abb. S. 147

Canvas, Rubber
Segeltuch, Gummi

Stephanie Hahn
Im Namen Aller
Synthetic blend, cotton, imitation
leather

Synthetikgemisch, Baumwolle,
Lederimitat
Fig. p. Abb. S. 211

Dilnoza Imamova
Silk moiré, synthetic ikat
Seidenmoiré, Synthetikikat
Fig. p. Abb. S. 117

Illya Ivanova
Wool blend, tricot, felt
Wollgemisch, Trikotage, Filz
Fig. p. Abb. S. 212

Melissa Jayne
Synthetics, cotton, tulle
Synthetikgemisch, Baumwolle, Tüll
Fig. p. Abb. S. 56

Yuya Kawasaki
Polyester, cotton
Polyester, Baumwolle
(T-Shirt by von Kenyi Yamaguchi)
Fig. p. Abb. S. 118

Jessie King
Synthetics in silk and satin optics,
metal bells
Synthetikgemisch in Seiden- und
Satinoptik, Metallglöckchen
Fig. p. Abb. S. 119

Melissa Maria Kritsotakis
From Aus *Venezia*
Portia
Silk georgette, silk satin, copper foil
Seidengeorgette, Seidensatin,
Kupferfolie
Fig. p. Abb. S. 159

Cynthia Lau
Refraction
Plastic, Lycra
Plastik, Lycra
Fig. p. Abb. S. 160

Danica Lepen
Cotton
Baumwolle
Fig. p. Abb. S. 41

Adelina Le Roux
Leather, sisal
Leder, Sisal

Leather, textiles
Leder, Textil

Jacobus Le Roux
Ostrich feathers, silk, lace, beads
Straußenfedern, Wildseide, Spitze,
Perlen
Fig. p. Abb. S. 64

Isabelle Lintignat
Cotton, leather, goat skin
Baumwolle, Leder, Ziegenfell
Fig. p. Abb. S. 213

Sing Chin Lo
Life Is a Joke
Denim, cotton
Jeansstoff, Baumwolle
Fig. p. Abb. S. 120

Hélène Magnússon
Hammarósa vesti
Cotton, Icelandic wool
Baumwolle, Islandwolle
Fig. p. Abb. S. 215

Leather, wool
Leder, Wolle

Karina Maltez
From Aus *Medusa*
Asas de Medusa
Suede, metallic leather
Veloursleder, Metallicleder
Fig. p. Abb. S. 80

Lesley Mobo
From Aus *Obesity in the North Pole*
Denim, cotton, silk
Jeansstoff, Baumwolle, Seide
Fig. p. Abb. S. 15

Hitomi Mochinaga
Amu
Cotton
Baumwolle
Fig. p. Abb. S. 12

**Joana Moraes Bezerra
de Castro Silva**
From Aus *E d'Oxum*
Flor de Orum
Egyptian cotton, Renascença, tricot,
Murano glass
Baumwolle, Renascença, Trikotage,
Muranoglas
Fig. p. Abb. S. 90

Catherine Munkumba
Synthetics, beads, shells, cotton
wool
Synthetikgemisch, Perlen,
Muscheln, Watte
Fig. p. Abb. S. 43

Sawsan Nabil Osman
Egyptian Modern Handicraft
Silk, satin, silver, stones
Seide, Satin, Silber, Steine
Fig. p. Abb. S. 67

Evelyne Odongo
Synthetics
Synthetikgemisch
Fig. p. Abb. S. 31

Ziemek Pater & Carlo Gibson
"Strangelove"
Cotton, synthetics, leather
Baumwolle, Synthetikgemisch,
Leder
Fig. p. Abb. S. 68

Cathy Pill
Cotton, fleece, chiffon
Baumwolle, Fleece, Chiffon
Fig. p. Abb. S. 180

Peter Pilotto
From Aus *...Carried Away by a
Moonlight Shadow...*
Velvet corduroy, stretch synthetics,
silk
Samtcord, Synthetikstretch, Seide
Fig. p. Abb. S. 217

Canvas, plastic
Segeltuch, Plastik

Nadia Pool
African Dreamer
Traditional blanket, wooden beads,
cans
Traditionelle Decke, Holzperlen,
Konservendosen
Fig. p. Abb. S. 69

Leather
Leder

Georgie Renkert
Eden
Lycra
Lycra
Fig. p. Abb. S. 161

Marta Ribeiro Pires
Wool, synthetics
Wolle, Synthetikgemisch
Fig. p. Abb. S. 91

Leather
Leder

Richa Risbaud
From Aus *Concentric Secrets*
Yellow Froak
Polyester knit, fluoscent ink
Polyestergewebe, fluoreszierende
Tinte
Fig. p. Abb. S. 122 (right rechts)

Disk Dress
Nylon, fluoscent ink
Nylon, fluoreszierende Tinte
Fig. p. Abb. S. 122 (left links)

Kaede Sato
Midwinter Wanderland
Cotton jersey, silk chiffon, silk geor-
gette, silk organza, leather
Baumwolljersey, Seidenchiffon, Sei-
dengeorgette, Seidenorganza, Leder
Fig. p. Abb. S. 92

Elvira Sazesh
From Aus *Stripped*
Cotton jersey, leather, beads, metallic yarn
Baumwolljersey, Leder, Perlen, Metallgarn
Fig. p. Abb. S. 218

Helge-Christian Schmidt
A.C.A.B.
Denim, silk jersey, embroidered silk chiffon, leather
Jeansstoff, Seidenjersey, bestickter Seidenchiffon, Leder
Fig. p. Abb. S. 219

Christopher September
"Brown & September"
Cotton crepe
Baumwollcrêpe
Fig. p. Abb. S. 37

Andrew Smith
Kristin Trousers, Displaced Cardigan, Christine Scarf, Blanc Shirt, Strap Long Sleeve
Wool, merino wool, cotton
Wolle, Merinowolle, Baumwolle
Fig. p. Abb. S. 141

Students of Technology of Leather Goods at the Moscow National University for Design and Technology
Studierende der Technologie für Lederwaren an der Moskauer Staatlichen Universität für Design und Technologie
Ekaterina Dulova, Kirill Koschelev, Alexander Schityka, Olga Zvereva
Leather, textiles, metal
Leder, Textil, Metall
Fig. p. Abb. S. 168, 169

Lubov Sultanova
Textiles, leather
Textil, Leder
Fig. p. Abb. S. 124

Leather
Leder
Fig. p. Abb. S. 168

Textiles, leather
Textil, Leder
Fig. p. Abb. S. 169

Textiles, leather
Textil, Leder
Fig. p. Abb. S. 168

Chimère Tall
Cotton chintz, synthetics, beads, quills
Baumwollchintz, Synthetikgemisch, Perlen, Federn
Fig. p. Abb. S. 23

Leather, synthetics, beads
Leder, Kunststoff, Perlen

Saida Tashlanova
Silk, synthetics, beads, imitation leather
Seide, Synthetikgemisch, Perlen, Kunstleder
Fig. p. Abb. S. 125

Celine Tiu
Silk organza
Seidenorganza
Fig. p. Abb. S. 163

Natsumi Toyama
Origami Clothes
Polyester
Polyester
Fig. p. Abb. S. 97

Ena
Rayon, silk, polyurethane
Reyon, Seide, Polyurethane
Fig. p. Abb. S. 126

Marie Clémentine Uwizeye
Cotton, tulle, silk
Baumwolle, Tüll, Seide
Fig. p. Abb. S. 71

Catherine Wambui Rimui
Printed cotton
Baumwolle, bedruckt
Fig. p. Abb. S. 72

Zahra Yaagoubi
Silk crepe, silk, cord, beads, sequins
Seidencrêpe, Seide, Kordel, Perlen, Pailletten
Fig. p. Abb. S. 49

Frances Yiu Ying Mui
Sorrow Is the Dress I Wear
Wool, cotton jersey, cotton linen, polyester chiffon
Wolle, Baumwolljersey, Baumwollleinen, Polyesterchiffon
Fig. p. Abb. S. 127

Canvas, plastic, newspaper, oil paint, thread
Segeltuch, Plastik, Zeitung, Ölfarbe, Nähgarn

Uny Chin Yuet Ling
Dream in Reality
Leather, velvet
Leder, Samt
Fig. p. Abb. S. 128

Saidakhon Yunusova
"Saidaamir"
Qavilgan Nimcha & Yubka
Silk ikat, tulle
Seidenikat, Tüll
Fig. p. Abb. S. 130

Oyoq Kiyim
Silk, cotton
Seide, Baumwolle
Fig. p. Abb. S. 169

Selected Bibliography
Ausgewählte Literatur

Arabatzis, Stavros. *Versenkung ins Äußere: Elemente einer Theorie der Mode.* Vienna Wien, 2004.

Breward, Christopher. *Fashioning London: Clothing and the Modern Metropolis.* New York and und Oxford, 2004.

Bruzzi, Stella, and und Pamela Church Gibson (eds. Hrsg.). *Fashion Cultures: Theories, Explorations and Analysis.* London and und New York, 2000.

Crane, Diane. *Fashion and Its Social Agendas: Class, Gender, and Identity in Clothing.* Chicago and und London, 2000.

Esposito, Elena. *Die Verbindlichkeit des Vorübergehenden: Paradoxien der Mode.* Frankfurt/Main, 2004.

Gaugele, Elke, and und Kristina Reiss (eds. Hrsg.). *Jugend, Mode, Geschlecht: die Inszenierung des Körpers in der Konsumkultur.* Frankfurt/Main, 2003.

Jones, Sue Jenkyn. *Modedesign. Ein Handbuch und Karriereguide.* Munich München, 2002.

Jones, Terry, and und Avril Mair (ed. Hrsg.). *Fashion Now. i-D Selects the World's 150 Most Important Designers.* Cologne Köln, 2003/2005.

Kawamura, Yuniya. *The Japanese Revolution in Paris Fashion.* New York and und Oxford, 2004.

Küchler, Susanne, and und Daniel Miller (eds. Hrsg.). *Clothing as Material Culture.* New York and und Oxford, 2005.

Loschek, Ingrid. *Reclams Mode- und Kostümlexikon.* Stuttgart, 1999.

Niessen, Sandra, et al. u. a. (eds. Hrsg.), *Re-Orienting Fashion: The Globalization of Asian Dress,* New York and und Oxford, 2003.

Palmer, Alexandra, and und Hazel Clark (eds. Hrsg.). *Old Clothes, New Looks: Second Hand Fashion.* New York and und Oxford, 2005.

Rabine, Lesley W. *The Global Circulation of African Fashion.* Oxford and und New York, 2002.

Smith, Courtney, and und Sean Topham (eds. Hrsg.), *Xtreme Fashion.* Munich et al. München u. a., 2005.

Troy, Nancy. *Couture Culture: A Study in Modern Art and Fashion.* Cambridge, 2004.

Vinken, Barbara. *Fashion Zeitgeist: Trends and Cycles in the Fashion System.* Oxford, 2005.

Worsley, Harriet. *Fashion. 100 Jahre Mode.* Königswinter, 2004.

Biographies of the Authors
Autorenbiografien

Susanne Anna

Lives in Düsseldorf, Germany. Has been director since September 2003 of the Stadtmuseum der Landes-hauptstadt Düsseldorf. 1989–91 curator at the Städtisches Museum Leverkusen Schloss Morsbroich, 1992–95 director of the Städtische Kunstsammlungen Chemnitz, 1995–99 director of the Städtisches Museum Leverkusen Schloss Morsbroich, 1999–2003 director of the Museum für Angewandte Kunst in Cologne. Exhibitions and publications in the fields of art, design, fashion, and architecture.

Lebt in Düsseldorf/Deutschland. Seit September 2003 Direktorin des Stadtmuseums der Landeshaupt-stadt Düsseldorf. 1989–1991 Kustodin am Städtischen Museum Leverkusen Schloss Morsbroich, 1992–1995 Direktorin der Städtischen Kunstsammlungen Chemnitz, 1995–1999 Direktorin des Städtischen Museums Leverkusen Schloss Morsbroich, 1999–2003 Direktorin des Museums für Angewandte Kunst Köln. Ausstellungen und Publikationen zu den Bereichen Kunst, Design, Mode, Architektur.

Uta Brandes

Lives in Cologne, Germany. Professor for Gender and Design at the International School of Design, Cologne since 1995. Her past posts have included, among others, assistant director of the research institute Frau und Gesellschaft (Woman and Society) and director of the Forum of the Kunst- und Ausstellungshalle der Bundesrepublik Deutschland, Bonn. Alongside regular contributions to design magazines, newspapers, and radio broadcasts, Uta Brandes has published widely on gender and design and has also authored numerous monographs on designers.

Lebt in Köln/Deutschland. Seit 1995 Professorin für Gender und Design an der International School of Design, Köln. Ihre beruflichen Stationen waren u. a. stellvertretende Leiterin des Forschungsinstituts »Frau und Gesellschaft« und Direktorin des »Forum« der Kunst- und Ausstellungshalle der Bundesrepublik Deutschland, Bonn. Uta Brandes hat neben regelmäßigen Beiträgen in Designmagazinen, Zeitungen und Radiosendungen vielfach über Gender und Design sowie zahlreiche Designermonografien publiziert.

Michael Erlhoff

Lives in Cologne, Germany. He teaches at the International School of Design, Cologne, as Professor of Design Theory and History. He is dean of the humanities faculty of the Fachhochschule Köln and president of the Raymond Loewy Foundation. He has lectured as a visiting professor in Tokyo, Hong Kong, and Sydney. His publication of numerous books further illustrates the complexity of his research.

Lebt in Köln/Deutschland. Er lehrt als Professor für Designtheorie und -geschichte an der International School of Design, Köln, ist Dekan der Fakultät für Kulturwissenschaften der Fachhochschule Köln und Präsident der Raymond Loewy Foundation. Er dozierte als Gastprofessor in Tokio, Hongkong und Sydney. Auch die Veröffentlichung zahlreicher Bücher veranschaulicht die Komplexität seiner Forschung.

Eva Gronbach

Fashion designer and curator; lives in Cologne, Germany. She studied at the art academy of La Cambre in Brussels and at the Institut Français de la Mode in Paris, taking a European Master of Fine Arts in 2000. After working at Yohji Yamamoto, Hermès, and Stephen Jones, she founded her own "eva gronbach" label in 2000. She received the Inspire Award in 2004.

Lebt in Köln/Deutschland. Sie ist Modedesignerin und Kuratorin. Studium an der Kunstakademie La Cambre in Brüssel und am Institut Français de la Mode in Paris; European Master of Fine Arts, Diplom 2000. Mitarbeit bei Yohji Yamamoto, Hermès, Stephen Jones. 2000 Gründung des eigenen Labels »eva gronbach«. 2004 erhielt sie den Inspire-Award.

Miriam Matuszkiewicz

Lives in Cologne, Germany. Organizational and academic responsibilities for exhibition projects at the Stadtmuseum since 2005, previously at the Karl Ernst Osthaus-Museum in Hagen. Other organizational responsibilities include work for the Zollverein Foundation and TV productions.

Lebt in Köln/Deutschland. Seit 2005 im Stadtmuseum für Ausstellungsprojekte organisatorisch und wissenschaftlich tätig, zuvor am Karl Ernst Osthaus-Museum in Hagen. Weitere Beschäftigungen im organisatorischen Bereich, zum Beispiel in der Stiftung Zollverein und bei TV-Produktionen.

Suzy Menkes

Lives in Paris, France. Born in England in the nineteen-forties, the Londoner studied history and literature in Cambridge. For sixteen years she has been writing for the *International Herald Tribune* as fashion editor and was honored by the France as well as Britain for her achievements in journalism. She has also published books on the style of the British aristocracy. Her judgement is regarded as authoritative in the fashion world.

Lebt in Paris/Frankreich. In den 1940er Jahren in England geboren, studierte die Londonerin Geschichte und Literaturwissenschaften in Cambridge. Seit 16 Jahren schreibt sie als Moderedakteurin für die *International Herald Tribune* und wurde sowohl vom französischen als auch vom britischen Staat für ihre Verdienste im Journalismus ausgezeichnet. Außerdem hat sie Bücher über den Stil der britischen Aristokratie veröffentlicht. Ihr Urteil gilt in der Modewelt als maßgeblich.

Juliette Peers

Lives in Melbourne, Australia. She has taught the course "History of Art and Design from Ancient Times to 1940" in the textile design department at RMIT University since 1994. She is well known as an art historian and social scientist, and has worked since 1986 as a freelance curator and author. She has published internationally in the areas of gender, art, and design. Juliette Peers was awarded the Leibler Prize in 2000.

Lebt in Melbourne/Australien. Sie lehrt an der RMIT University im Fachbereich Textildesign seit 1994 »Design- und Kunstgeschichte von der Antike bis 1940«, ist als Kunsthistorikerin und Kulturwissenschaftlerin bekannt und arbeitet seit 1986 als freie Kuratorin und Autorin. Internationale Veröffentlichungen zu den Themen Gender, Kunst und Design. Juliette Peers ist Preisträgerin des Leibler Prize 2000.

Elaine Salo

Lives in Cape Town, South Africa and has taught at the African Gender Institute of the University of Cape Town since 2000. In the United States, she studied and taught international development, among other things. As a sociologist focusing on gender studies, she has published on feminism and social development in the townships. The goal and strategy of her research is to achieve a sophisticated feminist analysis of contemporary women's movements in South Africa.

Lebt in Kapstadt/Südafrika und lehrt seit 2000 am African Gender Institute der Universität Kapstadt. In den USA hat sie u. a. International Development studiert und gelehrt. Als Soziologin mit dem Schwerpunkt Gender Studies hat sie über Feminismus in Südafrika und die soziale Entwicklung in den Townships publiziert. Ziel und Strategie ihrer Forschung ist eine differenziertere feministische Analyse der aktuellen Frauenbewegungen in Südafrika.

Gloria Wong

Lives in Hong Kong, China. She has taught, and coordinated the program in, fashion design at Hong Kong Polytechnic University's School of Design since 1993. Alongside her work as a practicing fashion designer, she has published on star fashions in the Hong Kong of the sixties, fashion and dress in Asia, and fashion illustration. She has worked as a design consultant on trade fairs, film and television, and exhibition projects worldwide.

Lebt in Hongkong/China. Sie lehrt und koordiniert seit 1993 das Fach Modedesign an der School of Design der Hong Kong Polytechnic University. Neben ihrer praktischen Tätigkeit als Modedesignerin hat sie über Starstyle in den 1960er Jahren in Hongkong, Mode und Kleidung in Asien und Modeillustration publiziert. Als Design Consultant agiert sie international für Messen, Film und Fernsehen sowie für Ausstellungsprojekte.

Photo Credits
Fotonachweis

Sandra Backlund: fig. p. Abb. S. 201
Bianca Maria Gervasio: figs. pp. Abb. S. 191, 209
Emma Green: fig. p. Abb. S. 157
Eva Gronbach: figs. pp. Abb. S. 14, 16, 17, 23, 26, 29, 32, 36, 45, 56, 57, 59, 60, 64, 67, 68, 81 (bottom unten), 82, 84, 85, 87, 88, 90, 91, 96, 109, 110 (top oben), 115, 116, 124, 179, 180, 194, 195, 198, 204, 207, 211, 217, 219, 231
David Howatt: figs. pp. Abb. S. 8, 9
Illya Ivanova: fig. p. Abb. S. 212
Melissa Maria Kritsotakis: fig. p. Abb. S. 159
Cynthia Lau: fig. p. Abb. S. 160
Isabelle Lintignat: fig. p. Abb. S. 213
Hélène Magnússon: fig. p. Abb. S. 215
Miriam Matuszkiewicz: figs. pp. Abb. S. 15, 135, 141, 147, 167, 168, 169
Levon Melikian: fig. p. Abb. S. 119
Georgie Renkert: fig. p. Abb. S. 161
Richa Risbaud: fig. p. Abb. S. 122
Aline Rosenmeier: figs. pp. Abb. S. 22, 31, 37, 39, 41, 43, 48, 49, 51, 54, 62, 63, 66, 69, 71, 72, 203, 205, 208, 210, 216, 218
Andy Smith: fig. p. Abb. S. 162
Amelie Strecker: figs. pp. Abb. S. 25, 80, 81 (top oben), 92, 97, 110 (bottom unten), 111, 113, 114, 117, 118, 120, 121, 125, 126, 127, 128, 130, 139, 154
Celine Tiu: fig. p. Abb. S. 163
Gloria Wong: figs. pp. Abb. S. 101, 102, 103
Frances Yiu Ying Mui: fig. p. Abb. S. 99

Studio Atelier_Fashion Institute of Technology, New York

This catalogue is published in conjunction with the exhibition
Diese Publikation erscheint anlässlich der Ausstellung
Generation Mode – Expedition zu den Modeschulen der Welt
Stadtmuseum der Landeshauptstadt Düsseldorf 25.6.–25.9.05

Catalogue Katalog

Editors Herausgeber Susanne Anna, Eva Gronbach

Concept Konzeption Susanne Anna, Eva Gronbach (Guest Curator Gastkuratorin), Miriam Matuszkiewicz

Editing Redaktion Miriam Matuszkiewicz

Copyediting Verlagslektorat Ingrid Nina Bell (English Englisch), Monika Reutter, Holger Steinemann (German Deutsch)

Translations Übersetzungen Ingrid Nina Bell, Barbara Holle, Benjamin Letzler, Bronwen Saunders

Graphic design and production Grafische Gestaltung und Herstellung Ines Weber; Cover Covermotiv: Olaf Meyer, Stefan Fengler, Model: Aline Rosenmeier

Typesetting and Reproductions Satz und Reproduktion Weyhing digital, Ostfildern-Kemnat

Typeface Schrift Minion

Paper Papier Nordland Schreibpapier UPM Fine SC, 120 g/m²

Binding Buchbinderei Industrie- und Verlagsbuchbinderei Dollinger GmbH

Printed by Gesamtherstellung
Offizin Chr. Scheufele GmbH & Co. KG, Stuttgart

Stadtmuseum
Landeshauptstadt Düsseldorf

Published by Erschienen im
Hatje Cantz Verlag
Senefelderstraße 12, 73760 Ostfildern-Ruit
Germany Deutschland
Tel. +49 711 4405-0 Fax +49 711 4405-220
www.hatjecantz.com
Hatje Cantz books are available internationally at selected bookstores and from the following distribution partners:
USA/North America – D.A.P., Distributed Art Publishers, New York,
www.artbook.com / UK – Art Books International, London, www.art-bks.com / Australia – Tower Books, Frenchs Forest (Sydney), www.towerbooks.com.au / France – Interart, Paris, www.interart.fr / Belgium – Exhibitions International, Leuven, www.exhibitionsinternational.be / Switzerland – Scheidegger, Affoltern am Albis, www.ava.ch
For Asia, Japan, South America, and Africa, as well as for general questions, please contact Hatje Cantz directly at sales@hatjecantz.de, or visit our homepage www.hatjecantz.com for further information.

ISBN-10: 3-7757-1614-9, ISBN-13: 978-3-7757-1614-7

Printed in Germany

Exhibition Ausstellung

Concept Konzeption Susanne Anna, Eva Gronbach (Guest Curator Gastkuratorin), Miriam Matuszkiewicz, Meyer Voggenreiter

Exhibition design Ausstellungsgestaltung meyer voggenreiter projekte: Claudia Hoffmann, Meyer Voggenreiter

Organization Organisation Heide Häusler, Miriam Matuszkiewicz, Aline Rosenmeier, Amelie Strecker

Public relations Öffentlichkeitsarbeit Claudia Bender, Melanie Mäder, Kommunikation Neumann + Luz GbR Köln, Miriam Matuszkiewicz

Administration Verwaltung Carmen Bellosa-Hellfeuer, Dieter Glaß, Claudia Kirchenbauer

Registrar Allen Lester Jeffreys

Exhibition installation Ausstellungstechnik Daniel Bädker, Almut Keller, Nora Nüssner, Mario Rarey, Gabriele Schaudt, Stanislaus Wichrowski

House administration Hausverwaltung Manfred Schmitz

Mit freundlicher Unterstützung durch:

Kulturpartner: Medienpartner: Mediensponsor: